国際私法［第2版］

PRIVATE INTERNATIONAL LAW

著・多田　望
長田真里
村上　愛
申　美穂

有斐閣ストゥディア

国際私法ってなんだろう？

石油王の第二夫人になりたい！

国際結婚……ぜったい離婚するんだから！

1

一人で帰国するなんて！
オレンジ国に戻って
もう一度やり直そう！

イヤです！
慣れない外国生活、
あなたはなにも助けて
くれなかったじゃない

離婚よ！

2

り、りこんだってー！？

オレンジ国の
法律ではどんな
理由があっても
離婚できない
んだぞ！！

何いってんの？
ここは日本よ！

3

日本では夫婦が
同意したら離婚
できるのよ。

さぁ、ここに
サインして
ちょうだい。

なにっ…

オレンジ国の
法律を無視
する気かっ？！

4

ギャー

ギャー

ザワ

なんだ なんだ

サビニャー先生

これから、わたしたちといっしょに
国際私法の勉強をしましょう。

まさかの海外オークション詐欺??

1ヶ月前にメロン国の人から
オークションで買った商品
まだ届かないなぁ…
TELしてみよう

matatabi net
sold …

あの一…商品
どうなってますか？

あぁ、それね
送ってないですよ

え？

気が変わっちゃってね

えっ？ えっ？

じゃあ今すぐ
返金してよ！

いやですな

そんなの
法律違反
よ!!!

こちらの国では法律違反に
ならないんですよねー。
おたくの国の法律なぞ知りませんし

ニャー!!
ニャー!!

Pi

ぼくもはじめて国際私法を勉強するよ。
いっしょにがんばろう！

外国に逃げたアイツを訴えたい！

ブーーーン

うわ〜

ドンッ

ちょ、ちょっと！
ぶつかって怪我したんだけど！
治療費払ってよ！！

ブーーン

イテテ…

アナタに払う
マネーなんて
ナイネ！！

訴えるならドウゾー

デモ今から帰国スルネ！

ええーそんなぁ！！

動けないのに…

ピーポー
ピーポー

骨折れて
ますね

Bye!

くやしい…！
日本で訴える
ことはでき
ないのかな。

加害者が日本にいないのに、日本で裁判できるのかしら？

はしがき

～執筆者４人にかわって……サビニャー先生とワンチーニくんに語ってもらいます～

サビニャー：ワンチーニくん，この本で国際私法を楽しく勉強していきましょう。４コママンガ，読んでくれたかしら？

ワンチーニ：読みました！　国際結婚や国際契約だと，どの国の法が適用されるかが問題になるんですね。いままで考えたこともなかったので，とっても面白そうです。

サビニャー：それはうれしいわ。そうした問題を解決するのが国際私法なの。「国際私法についてワクワクする思いをみんなと一緒に共有したい」というのが，この本を書いた４人の先生の願いだそうよ。

ワンチーニ：でも，法律の勉強って難しいから……。ちゃんとついていけるか心配です。

サビニャー：大丈夫よ。国際私法をはじめて学ぶ人でも理解しやすいように，この本ではいろいろな工夫がされているの。まず，各章の冒頭には，その章で扱う条文の全体を見渡せるようにした**条文関係図**がおかれているの。そして各章の本文の中にも，条文ごとに重要な要素を抜き出してまとめた**条文スキーム（▶○○条）**があるのよ。

ワンチーニ：さっそく見てみました。こんな図があるとわかりやすいですね。

サビニャー：ほかにも，つまずきやすいポイントを解説する**対話コーナー**や，発展的な問題を取り上げた**教えて！サビニャー先生コーナー**もあるのよ。**マメ知識**や**Column**では，その章に関係するさまざまなトピックを紹介しているわ。

ワンチーニ：いろいろと考えられているんですね。これから読むのが楽しみです！

～執筆者一同より～

●第２版刊行にあたって

初版が好評をえて，２度の重版出来となり，そのたびに誤記などを修正してきましたが，今回，新章「国際裁判管轄／外国判決の承認・執行」も追加して，第２版を出版することとなりました（4コママンガも増えました！）。これまでの章についても全体的に，執筆者４名が実際に授業で教科書として使うなかで気づいたこと，他の先生方からご指摘いただいたことなどをふまえて表現や図表をよりわかりやすくして，内容を充実させています（サビニャー先生とワンチーニくんの新しいイラストもあるので，お楽しみに）。

改訂にあたっては，大阪大学大学院高等司法研究科の学生さんにモニターとしてお世話になりました。また，有斐閣京都支店の一村大輔さんには編集者として初版に続き，ご尽力いただきました。皆さまに心から感謝申し上げます。

2024 年 2 月

●初版刊行にあたって

本書が出版に至るまでには，本当にたくさんの方々のお世話になりました。まず，4コママンガやサビニャー先生とワンチーニくんは，株式会社バード・デザインハウスの杉本さやかさんの手によるものです。サビニャー先生とワンチーニくんが国際私法の疑問やポイントを語るという形式にすることで，この本の表現の可能性は一層広がりました。心なごむキャラクターを生みだしてくださった杉本さんに心より御礼を申し上げます。

そして，有斐閣京都支店の一村大輔さんには，本書の出版まで紆余曲折の連続で，多大なご迷惑をおかけすることになりました。それにもかかわらず，執筆者のわがままと新しい試みに理解を示し，辛抱強く最後までおつきあいいただいたことに心から感謝申し上げます。

最後に，富山大学の小池未来先生と大阪大学大学院博士後期課程の後友香さんには，この本のモニターとして有益なコメントをいただきました。また，後さんには，事項索引の作成もお手伝いいただきました。お忙しいなか，この本のために時間をさいていただき，本当にありがとうございました。

2021 年 2 月

もくじ

CHAPTER 3 婚姻／離婚 33

CHAPTER 4 親子関係 55

Column●コラム一覧

著者紹介

多田　望　西南学院大学教授

［第 **1** 章・第 **2** 章・第 **12** 章］

長田真里　大阪大学教授

［第 **3** 章～第 **6** 章・第 **9** 章］

村上　愛　北海学園大学教授

［第 **7** 章・第 **10** 章・第 **11** 章・第 **0** 章］

申　美穂　明治学院大学准教授

［第 **8** 章・第 **13** 章・第 **14** 章，図表デザイン・作成］

4コママンガ・キャラクターデザイン

杉本　さやか

（株式会社　バード・デザインハウス）

CHAPTER

第0章

ようこそ，国際私法の世界へ

皆さんは，日本の裁判所では当然日本の法律が適用されると思っていませんか？　また，ここは日本だから日本法のことだけを考えればよいと思っていませんか？　でもちょっと待ってください。国境を越えて人や物は移動するのに，世界中の人が自分の国の法律だけ守ればよい……と考えるとどうなるでしょうか。まずは４コママンガの最初の３つをみてみましょう。

〈石油王の第二夫人になりたい！〉では，日本の法律によれば妻のいる男性とは結婚できませんが，一夫多妻婚を認めるレモン国の法律によれば結婚できそうです。結婚できるかどうかは，いったいどちらの国の法律をみて判断したらよいのでしょうか。また，〈国際結婚……ぜったい離婚するんだから！〉では，オレンジ国の法律は離婚を認めていませんが，日本の法律によれば夫婦が同意すれば離婚することができます。それぞれが自分の国の法律だけをみて，オレンジ国では離婚できないけれども日本では離婚できるとなったら，この２人の関係はいったいどうなるのでしょうか。これらは家族関係にかかわるケースですが，〈まさかの海外オークショ

ン詐欺？？〉は，海外にいる人とインターネット上で取引したケースです。「メロン国の法律では気が変わったら一方的に契約を破棄して代金も返さなくてよいのでクレームは一切受け付けません！」なんて取引相手から言われたら，怖くて外国の人と取引をすることができませんよね。

このように，世界中の人が自分の国の法律しか考えていないと，外国の人との人間関係も取引もグチャグチャになってしまうので，安心して付き合うことができなくなりそうです。けれども実際には，国際結婚をしている人たちは大勢いますし，大企業はもちろん小さな会社も日常的に外国の会社との間で取引をしています。法律関係に複数の国の法律がかかわるときは，それらをすべて適用することはできないので，どの国の法律を適用するかを決める必要があります。これを決めるのが「**国際私法**」です。

憲法とか民法は知っているけど，国際私法なんて聞いたことがないという人がほとんどでしょう。それもそのはず，六法の目次を見ても「国際私法」という名前の法律はありません。実は，「国際私法」とは，特定の法令の名前ではなく「どの国の法律を適用するか」を決めるルールを集めた１つの法分野の名前なのです。国際私法のルールを定めた中心的な法律は，「**法の適用に関する通則法**」（この本では，これから「**通則法**」とよぶことにします）です。この法律は，国際結婚や国際養子縁組のような家族関係にかかわる問題や，国際的な契約や不法行為といった財産関係にかかわる問題を扱っています。

教えて！サビニャー先生　　国際私法は国際法？

「国際私法」と「国際法」をときどき混同する人がいるけど，国際法は一国の領土や領海，国連などの国際機関，人権問題，環境問題といった国家間の問題を扱っていて，国際「公法」ともよばれています。国際私法は，婚姻，親子関係，契約，不法行為など民法が対象とする私人間の法律関係を扱っているので，国際「私法」というのよ。

冒頭でみた4コママンガでは，外国人との結婚や外国にいる人との取引が問題になっています。〈**石油王の第二夫人になりたい！**〉では日本とレモン国，〈**国際結婚……ぜったい離婚するんだから！**〉では日本とオレンジ国，〈**まさかの海外オークション詐欺？？**〉では日本とメロン国がでてきて，それぞれの国の法律が「私を適用して解決して！」と争っているかのようです。このように複数の国の法律が1つの問題をめぐってぶつかり合っている状態を「**法の抵触**」（抵触＝ぶつかり合うという意味です）といい，国際私法は，このような法の抵触を解決するための法なので，別名「**抵触法**」ともよばれています。国際私法（＝抵触法）によって選ばれた国の法律は「**準拠法**」とよばれます。そうすると，

〈**石油王の第二夫人になりたい！**〉では，「4人まで妻を持つことができる」というレモン国の法律と「妻は1人だけ」という日本の法律のどちらが準拠法になるか？

〈**国際結婚……ぜったい離婚するんだから！**〉では，「どんな理由があっても離婚できない」というオレンジ国の法律と「夫婦が同意したら離婚できる」という日本の法律のどちらが準拠法になるか？

〈**まさかの海外オークション詐欺？？**〉では，「気が変わったら契約を破棄できて返金も不要」というメロン国の法律と「契約を破棄するなら返金が必要」という日本の法律のどちらが準拠法になるか？

がそれぞれ問題になっているといえそうです。皆さんは，どのようなルールで準拠法が決まると思いますか？

教えて！サビニャー先生　　抵触法と実質法

どの国の法律を適用するかを決める法が「抵触法」とよばれるのにたいして，「結婚するための要件」や「損害賠償はいくらになるか」などの問題を解決する具体的なルールを定める民法や商法などの法は「実質法」とよばれています。実質法とよく似た言葉として「実体法」もあるけど，「実体法」は「手続法」にたいして使われる言葉なの。民法や刑法が実体法であるのにたいして，民事訴訟法や刑事訴訟法は手続法……ということね。実質法は実体法と手続法の両方を含む概念です。

ところで，ここまでは基本的に日本の裁判所で裁判ができるという前提で話をしてきましたが，実は世界中で起こるありとあらゆる事件について日本で裁判ができるわけではありません。外国にも裁判所はあるので，準拠法を問題にする前に，そもそもどの国の裁判所で裁判をするのかを考える必要があります。4つめの4コママンガをみてみましょう。

〈外国に逃げたアイツを訴えたい！〉では，日本で交通事故がおきた後で加害者は外国に逃げてしまいましたが，被害者は日本で訴えたいと考えています。訴える人（原告）と訴えられる人（被告）がともに日本国内にいるときは，双方にとってアクセスしやすい日本の裁判所で裁判をしても問題なさそうです。しかし，原告は日本で訴えたいけれど，被告が外国にいるときはどうでしょうか。日本で裁判するとなると，被告はこれに応じるためにわざわざ日本にやってくる必要があります。被告にとっては移動が大変でお金もかかるので，原告と被告それぞれの利益や訴えの内容等も考慮して，原告の希望どおり日本で裁判すべきかが判断されることになります。日本で裁判できるかどうかは**国際裁判管轄**の問題とよばれていて，そのルールは主に民事訴訟法や人事訴訟法という法律の中で定められています。そうすると，

> 〈外国に逃げたアイツを訴えたい！〉では，外国に住んでいる加害者を日本で訴えることができるか？　つまり日本に国際裁判管轄があるか？

が問題になっています。皆さんは，どのようなルールで国際裁判管轄が決まると思いますか？　さらに視点を変えると，外国で裁判をした場合に，その判決が日本でどのように扱われるのかという**外国判決の承認・執行**の問題もあります。法律関係に複数の国が関わるときには，国際私法による準拠法の決定のほかにも，国際裁判管轄や外国判決の承認・執行について考えなければならないことがあるのです。

この本では，準拠法の決定を中心に（第**1**章〜第**13**章），さらに国際裁判管

轄と外国判決の承認・執行の問題（第 **14** 章）も扱っています。これらがどのようなルールによって決定されるのか，この本を読んで一緒に勉強しましょう。

🐾🐾🐾

サビニャー先生，国際契約や国際結婚が問題になるときは，国際司法裁判所で裁判するのではないですか？

それはよくある誤解ね，ワンチーニくん。国際司法裁判所（ICJ：International Court of Justice）は，国際法にもとづき領土問題など国家間の紛争を平和的に解決するために設立された国連の機関なの。だから，訴訟の当事者となれるのは国連に加盟している国家のみなのよ。

国際刑事裁判所も「刑事」だから，国際契約や国際結婚に関するトラブルとは関係なさそうですね……。

そのとおりよ。国際刑事裁判所（ICC：International Criminal Court）は，国際法にもとづき個人の戦争犯罪などを訴追・処罰する裁判所で，国際司法裁判所のように国家間の紛争ではなく個人を対象とするものだけど，犯罪という刑事事件を対象としているから，契約や結婚などの民事事件は対象外なの。

そうか！　国際司法裁判所も国際刑事裁判所も国際公法に関わる裁判所だから，国際私法とは関係ないんですね。じゃあ，国際私法の問題を解決する国際裁判所はないのですか？

そういう特別な裁判所はないので，各国の国内裁判所がそれぞれの民事手続にしたがって事件を解決します。原告がある国で提訴すると，「この国に国際裁判管轄があるか？」とか，「準拠法はどの国の法か？」とかを決める必要があって，国際私法はこういう問題を対象としているのよ。

🐾🐾🐾

CHAPTER

第1章

準拠法決定のしくみ――その１（基礎編）

単位法律関係	連結点	準拠法
問：Ａ（CASE 1-1）は未成年か？ ＝年齢により行為能力が制限されているか？ ⇓ ４条「人の行為能力」の問題である	「本国」 Ａはレモン国人 ⇓ 本国＝レモン国	レモン国法

① 法律関係の性質決定（法性決定）⇒ ② 連結点の確定 ⇒ ③ 準拠法の適用

1 準拠法決定のしくみ

CASE 1-1

レモン国人留学生のA（17歳）が，日本にあるBデパートの店員であるCのところに，「これ，買います」とブランドのバッグ（20万円）をもってきた。この前，未成年者からの返品があったばかりで，Cは，「Aさんはまだ17歳だから，後で未成年を理由に売買契約が取り消されて，返品されるのでは……」と心配になった。Cの心配のとおり，Aは未成年であることを理由に返品することができるだろうか。なお，レモン国法の成年年齢は16歳である。

1 単位法律関係と連結点

国際私法の役割

CASE 1-1 の売買契約は，日本のデパートと外国人Aとの間の契約なので，複数の国に関係している私人間の法律関係（**国際的私法関係**）です。CASE 1-1 では，Aが未成年を理由に契約を取り消せるかどうかが問題になっていますが[1]，この問題に適用される法（つまり準拠法）はどの国の法になるでしょうか。日本法，レモン国法，それともその他の国の法でしょうか。

知識 1-① 国際的私法関係

国際私法が取り扱う「国際的私法関係」とは，結婚や契約などの「私法」生活関係であって，かつ，何らかの「国際的」な要素，たとえば，当事者が外国人であるとか契約を結んだ地が外国であるとかの事情を含むものをいいます。

第**0**章で，「準拠法を決めるのは国際私法」であり，日本では主として**通則**

notes

[1] **成年年齢と行為能力**　成年者であると，親の同意などの必要なく自分1人で契約を有効に結ぶことができます。契約などの法律行為（⇒第**7**章93頁）を単独で有効にすることのできる資格を行為能力といいます。これに対して，未成年者が親の同意を得ないでした契約は，後で親などが取り消すことができます。日本の民法4条によると，成年年齢は18歳です（2022年4月から）。行為能力について詳しくは，第**10**章153頁参照。

法（第**0**章2頁にあるとおり，正式名称は「法の適用に関する通則法」です）が具体的なルールを定めていると紹介しました。では，通則法はどのようにして準拠法を決めているのでしょうか。通則法が準拠法決定のために使っている基本的なしくみを探っていきましょう。

単位法律関係とは

CASE 1-1 で適用される4条1項（なぜそうなるかは，第**10**章で詳しく学びます）を例に説明しましょう。4条1項は，「人の行為能力は，その本国法によって定める」と規定しています。「○○は，△△の法による」となっているのがわかるでしょうか。「○○」は，ここでは「人の行為能力」です。他の条文では，「法律行為の成立及び効力」（7条）や「婚姻の成立」（24条1項），「相続」（36条）など，私たちの生活で問題になるいろいろな法律関係が，「○○」の中に入っています。この「○○」の部分は，準拠法を決める単位となる法律関係という意味で，**単位法律関係**とよばれています。通則法では，この単位法律関係ごとに，準拠法を決定するための個別の条文（4条～37条。各論の規定）が定められています[2]。

連結点とは

次に，「△△」の部分は4条1項では「(その）本国」です。他の条文でも，ここには「目的物の所在地」（13条）や「婚姻挙行地」（24条2項）など，場所を表す言葉が入っています。これは，単位法律関係を特定の地の法に結びつけるポイントという意味で，**連結点**とよばれます。

単位法律関係と特定の地の法を結びつける、つまり「連結する」から連結点ってよぶのよ。

notes

[2] **準拠法決定のための補則**　準拠法を決定するときの基本になる4条～37条は本則的な条文といえますが，これによる準拠法決定を補助するための規則（補則）として，38条～43条があります。これらの補則については，おもに第**2**章で説明をします。

準拠法とは

このように通則法は，①単位法律関係を，②連結点によって特定の地の法と結びつけています。そして，単位法律関係に適用されるべき法として，連結点によって結びつけられた特定の地の法を，③**準拠法**とよびます。

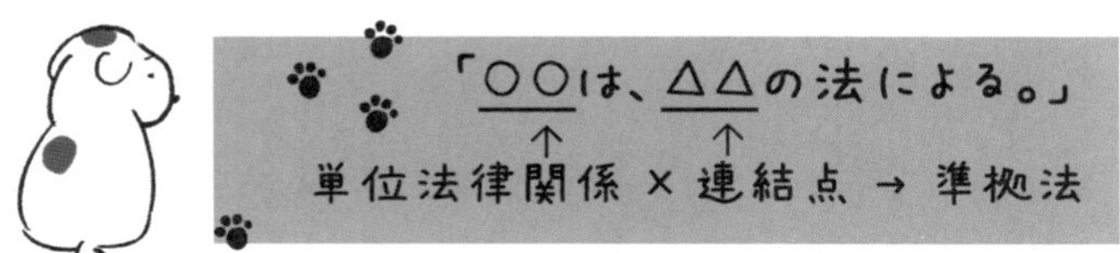

なるほど、通則法では単位法律関係と連結点の組み合わせで準拠法は決まるっていうことだね。

では，このしくみに CASE 1-1 を当てはめて考えてみましょう。CASE 1-1 では，成年年齢との関係でAに行為能力があるかどうかが問題になっています。4条1項は，「人の行為能力」という①単位法律関係について，その人の「本国」を②連結点にしています。Aの本国（詳しくは，この章13頁参照）はレモン国なので，レモン国法が③準拠法になります。準拠法であるレモン国法では，成年年齢は16歳です。Aは17歳なので成年年齢に達していて，行為能力を有します。よって，未成年を理由に売買契約が取り消されることはない，というのが CASE 1-1 の結論になります。

このように通則法4条～37条の条文はどれも，①単位法律関係と②連結点の要素に分けて，③準拠法を決定するしくみを使っています。長くてわかりにくいようにみえる条文（たとえば，26条や29条）でも，①単位法律関係と②連結点を発見していけば，理解しやすくなります[3]。

教えて！サビニャー先生　内・外国法の平等と最密接関係地法の原則

国際私法では，日本法（内国法）も外国法も基本的に平等で，準拠法になるのは日本法であることもあれば外国法であることもあるわ。そのうえで準拠法決定の原則といわれているのは，それぞれの単位法律関係に最も密接な関係がある地を連結点に定めて，その地の法を準拠法にすることよ。

notes

[3] **単位法律関係と連結点のまとめ**　この本では，第**3**章以下（各論規定）の「**2**　準拠法」のところで，それぞれの条文の単位法律関係と連結点を図表（条文スキーム）にまとめて，わかりやすくしています。

2 準拠法の決定・適用の基本的な流れ

準拠法を決定するためには，まず，①「問題になっている国際的私法関係がどの単位法律関係に該当するか」を考えます。このプロセスは**法律関係の性質決定**（略して**法性決定**（ほうせいけってい））とよばれ，これで通則法の何条が適用されるかが決まります。何条かが決まれば，次は，②「その条文で定められている連結点は何か」を確認し，それがどの国にあるかを調べます。たとえば連結点が目的物の所在地（13条）であるとすると，その物がどこにあるかを探します。このプロセスは**連結点の確定**とよばれます。連結点がどの国にあるかがわかれば，最後に，③「その国の法が準拠法になり，それを，問題になっている国際的私法関係に適用して，結論がどうなるか」を検討します。このプロセスは**準拠法の適用**とよばれます。その結果，契約を取り消せるか，婚姻は有効かなどの結論が出ることになります。

国際私法では，すべてこの３つの基本的なプロセスで問題が解決されます。それでは，これから①法律関係の性質決定⇒②連結点の確定⇒③準拠法の適用という３つのプロセスを１つずつみていきましょう。

 準拠法の決定・適用の３つの基本プロセス

1 法律関係の性質決定

CASE 1-2

次の⑴と⑵はどの単位法律関係に含まれる問題か，法性決定してみよう。

⑴ オレンジ国人Ａと日本人Ｂの夫婦が離婚できるかどうか。

⑵ メロン国人ＣとアンズＤの夫婦の婚姻が有効かどうか。

法律関係の性質決定とは

準拠法を決定・適用する最初のプロセスは，問題になっている国際的私法関係がどの単位法律関係に該当するか，を決めることです。このプロセスが，法

律関係の性質決定です。この法性決定の結果，通則法の何条が適用されるかが決まります。

CASE 1-2(1)では，ABの夫婦が「離婚できるかどうか」が問題になっています。通則法をみてみると，27条のタイトルや条文に「離婚」とあり，離婚に関係する問題を扱う条文であることがわかります。したがって，CASE 1-2(1)は，27条の問題であると法性決定されます。

法性決定は，CASE 1-2(1)のようにわかりやすいものばかりではありません。CASE 1-2(2)では，CDの夫婦の「婚姻が有効かどうか」が問題になっています。通則法を見ると，「婚姻」という言葉が入っている条文は，24条「婚姻の成立」と25条「婚姻の効力」の2つあります。どちらに法性決定すべきでしょうか。「婚姻が有効かどうか」の問題だから婚姻の「効力」（25条）だ，と考えてしまいそうです。しかし，「有効かどうか」は「有効に成立するかどうか」の問題なので，じつは，「婚姻の成立」（24条）と法性決定するのが正解です（婚姻・離婚などの法性決定について，詳しくは第**3**章参照）。

法性決定の方法

法性決定をするときは，通則法の条文にある「婚姻の成立」，「婚姻の効力」，「離婚」などの単位法律関係がどのような内容を含むのかを考えることになります[4]。ここで注意すべきは，国際私法は私たちの「国際的」な私法関係，つまり日本だけでなく外国の法制度も対象にしていることです。このため，法性決定は，日本の民法や商法に定められている法律関係だけに限らず，世界の

notes

[4] 「この問題はどの単位法律関係に該当するか？」を考えるのが法性決定ですが，見方を変えれば，「この単位法律関係はどのような問題を含むか？」ということになります。このように法性決定は，それぞれの単位法律関係の内容，すなわち，通則法のそれぞれの条文の適用範囲を決める法解釈の作業でもあります。

国々の法に定められている法律関係も広く視野に入れて行われる必要があります。

たとえば「婚姻」というと，日本では男女一対一の法律上の結びつきを意味しますが，このほかにも一夫多妻婚や同性婚など，世界にはいろいろな婚姻の制度があります。そのため，国際私法上の「婚姻」に含まれるのは，日本の民法上の「婚姻」のみとは限りません。同じことばを使っているからといって，民法の「婚姻」と国際私法の「婚姻」が同じ内容を指しているわけではないのです。このように法性決定は，国際私法オリジナルの発想にもとづいて行われるという考え方が一般的です。詳しくは，各章で勉強することになります[5]。

2 連結点の確定

連結点の例

準拠法を決定・適用する第2のプロセスは，連結点の確定です。1で学んだように，連結点とは，通則法の条文の「△△（の）法」などの「△△」のことです。たとえば，「本国法」（4条1項や24条1項など）では「本国」，「婚姻挙行地の法」（24条2項）では「婚姻挙行地」です。

ここでは，複数の条文でよく登場する本国と常居所（じょうきょしょ）（26条や32条など）について説明します。その他の連結点については，各章で学びます。

notes

[5] 法性決定　この本では，第3章以下の「1 ○○とは」のところで法性決定を扱うことにしています。

本国とは

本国とは，国籍がある国のことです。つまり日本人であれば，国籍は日本なのでその本国は日本，そしてフランス人であれば，その本国はフランスになります。各国は，自国の国籍をだれに与えるかをそれぞれ法律で決めています。

本国は家族関係や能力の準拠法の基本的な基準として採用されています。複数の国籍をもっている人（重国籍者）や，国籍がない人（無国籍者）の本国については，第**2**章 1 で学びます。

知識 1-② 国　籍

国籍は，国家の構成員であるための資格です。国籍の与え方については，大きく分けて血統主義と生地主義という２つの考え方があります。日本では，父母のどちらかが日本人であれば子に日本国籍を与える父母両系の血統主義が原則とされています（国籍法２条１号・２号，３条１項）。これに対して，アメリカ合衆国などでは，自国内で生まれた者に国籍を与える生地主義が原則です。

常居所とは

常居所（じょうきょしょ）とは，人が相当の期間，居住することが明らかな地のことです。つまり，人が日常的に居住している場所といえます[6]。常居所は，国籍とならんで通則法でよく使われる連結点です。具体的には，①その国でどれくらいの期間住んでいるか，②家族も一緒にその国に住んでいるか，などの事実を総合的に考慮して決めることになります。これからどこに住もうと考えているかという本人の意思については，その場所で住むための家を購入しているなど，客観的にわかる限りで考慮に入れるべきという考え方が有力です。

たとえば，生まれてから20年間日本に住んでいる人の常居所は日本にあるといえます。なお，常居所は一生変わらないというものではありません。日本

notes

[6] **常居所と住所**　人が居住している場所については，住所をイメージすることが多いですが，常居所と住所は異なる概念です。住所は民法22条で「生活の本拠」と定められているとおり，法律上の定義があって，法律に照らして判断されるものです。これに対して常居所については，法律に定義はありません。常居所は，法律に照らして判断するのでなく事実をみれば確定できるというもの（事実的概念）であるといわれます。

で生まれて20年間日本で暮らしていていた人が，外国に移住して，その外国が，相当の期間，居住することが明らかな地といえるようになれば，その人の常居所は日本から外国に変わることになります[7]。

知識 1-③　常居所がわからない者

常居所がどこにあるかわからないときは，39条本文により居所地法が使われます。居所とは一般に，人が多少の時間継続して居住する場所のことです。たとえば，外国にあるホテルに滞在しているとき，その人の居所はその外国にあることになります。

3　準拠法の適用

準拠法が外国法になる場合

準拠法を決定・適用する第3のプロセスは，準拠法の適用です。連結点が日本にある場合は日本法，また連結点が外国にある場合は外国法が準拠法になって，それが適用されます。

ただし，外国法が準拠法になる場合，それで問題がないケースが確かに少なくないのですが，まだ考えることがあります。じつをいうと，準拠法となりそうな外国法が適用されなくなるしくみがいくつか用意されています。反致（41条）や公序（42条）などがそれで，詳しくは第**2**章25頁以下で学びます。

notes

[7] **基本通達**　市役所などの戸籍の窓口では，常居所の認定基準を定める法務省の「基本通達」が使われています。これによると，日本人については原則として，発行後1年以内の住民票があれば日本に常居所があることになります。外国人については，滞在の目的に応じて日本に常居所が認められる年数が決まっていたりします。なお，これは戸籍に関する行政機関内部のきまりであり，裁判所で当事者の常居所がどこにあるかが問題になった場合に，裁判官がこれに従う必要があるわけではありません。

サビニャー先生，外国法が準拠法になるとき，その内容はだれが調べるんですか？

良い質問ね，ワンチーニくん。裁判では基本的に裁判官が調べます。「裁判官は法を知る」っていわれているの，聞いたことないかしら。でも，実際は，当事者や弁護士が調べた内容を裁判官に伝えて，それにもとづいて裁判してもらうことが多いのよ。

じゃあ，どうやって外国法の内容を調べているんですか？

まずは本やインターネットで調べるところからスタートね。それでもわからない場合は，大使館に問い合わせたり，学者の先生にお願いをして調べてもらったりすることもあるわ。

調べてもわからないなんてことはないんですか？

実はそういう事例もあります。その場合，いろいろな考え方があるけど，１つの有力な考え方は，法制度が似ている国の法を参考にするという方法ね。近似法説とよばれています。

それでホントに大丈夫なんですか？　似てるといったって，別の国の法ですよね？

そうなのよ。それに，似ている国がいつも見つかるとは限らないし，このやり方にはムリがあるという批判もあるの。でもほかにこれといってよい方法もないし……。仕方がないから，実務では，日本の民法や商法を適用することもめずらしくないわね。

CHAPTER

第2章

準拠法決定のしくみ――その2（発展編）

● 条文関係図

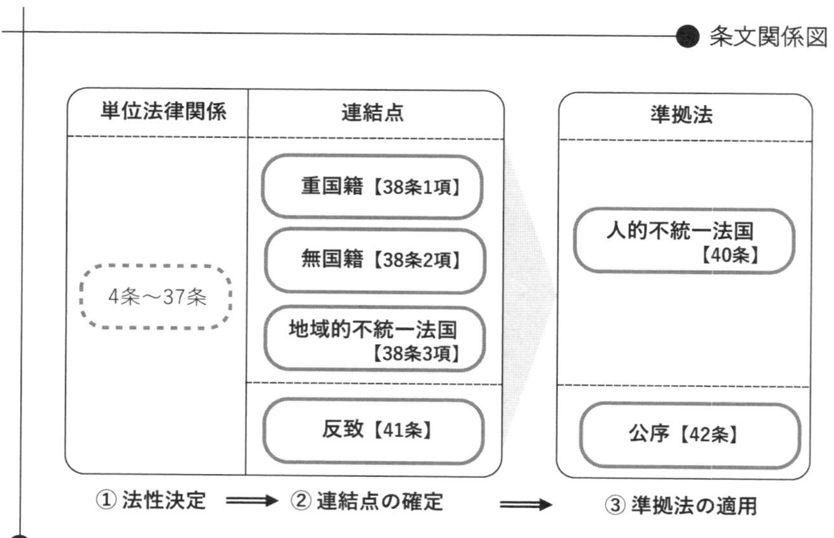

INTRODUCTION

この章では，第**1**章で学んだ準拠法決定のしくみとしての，①単位法律関係，②連結点，③準拠法のうち，②連結点と③準拠法について，通則法38条から43条までが「補則」（⇒第**1**章6頁）として定める発展的な問題の条文を学びます。たとえば，②連結点である本国について，フランス人であれば本国はフランスなので本国法はフランス法になりますが，実際にはそう単純にいかないこともあります。国籍を2つ以上その人がもっているとき（**重国籍者**）や，国籍をその人がもっていないとき（**無国籍者**），本国法はどうなるでしょうか。

また世界には，家族法などの内容が1つの国のなかで，地域（たとえばアメリカ合衆国では州）ごとに異なる国や，宗教や民族ごとに異なる国（たとえばインドやエジプト）もあります。これらは**不統一法国**（ふとういつほうこく）とよばれますが，不統一法国の人について本国法や常居所地法などはどうなるでしょうか。

さらに，準拠法決定の基本プロセスを修正するしくみとして，反致（はんち）と公序があります。**反致**とは，通則法の規定が本国法を準拠法として指定している場合に，本国である外国の国際私法によれば日本法が準拠法に指定されているとき，準拠法はその外国法でなく日本法になるというものです。**公序**とは，外国法が準拠法になる場合に，それを適用すると日本ではとても受けいれられないような結果になるときに，外国法の適用を排除するというものです。

準拠法決定におけるこれらの発展的なしくみを学ぶことで，準拠法決定プロセスの全体像が完成するといえます。

なんか大変そうやし
ぜんぶ日本法でエエんちゃう？
知らんけど。

ホウテイチドリ

ええー、そんなのアリ???

1 重国籍者・無国籍者の本国法（38条1項・2項）

CASE 2-1

次の者の本国法はどうなるか。(1)～(4)いずれの場合も，常居所はオレンジ国にあることとする。

(1) 日本とオレンジ国の国籍をもつ重国籍者 A
(2) オレンジ国とメロン国の国籍をもつ重国籍者 B
(3) メロン国とアンズ国の国籍をもつ重国籍者 C
(4) 無国籍者 D

1 重国籍者の本国法

第**1**章で学んだ「本国（法）」は，国籍が1つであれば簡単に決まります。しかし，国籍が2つ以上ある重国籍の場合，本国法はどうなるでしょうか。国籍のあるすべての国の法が本国法になるとか，本人が自由にどれかを選べるというわけではありません。このような場合にどの法が本国法になるかは，通則法38条1項で定められています。

知識 2-① 重国籍者になるのはどんなとき？

日本（父母両系主義）人の父とフランス（父母両系主義）人の母から生まれた子は，日本とフランスの重国籍者になります。また日本人の父母からアメリカ合衆国（生地主義）で生まれた子は，日本とアメリカの重国籍者になります。

まず，①重国籍者の国籍の1つが日本の国籍であれば，日本法が本国法になります（38条1項ただし書）。したがって，CASE 2-1(1)ではAの本国法は日本法です。次に，重国籍者の国籍がすべて外国籍である場合は，その人の常居所に着目します。②その人の常居所が国籍のある国にあれば，常居所がある国籍国の法が本国法です（38条1項本文）。CASE 2-1(2)では，オレンジ国とメロン国の国籍をもつBの常居所はオレンジ国にあるので，本国法はオレンジ国法です。最後に，③重国籍者に日本の国籍がなく，国籍のある国に常居所もない場合，国籍のある国のうち，その人に最も密接な関係がある国の法が本国法に

重国籍者の本国法

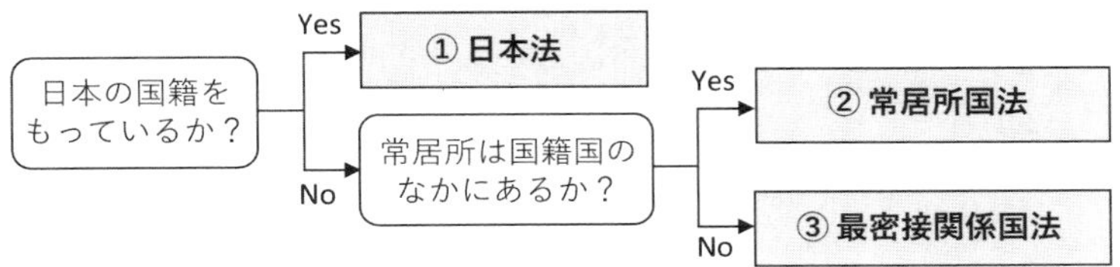

なります（38 条 1 項本文）。この最密接関係国は，本人の出生地や国籍取得の経緯，国籍のある国での居住期間，また，家族・親戚の居住状況などを総合的に考慮して決められます。CASE 2-1(3)で，かりに C の最密接関係国がメロン国であれば，本国法はメロン国法です[1]。

サビニャー先生，オレンジ国とメロン国の重国籍者 X の常居所が日本にあるとき，38 条 1 項本文によると，X の本国法は常居所のある日本の法になるのですか？

それはよくやってしまう間違いね。「本国」法を決めるのだから，あくまで国籍のある国のどれかに常居所がないと，意味がないのよ。38 条 1 項本文も，「その国籍を有する国のうちに」と書いているわ。

なるほど。そうすると，次の最密接関係国も，国籍のある国のなかから探さないといけないんですね。X にとって最も密接な関係がある国は，常居所のある日本になりそうだけど，そうではなくて，最密接関係国は，国籍のあるオレンジ国かメロン国のどちらかになる……。

そういうこと。日本よりも関係が薄いのに，オレンジ国かメロン国のなかから決めないといけないというのは少し違和感があるかもしれないけど，それが「本国法」なのよ。

notes

[1] **重国籍者と同一本国法**　重国籍者に関して同一本国法（25 条や 32 条など）はどのようにして決められるかについて，第 **3** 章 44 頁以下参照。

2　無国籍者の本国法

無国籍者には国籍がないので，本国法はありません。そこで38条2項本文は，本国法の代わりに，常居所地法を使うことにしています。CASE 2-1(4)では，Dについてオレンジ国法によることになります[2]。

 不統一法国の法（38条3項・40条）

CASE 2-2

オレンジ国人のAについて，次の場合，本国法はどうなるか。

(1)　オレンジ国が，州によって法の異なる国である場合。

(2)　オレンジ国が，宗教によって法の異なる国である場合。

1　地域的不統一法国

地域的不統一法国とは

日本人の場合，本国法は日本法です。では，アメリカ人の場合，本国法は「アメリカ法」でいいでしょうか。じつは，そう単純にはいきません。というのは，アメリカ合衆国では，たとえば婚姻について各州が婚姻法を制定しており，アメリカ合衆国の全体で婚姻などについて統一的に適用される「アメリカ法」はないからです。したがって，アメリカ人の場合は，どの州の法が本国法になるか，さらに決める必要があります。このように，1つの国のなかで法が異なる地域が複数存在している国のことを**地域的不統一法国**とよびます。イギリス，カナダ，オーストラリアなども地域的不統一法国です。

地域的不統一法国についてどの地域の法が適用されるかが問題となるのは，連結点が本国（国籍）であるときに限られます。というのは，常居所や目的物

notes

[2]　**無国籍者と同一本国法**　　38条2項ただし書は，同一本国法（25条など⇒第**3**章44頁）を決めるときに，本国法の代わりに常居所地法を使わないことを明らかにするためのものです。

の所在地などの連結点は，それがどの地域にあるかをそれ自体で特定できるからです（たとえば，常居所がニューヨーク州にあるなら，同州法がそのまま常居所地法になります）。よって38条3項は，地域的不統一法国の問題を本国法の決定の場面に限定しています。

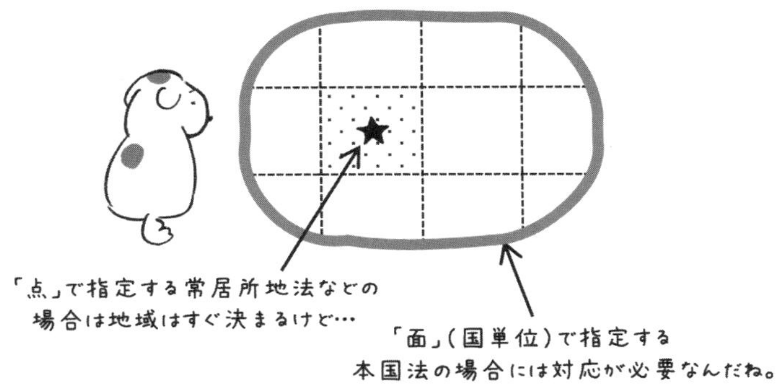

本国法の決め方

本国法が準拠法になる場合に，本国が地域的不統一法国であるときについては，38条3項に定めがあります。それによると，地域的不統一法国の人の本国法は，次のとおり決められます。

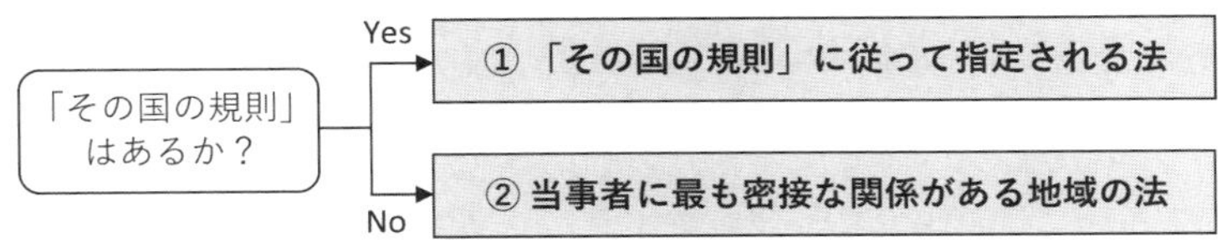

まず，その地域的不統一法国に，その人がどの地域に属するかを指定する規則[3]がある場合，①その規則に従って指定される法が，本国法になります。

CASE 2-2(1)で，オレンジ国にたとえば，「人はその常居所がある州に属する」という「規則」があれば，Aの常居所がある州の法がAの本国法になり

notes

[3] **準国際私法**　地域的不統一法国において，異なる地域（州）の間の私法関係に関する法の抵触（⇒第**0**章3頁）を解決する法のことを，準国際私法（または州際私法）といいます。そして，38条3項の「規則」は，準国際私法のうち，当事者がどの地域に所属するかを決定するものになります。

ます。この決め方は，法廷地[4]国である日本からみて，その国の規則を間に挟んで間接的にその人の地域の法を指定するので，**間接指定**とよばれます。

次に，こういう「規則」が本国にない場合は，②その人に最も密接な関係がある地域の法がその人の本国法になります。その人の最密接関係地域は，常居所や出生地，家族・親戚の居住状況などを総合的に考慮して決められます。

CASE **2-2**(1)で，オレンジ国にはその人が属する州についての規則がない場合やわからない場合，Aのオレンジ国内の常居所などから最密接関係州を判断し，その州の法がAの本国法になります。この決め方は日本からみて，直接にその人の地域の法を指定するので，**直接指定**とよばれます[5][6]。

教えて！サビニャー先生　　間接指定は直接指定よりなぜ先？

なぜ間接指定は，直接指定より先にされるのかしら？　これには，次のような理由があるといわれています。もし CASE **2-2**(1)のオレンジ国人Aの本国法の決定が日本だけでなく，たとえばメロン国の裁判所でも問題になったときにオレンジ国に「規則」があれば，間接指定なら日本でもメロン国でも，オレンジ国の「規則」に従うので指定される地域は同じになるわ。でも直接指定だと，日本とメロン国の裁判所は，それぞれ自国の決め方に従うので，指定される地域が同じでない可能性があります。だから，日本の裁判所でも他国の裁判所でも同じ地域の法が本国法になる間接指定のほうが，まずは望ましいと考えられているのよ。

notes

[4] **法廷地**　裁判が行われる地のことを法廷地といいます。

[5] **間接指定と直接指定の注意点**　CASE **2-2**(1)で，オレンジ国に「人はその常居所がある州に属する」という規則があっても，Aの常居所がオレンジ国のどの州にもない（たとえば日本にある）場合，間接指定ができないので，直接指定によってオレンジ国の州の中から，最密接関係州を見つけることになります。また，最密接関係地域は，必ず国籍がある国のなかから見つけないといけません。重国籍者の本国法決定で同じような注意（⇒19頁）があったことを思い出してください。

[6] **地域的不統一法国者と同一本国法**　同じ地域的不統一法国の国籍を有する者どうしの同一本国法については，第**3**章44頁注[7]を参照。

2 人的不統一法国

人的不統一法国とは

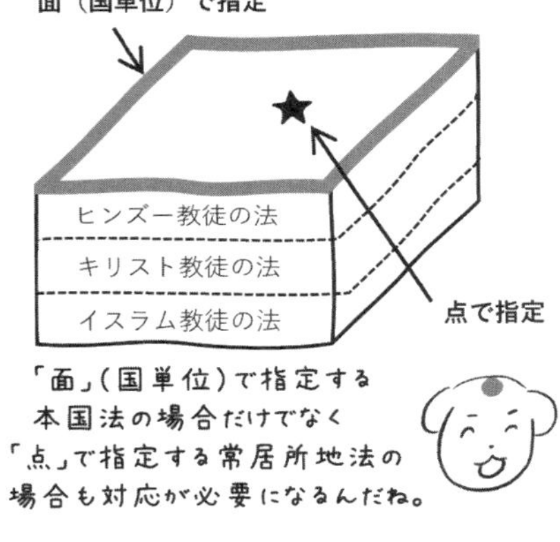

不統一法国には，人の宗教や民族などが異なれば適用される法が違うタイプのものもあります。インドやエジプトなどは，宗教に応じて家族法の内容が異なっています。このような国は**人的不統一法国**とよばれます。たとえば，その人の本国や常居所などがインドにある場合，ヒンズー教徒に適用される法なのかイスラム教徒に適用される法なのかなど，どの法が適用されるかが問題になります。

人的不統一法国の人の本国法

本国法が人的不統一法国法である場合については，40条1項に定めがあります。それによると，本国法は次のとおりに決められます。

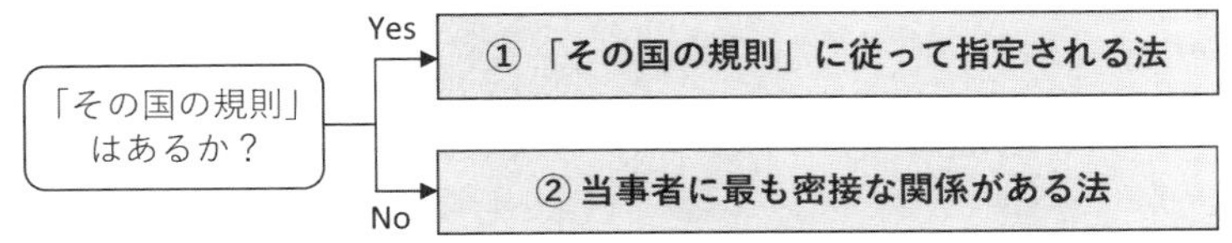

40条1項では，①その国の規則にもとづく間接指定→②直接指定の決め方が採用されています（この決め方は，38条3項が定める地域的不統一法国の場合と同じです)。よって，まずは，その人の宗教や民族にもとづいて適用される法を決めているその国の**規則**[7]を探すことになります。もしも規則がわからない

notes

[7] **人際法**　人的不統一法国において，当事者の宗教や民族などによって適用される法を定めている規則を人際法といいます。人際法は，人的不統一法国には必ずあると一般に考えられています。

ならばその人の最密接関係法を探すことになりますが，最密接関係法は本国の法のなかから探さなければなりません。というのは，ここで問題になっているのは，本国の人的に異なっている法のなかでその人に最も密接な関係を有する法は何かだからです。CASE 2-2(2)で，たとえばオレンジ国に，「ヒンズー教徒にはヒンズー教徒の法が適用される」という規則があって，A がヒンズー教徒であれば，ヒンズー教徒の法が A の本国法になります。

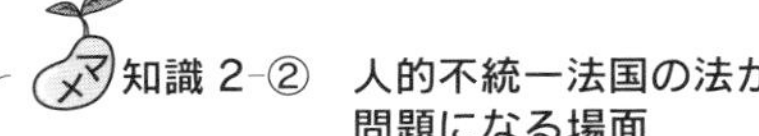

知識 2-② 人的不統一法国の法が問題になる場面

人的不統一法国の問題は，典型的には本国法に関して起きますが，常居所地法や夫婦の最密接関係地法（25 条など。⇒第 3 章 44 頁）についても，これらの地の法というだけではどの宗教などの法か決まらないため問題になります。40 条 2 項によれば，これらについても，①間接指定→②直接指定という，本国法の場合と同じ決め方になります。

ここで注意してほしいのが，人的不統一法国法の指定は連結点でなく準拠法の決定の問題であると考えられることです。なぜならば，人的不統一法国では，法が宗教や民族などによって異なっているだけで，連結点で問題になる「どこの場所か」は問題にならないからです。この点で，場所的な法の抵触が問題になる地域的不統一法国とは同じでないといえるでしょう。

地域的不統一法国と人的不統一法国のポイント

		地域的不統一法国	人的不統一法国
条　文		38 条 3 項	40 条
法の抵触の種類		場所的抵触	人的抵触
準拠法決定のプロセス		連結点の確定	準拠法の適用
問題になる場合	本国法	○	○（1 項）
	常居所地法	×	○（2 項）
	夫婦の最密接関係地法	×	○（2 項）
①間接指定→②直接指定の順		○	○
①間接指定における「規則」		（所属地域決定のための）準国際私法	人際法
②直接指定における最密接関係の対象		地域（の法）	（その人の）法

3 反致（41条）

CASE2-3

日本に常居所を有するレモン国人のAが日本で死亡し，Aの遺産の相続が問題になった。相続の準拠法は，36条によれば被相続人の本国法であるレモン国法になるはずである。ところが，レモン国の国際私法は，「相続は，被相続人の常居所地法による」と定めている。この場合，相続の準拠法はどうなるか。

1 反致とは

通則法の規定によって外国法が準拠法として指定される場合に，その外国の国際私法によれば日本法が準拠法となるとき，準拠法を日本法にしてしまうこと，これが41条の定める反致（はんち）です。日本から，「その外国の法が準拠法である」と指定（送致（そうち））したのに，外国の国際私法をみて，それをとりやめて日本法を準拠法にする（反対に送致＝反致する）制度です。

2 41条の反致のしくみ

当事者の本国法によるべき場合

反致の成立要件の1つめは，当事者の本国法によるべき場合（41条本文）であって，それが外国法になることです（反致を日本から外国に「行って帰ってくる」旅にたとえると，これは「行き」の要件に当たります）。4条から37条までのうち，「本国法による」などと定められているものについてだけ，反致は問題になります。本国法が準拠法になるのは家族関係の条文に多く，婚姻の実質的成立要件（24条1項）や相続（36条）などがあります。契約（7条以下）や物権（13条），不法行為（17条以下）などでは反致は問題になりません。

41 条ただし書

当事者の本国法が準拠法になると定められている場合でも，段階的適用（⇒第**3**章44頁）が採用されている婚姻の身分的効力（25条），夫婦財産制（26条1項），離婚（27条本文），そして親子間の法律関係（32条）で反致は起きません（41条ただし書）。ちなみに，CASE **2-3** の相続（36条）は，ただし書に該当しません。ただし書で除外されている条文のほかにも，解釈によって，41条本文は適用されないと考えられる場合もありえます（⇒第**4**章71頁）。

その国の法に従えば日本法によるべきとき

反致の成立要件の2つめは，その国の法に従えば日本法によるべきとき（41条本文）です（反致を旅にたとえたときの「帰り」の要件に当たります）。これはつまり，本国の国際私法によれば日本法が準拠法になるということを意味します。たとえば，本国の国際私法が「相続は，被相続人の常居所地法による」と定めていて，連結点である被相続人の常居所が日本にあるような場合です。

日本法による

1つめの「行き」の要件と2つめの「帰り」の要件がみたされると反致が成立し，その効果として日本法による（41条本文）ことになります。つまり，日本法が準拠法になり，日本の実質法（民法，商法など。⇒第**0**章3頁）が適用されます。

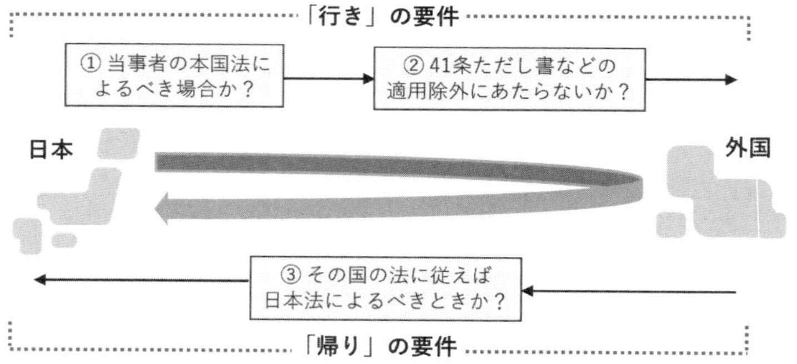

CASE 2-3 で問題になる「相続」は「本国法による」(36条) 場合です。また，41条ただし書にも該当しません。よって，反致成立の1つめの「行き」の要件をみたします。そして被相続人Aの本国であるレモン国の国際私法は，「相続は，被相続人の常居所地法による」と定めています。Aの常居所は日本にあり，「日本法によるべきとき」に該当するので2つめの「帰り」の要件もみたされ，反致が成立します。したがって，Aの相続の準拠法は日本法になります。

サビニャー先生，そもそも，どうして反致なんてあるんですか？

今まで外国の国際私法のことなんて，全然考えてこなかったのだから，そう思うのも無理ないわ。

通則法が決めた準拠法をそのまま適用しない場合があるのはなぜなんですか？

反致を認める理由としてよくいわれるのは，反致があれば，日本でも指定先の外国でも準拠法が同じになるので，どちらで裁判しても同じ結果が得られる（判決の国際的調和）とか，反致によって日本法が準拠法になるケースが増えるから裁判官は助かる（内国法適用の利便）とか……，そういう理由ね。

でもそれって，理由になってないような気がします……。準拠法が同じになるっていっても，外国も反致のしくみを採用していたら，準拠法が入れ替わるだけじゃないですか？　それに，「日本法が準拠法になるからラッキー！」なんていうくらいなら，はじめから準拠法なんて決めなければいいのに。

確かにそのとおりなのよ。結局，だれもが納得できる説得力がある反致の理由はないというのが正直なところ。不思議な制度ね。

4 公序（42条）

CASE 2-4

共に日本に常居所を有するメロン国人男Aとメロン国人女Bは，日本で結婚して生活したいと考えている。Aは25歳だが，Bは10歳である。メロン国法では，男性の婚姻年齢は18歳，女性の婚姻年齢は9歳である。AとBの婚姻は，日本で認められるだろうか。

1 公序とは

ある問題の準拠法が外国法になると，その外国法を適用した結果が日本法を適用した結果と異なることもあります。国際私法は，日本法と違う結果でも，その外国と問題との密接な関係を尊重して（⇒第**1**章9頁），その適用結果を受けいれることにしています。でも，外国法の適用の結果を何でも受けいれて，本当に問題はないでしょうか？　たとえばCASE 2-4のように，女性についてかなり低い婚姻年齢を定める国の法もあります。24条1項によれば，AとBの本国法であるメロン国法が婚姻年齢の準拠法になります（⇒第**3**章36頁）。それに従えばAと10歳のBとの婚姻が成立することになりますが，これは本当に日本で認められるべきでしょうか。

第**1**章でみたように，国際私法では，単位法律関係と連結点の2つだけを使って指定される地の法の内容をみないで準拠法を決定するので，このようなことが起こります。これはこれで，法性決定と連結点の確定をスムーズに進める大きなメリットがあります。しかし，準拠法になる外国法を適用してみたら，日本の社会ないし法秩序における基本的な考え方に反するので，その結果はとうてい受けいれられないという可能性もあります。このような「まさかのとき」に備えて，その外国法を適用しないで済むしくみがあれば安心ですよね。

これを可能にしてくれるのが42条の**公序**です。42条は，「外国法によるべき場合において，その規定の適用が公の秩序又は善良の風俗に反するときは，これを適用しない」と定めています。まずは「法の内容をみないまま準拠法を決定する」ことができるのは，この条文のおかげです。

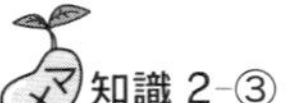

知識 2-③　通則法42条と民法90条

民法90条にも「公の秩序又は善良の風俗」という言葉があります。しかし，これは日本の国内事件に関して社会秩序を守るためのものであって，国際的私法関係の事件に関する通則法42条の公序と判断基準は同じではありません。

教えて！サビニャー先生　　公序は積極的に発動してもいいの？

「なるほど，42条の公序か。それなら，準拠法になる外国法を適用すると都合の悪い結果になるときは，いつでもこれを使って，外国法の適用をやめればいいんだ！」と思った人はいませんか。でも，公序に反するという理由で簡単に外国法の適用をやめられるとすると，わざわざ単位法律関係と連結点を使って準拠法を決定したことが無意味になりかねないわ。国際私法は，日本法と異なる外国法も尊重し，日本法と違う結論も受けいれることを基本にしています。42条の公序は，このような国際私法の理念をひっくり返してしまうおそれがあるので，最後の手段であるべきなの。公序条項は，日本の社会における本当に大切な基本的価値が壊される場合にのみ，発動できると考えられているのよ。

2　公序発動の判断枠組み

外国法の適用結果が42条の公序に反するかの判断は，どのようにされるのかをみていきましょう。この判断にとって重要な役割を果たすのが，①外国法の適用結果の不当性と，②事案と日本との関連性です。

「外国法の適用結果の不当性」と「事案と日本との関連性」

まず，①**外国法の適用結果の不当性**は，それが日本の社会における基本的な考え方とどれだけかけ離れているかで判断します。CASE 2-4で，10歳のBの結婚を認めるというメロン国法の適用結果は，結婚するには家庭をもって自立した生活をすることができる程度の社会的・経済的成熟が必要であるという日本社会における基本的な考え方からかなりかけ離れていますよね。

ここで注意してほしいのは，不当性の判断の対象は，外国法の内容でなく，「外国法を適用した具体的な結果」ということです。たとえば CASE **2-4** で，B が 10 歳でなく 25 歳だったとします。女性の婚姻年齢は 9 歳というメロン国法の内容は受けいれがたいでしょうが，これを実際に適用した結果は，「25 歳の B は婚姻年齢に達しているので結婚できる」ということです。25 歳の B の結婚を認めるというメロン国法の適用結果は，日本社会における基本的な考え方とかけ離れてはいません。このように，不当性の判断では外国法の内容でなく，その適用の結果が問題になります。

知識 2-④　公序が問題になった例

実際に裁判所で，公序に違反するかどうかが問題になった外国法には，次のようなものがあります。①異教徒間の婚姻を禁止するもの，②子の親権者になるのは父だけで母はなれないとするもの，③養子縁組を禁止するもの，④賭博契約を有効とするものなどです。

次に，②**事案と日本との関連性**は，関係する当事者の国籍・常居所，行為地，事故発生地，物の所在地などにより判断されます。この関連性の考慮が必要であるのは，42 条の公序が「日本」の社会における基本的な考え方を守ることを目的にしているからです。CASE **2-4** では，A と B の国籍はメロン国ですが，共に日本に常居所があって日本で結婚して生活することを考えると，②事案と日本との関連性は大きいといえます。

「外国法の適用結果の不当性」と「事案と日本との関連性」の関係

このような①外国法の適用結果の不当性と②事案と日本との関連性の関係は，次のように整理することができます。①と②が両方とも大きければ，公序に反する可能性は大きくなります。逆に，①と②が両方とも小さければ，公序に反する可能性は小さくなります（①外国法の適用結果の不当性があまりにも大きいとき，たとえば麻薬取引を合法とする準拠法にもとづい

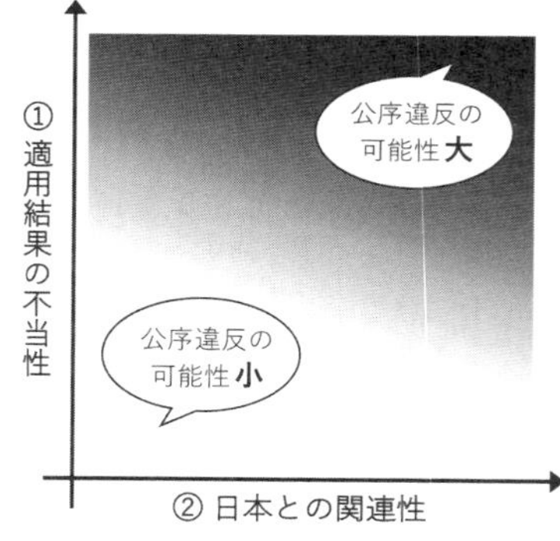

て代金支払いが認められてしまうようなときは，②日本との関連性がほとんどなくても公序に反することがありえます）。①と②のこのような関係を意識しながら，最終的に公序に反するかどうかを個々の事案ごとに判断します。CASE 2-4 は，すでにみたように①と②の両方が大きいので，公序違反になると考えてよいでしょう。

教えて！サビニャー先生　相続で問題になる婚姻（先決問題）と公序

CASE 2-4 で，A と B がメロン国で婚姻してメロン国に住んでいたとします。A が死亡して，A が所有する日本の不動産を B が妻（相続人）として相続できるかが問題になったときも（このように，相続の前提として婚姻が問題になるような場合，これを先決問題といいます。先決問題についての準拠法の決め方に関しては，第 6 章 86 頁参照），AB の婚姻は公序違反になるかしら？　①AB はこれから婚姻しようとしているわけでなく，亡 A の相続との関係で事後的に婚姻が問題になっているにすぎないこと，②A と B の国籍・常居所，また婚姻して生活していた地もメロン国なので日本との関連性はほとんどないことを考えると，AB の婚姻を認めても日本の法秩序への影響は小さいといえそうね。そうすると，婚姻自体は公序違反にならず，B は相続人として A の遺産である不動産を相続できると考えてもよいでしょう。

3　公序の発動後はどうなる？

外国法の適用結果が公序に反する場合，その外国法は適用されません（42 条）。CASE 2-4 で，「10 歳の女性である B は，メロン国法が定める女性 9 歳の婚姻年齢に達しているので結婚できる」という結果が公序に反する場合，メロン国法は適用されません。

外国法が適用されなくなったあと，事案はどのように解決されるでしょうか。有力な考え方としては，まず，適用されるべき外国法がなくなるため「すき間」ができるけれど，そのすき間は日本の実質法（民法，商法など。⇒第 0 章 3 頁）で埋められるというものがあります（裁判実務が採用している考え方といえます）。この考え方によると，CASE 2-4 では，メロン国法の適用が公序に反するとして排除された後，女性の婚姻年齢は 18 歳（2022 年 4 月から）と定める日本の民法731条が適用されます。Bは10歳なので，同条の婚姻年齢（18歳）になっておらず，AとBの婚姻は日本で認められないことになります。

これに対して，外国法の適用が排除されるときには，すでにその外国法の適用結果は正しくないという結論が出ていて，埋められるべきすき間はないと考える見解もあります（これが多数説といえます）。たとえばCASE 2-4では，10歳のBの婚姻は公序に反するという判断を出した以上，それは，AとBの婚姻は認められないという意味であって，これで解決されると考えます。

サビニャー先生，公序に反するとして外国法の適用が排除されたあとどうするかについて説明されている2つの考えですが，ぼくには2つとも同じようにみえます……。

CASE 2-4のように婚姻できるかどうかという二者択一の判断であれば，確かに同じにみえるわね。でも，問題が程度の判断のとき，たとえば損害賠償の額がいくらになるかだと，違いが出てくるといわれています。

う～ん，どういうことでしょうか？

たとえば，交通事故の事例で，準拠法になる外国法の認める額が著しく低額なので公序に反するときに，損害賠償の額がいくらになるか考えてみて。

はい。えーっと……。すき間があって日本法で解決するという見解なら，日本の民法で認められる損害賠償額になります。でも，すき間がないと考える見解だと……あれ？　損害賠償の額はすぐにはわかりません。

そうね。すき間がないという見解によれば，日本の公序に反しない最低限度の損害賠償の額を考え出すことになりますが，これは日本の民法で決めるわけではありません。ここに，日本の民法などですき間を埋めるという見解との違いがあります。

CHAPTER

第3章

婚姻／離婚

条文関係図

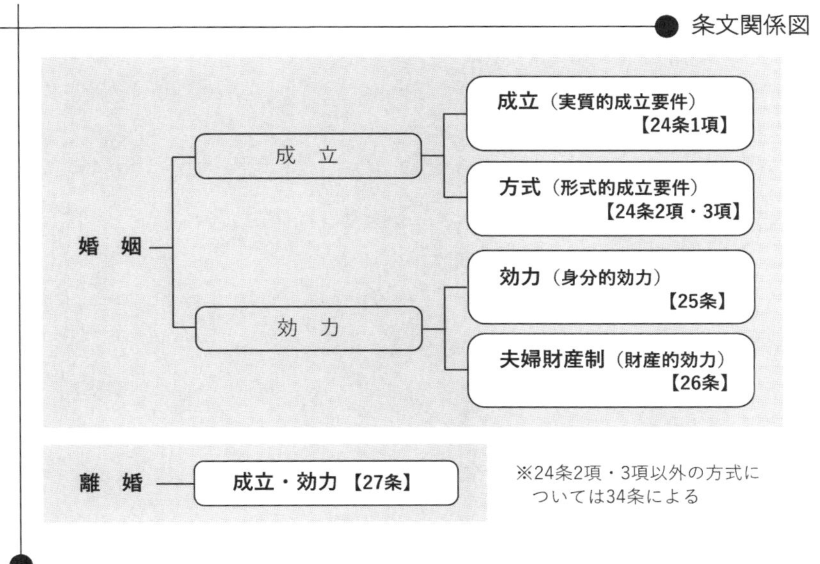

INTRODUCTION

国籍の違うカップルが結婚しようとする場合，まず考えなければならない問題は，「どの国の基準に従って結婚したらいいの？」ということではないでしょうか。また，夫や妻としてどんな義務を負うことになるの？　夫婦の財産関係はどうなるんだろう？　結婚前からもっていた自分の財産はだれのもの？　など，結婚したことで生まれてくるさまざまな問題もあります。これらの問題は，どの国の法によって判断されるのでしょうか。また，このカップルが離婚をしたいと考えたときにはどの国の法に従った離婚をしなければならないのでしょうか。本章では，このような国際的な結婚（＝婚姻）や離婚に適用される法（準拠法）について学ぶことになります。

どのような状態でなければ婚姻できないのか（**実質的成立要件**⇒24 条 1 項），また，どのようなことをすれば法律上婚姻したことになるのか（**形式的成立要件**＝**方式**⇒24 条 2 項・3 項）のそれぞれをみたさなければ法律上「結婚した」とはいえません。通則法はこのような結婚をするための要件についてどの国の法をみなければならないのか（＝準拠法はどこの国の法になるか），24 条で定めています。また，結婚したことで生じるさまざまな問題については，25 条（**婚姻の効力**）と 26 条（**夫婦財産制**）が準拠法を定めています。

さらに婚姻生活がうまくいかずに夫婦が離婚をしたいと考えたとき，そもそも**離婚**ができるのか，できるとしてどのようにすれば法律上離婚したことになるのかについては 27 条が準拠法を定めています。27 条で決まる準拠法は，離婚をしたことで生じる問題についても適用されることになります。

1 婚姻の実質的成立要件（24 条 1 項）

CASE 3-1

オレンジ国人男 A（17 歳）と日本人女 B（18 歳）は結婚を考えている。オレンジ国法によると，男女とも 17 歳以上であれば結婚できるが，日本法によると，男女とも 18 歳以上でなければ結婚できない[1]。A と B が結婚できるかどうかは，どの国の法で決められるか。

1　婚姻の実質的成立要件とは

婚姻をはじめとする家族に関する法の内容は，国や文化によって大きく違っています。婚姻をしようとする者が備えていなければならない要件も，国によってさまざまです。たとえば，日本では民法 732 条によって重婚は禁止されていますが，イスラム教国では男性は 4 人まで妻をもつことが許されていますし，またアフリカの一部の国では何人でも妻をもつことができます。このほかにも，結婚が許される最低年齢（婚姻適齢，婚姻年齢）や，親や兄弟などとの結婚の禁止（近親婚の禁止），親の同意が必要か，婚姻解消後すぐに結婚できるか（再婚禁止期間，待婚期間）などが問題になります。これらを**婚姻の実質的成立要件**[2]といいます。

知識 3-①　婚姻の成立？

24 条 1 項は「婚姻の成立」としか書いていませんが，同条 2 項・3 項が方式＝形式的成立要件を対象としていることから，1 項は実質的成立要件だけを対象とする規定であることがわかります。婚姻が有効に成立するためには，24 条 1 項によって準拠法が決まる実質的成立要件と 24 条 2 項・3 項によって準拠法が決まる方式要件（形式的成立要件）の両方をみたす必要があります。

notes

[1] **日本の婚姻適齢**　かつては，日本民法では，男 18 歳，女 16 歳で結婚することができましたが，2022 年 4 月からは男女とも 18 歳でないと結婚できなくなりました。

2 準拠法

▶24条1項

単位法律関係	連結点
婚姻の成立 （実質的成立要件）	夫となる者の本国 妻となる者の本国 配分的適用

配分的適用

CASE 3-1 のように，国籍の違うカップルが結婚しようとしている場合，この2人が何歳で結婚できるかなどの，婚姻の実質的成立要件の準拠法は，どのようにして決まるのでしょうか。24条1項は，婚姻の実質的成立要件の準拠法は各人の**本国法**によると定めています。つまり，結婚しようとする男女それぞれが，自分の本国法で定められた実質的成立要件をみたしていれば結婚できるのです。このような準拠法の決定の仕方を**配分的適用**[3]といいます。CASE 3-1 の場合は，A は自分の本国法であるオレンジ国法が求める要件，B は自分の本国法である日本法が求める要件をそれぞれみたしていればよいことになります。17歳である A（本国法＝オレンジ国法は17歳以上であれば結婚可）と18歳である B（本国法＝日本法は18歳以上であれば結婚可）は結婚することができます。

notes

[2] **婚姻の実質的成立要件**　日本民法ではまず婚姻意思の合致が必要とされます（742条2号）。その上で，731条～738条に定める要件も満たす必要があります（ただし，2024年4月1日から再婚禁止期間を定める733条は削除されました）。これらは結婚するために必要な条件と考えると成立するための要件ですが，日本民法は「○○の場合には婚姻をすることができない」と定めており，婚姻障害とよばれることもあります。

[3] **配分的適用**　みたすべき要件を決める準拠法を各当事者に割りふるためこのようによばれます。

一方的要件と双方的要件

CASE 3-2

レモン国人男Aと日本人女Bは叔父・姪の関係である。近親者間の婚姻について，日本法は3親等[4]以内の婚姻を禁じているが（民法734条），レモン国法は2親等以内の婚姻を禁じている場合，2人は結婚できるか。

レモン国法（Aの本国法）　結婚できる

日本法（Bの本国法）　結婚できない

結局、AとBは結婚できるの？できないの？

配分的適用によれば，結婚しようとする男女それぞれが自分の本国法で求められる要件をみたしていれば，結婚することができるはずですが，そう簡単な場合ばかりではありません。

実は，婚姻の実質的成立要件には2種類あるといわれています。1つは，当事者の一方にのみかかわる要件（一方的要件），もう1つは，当事者の双方にかかわる要件（双方的要件）です。AとBが婚姻しようとする場合，一方的要件であれば，AはAの本国法だけを，BはBの本国法だけをみたせばよいです。双方的要件であれば，AはAの本国法だけではなくBの本国法も，BはBの

Aの本国法　Bの本国法

一方的要件

AとBの本国法上の要件を、それぞれクリアしていればOK

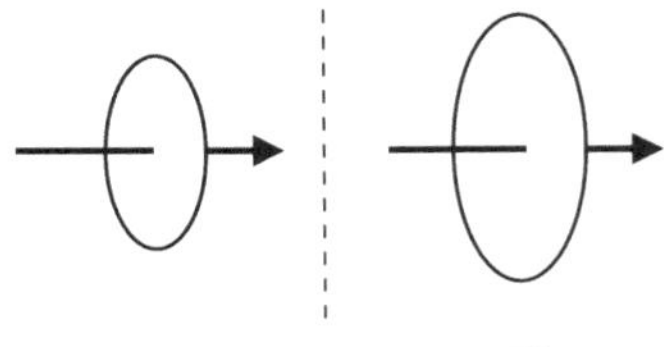

双方的要件

AとBの本国法上の要件を、両方ともクリアしなければならない

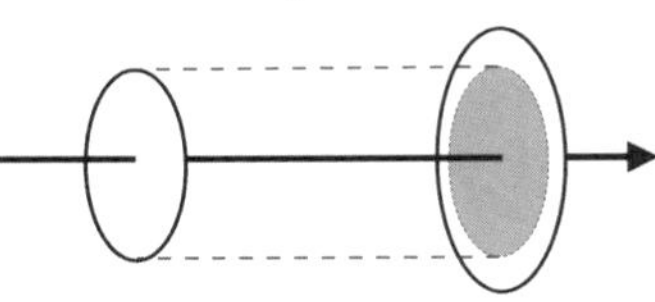

notes

[4] **親等の数え方**　日本法では親等の数え方は民法726条に定められています。これによると，親子は1親等，兄弟・祖父母は2親等，叔父・叔母・姪・甥は3親等，いとこは4親等になります。

本国法だけではなくAの本国法もみたす必要があります。

CASE 3-1 の婚姻適齢は一方的要件であると一般に考えられているので，それぞれが自分の本国法の定める基準をみたせばよいことになります。CASE 3-2 の近親婚の禁止は双方的要件なので，相手方との関係でみたされなければなりません。そのため，Aからみたときには，自分の本国法（レモン国法）の定める要件（2親等以内は禁止）はBもみたさなければならず，Bの本国法（日本法）の求める要件（3親等以内は禁止）はAにも課せられることになります。お互いに自分の本国法と相手の本国法の双方の要件をみたさなければならないのです。結局，2つの法が重なり合って適用されることになり，より要件が厳しい法（CASE 3-2 では3親等以内は禁止とする日本法）の要件をみたさなければならないことになります。したがって，AとBは結婚できません。

教えて！サビニャー先生　一方的要件と双方的要件

ある婚姻の実質的成立要件が一方的なのか双方的なのかを判断するにはどうしたらいいのかしら？ 1つの考え方としては，実際に適用される実質法がどのような内容をもっているかによって決まるというものがあるわ。これを実質法説といいます。また別の考え方としては，実質法とは無関係に国際私法の解釈として独自に考えるというものもあるのよ。これを国際私法独自説といいます。このうち，国際私法独自説の考え方が多数説になっていて，本文の説明もこれに従った説明になっているわ。

ちなみに国際私法独自説に立つとして，代表的な婚姻の実質的成立要件はそれぞれ下の図のように考えられているのよ。

要　件	一方的要件	双方的要件
婚姻適齢	○	
親の同意	○	
重婚の禁止		○
近親婚の禁止		○
再婚禁止期間		○

婚姻の取消し・無効

婚姻が成立したけれども，要件をみたしていないことがあとで明らかになった場合はどうなるのでしょうか。

一方の本国法の要件のみをみたしていないときは，その国の法が定めている処理（効果）によることになります。たとえば，CASE 3-2 の場合，日本法の要件をみたさないので，日本法が定めているように AB の婚姻は取り消すことができます（民法 744 条）。両方の本国法の要件をみたしていないときは，婚姻の有効性をより厳しく否定する法（取消しと無効であれば無効）の処理に従うことになります。

婚姻の形式的成立要件（婚姻の方式）（24 条 2 項・3 項）

CASE 3-3

日本人男 A がオレンジ国人女 B とメロン国で婚姻しようとしている。日本法によれば，婚姻届の提出で正式に婚姻が成立するが，メロン国法によれば 4 人の証人の面前でカップルが婚姻の誓いをするだけで，オレンジ国法によると宗教的儀式をすれば正式に婚姻が成立する。A は，メロン国法に従い，B とメロン国で 4 人の証人の面前で婚姻の誓いをした。日本で婚姻届の提出は必要だろうか。

1 婚姻の方式とは

婚姻が有効に成立するためには，実質的成立要件がみたされているだけでは不十分で，法律上求められる何らかの行為をしなければならないのが一般的です[5]。たとえば，日本法上は婚姻届を提出しなければなりません

notes

[5] **婚姻の成立**　特別な方式を必要とせずに，同居しているなどの事実関係にもとづいて婚姻を成立させる国もあります。なお，本文にあるように，日本で日本人同士が籍を入れずに（婚姻届を出さずに）結婚式だけあげても法律上有効な婚姻とはなりません。

が（民法739条），ヨーロッパの多くの国では市長の前で宣誓をすることで婚姻が成立しますし，イスラム教国には宗教的儀式をすることで婚姻が成立する国もあります。このように婚姻を成立させるために必要な届出や儀式などを**婚姻の方式**といいます。婚姻の方式とは，**婚姻の形式的成立要件**のことです。法律上「結婚した」といえるためには，実質的成立要件と形式的成立要件の両方が備わっていなければなりません。

2 準　拠　法

▶24条2項・3項

単位法律関係	連結点
婚姻の方式 （形式的成立要件）	婚姻挙行地 当事者の一方の本国 選択的適用

日本人条項

選択的適用

CASE 3-3のように，日本人が外国人と外国で外国のルールに従って結婚をした場合，この2人は日本でも法律上結婚した夫婦として扱われるのでしょうか？　この問題を解くためには，そもそも婚姻の方式についてどの国の法をみればいいのか，ということを考えなければいけません。

婚姻の方式について適用される準拠法は，24条2項と3項が決めています。ここで決められているのは，当事者それぞれの本国法，婚姻挙行地（法律上結婚に必要とされる行為を行う場所）法のうち，どれかの国の法が定める方式に従った結婚であればいい，ということです（最大で3つの選択肢があります）。

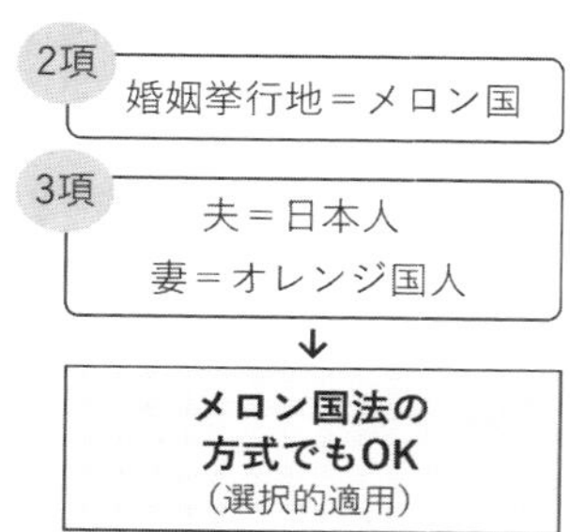

CASE 3-3の場合，日本人とオレンジ国人がメロン国で婚姻をしています。この場合，①日本法（夫となる人の本国の法），②オレンジ国法（妻となる人の本国の法），③メロン国法（婚姻挙行地の法）のどれかに従っていればいいのです。つまり，メロン国法の求める方式に従ったAとBの婚姻は，方式の要件をみたして，有効に成立

していることになります。この24条2項・3項のように，選択肢を複数用意して，そのうちのどれかの要件をみたしていれば，有効に成立したものとする準拠法の決め方を**選択的適用**といいます[6]。

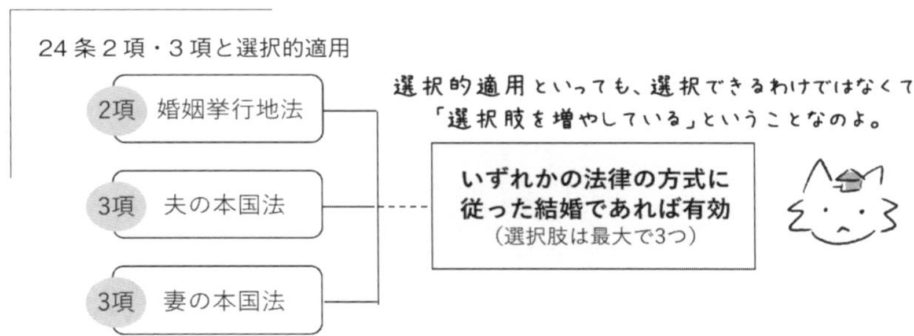

日本人条項

婚姻の方式については日本人に関する特別なルールがいくつかありますので，注意が必要です。

まず，24条3項ただし書の**日本人条項**です。本来は，当事者それぞれの本国法，婚姻挙行地法のうちどれかに従った方式の婚姻であれば有効なのですが，少なくとも当事者の一方が日本人で，日本において婚姻を挙行する場合には日本法に従った方式の婚姻でなければなりません。CASE 3-3 で，AとBが日本で結婚しようとするなら，日本法に従った方式（＝婚姻届の提出）で結婚しなければならないのです。

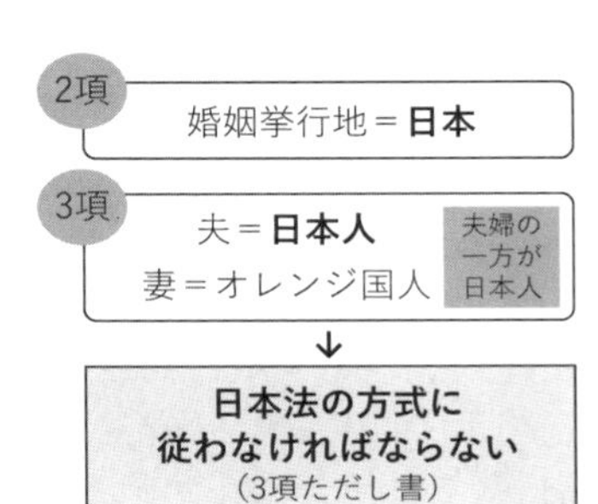

notes

[6] **婚姻届の２つの性質**　CASE 3-3のように，外国で婚姻をする場合，その国の方式を備えた婚姻であれば有効に成立するのですが，この場合でも日本の戸籍吏への婚姻届の提出は必要とされています。これは，結婚を有効にするためではなく，日本人の身分関係の変動はすべて戸籍に反映されている必要があるためです。この場合の戸籍吏への届出を，婚姻を締結するための届出（創設的届出）とは区別して，報告的届出といいます（⇒戸籍法41条）。もちろん，これは，日本人は必ず婚姻届を戸籍吏に提出しなければ婚姻が有効に成立しないという意味ではありません。

領事婚

また，日本人同士が外国で結婚をする場合についても特別なルールがあります。たとえば，あなたの友達（日本人）が別の日本人とメロン国で結婚しようとしているとしましょう。この場合，その国（メロン国）に駐在する領事等に婚姻届を提出することによって結婚することができる（**領事婚**⇒民法 741 条）という制度が定められています。

教えて！サビニャー先生　　方式の準拠法に注意！！

通則法の親族に関する条文（24 条〜35 条）をあらためて眺めてみて。すると，婚姻の方式についてはこのように 24 条 2 項・3 項という規定があるのに，26 条以降の条文には，方式についての定めがないことに気がついてもらえるかしら？　実は，離婚の方式や養子縁組の方式など，婚姻以外の親族関係について方式が問題になるときは，すべて 34 条が準拠法を決めることになっています。婚姻だけが特別なのよ。

Column ❶　新しい家族のかたち――その 1　　同性婚・事実婚

日本ではまだ認められていませんが，世界では近年，同性同士での結婚（＝同性婚）を認める国が増えてきました。また，結婚に必要な形式的要件やしばりを嫌って，事実上婚姻をしている状態（＝事実婚）のほうを好む人も増えています。日本ではこの事実婚に対する法整備はなかなか進みませんが，欧米では，一定の要件を備えた事実婚について，法律上の婚姻と同じような効果を認める法制度を整えた国も多くあります。これらのような，従来の結婚のかたちとは違う新しい結婚のあり方を国際私法上どのように扱うべきなのかは非常に難しい問題です。

3 婚姻の効力（25条）

1　婚姻の効力とは

知識 3-②　同居義務いろいろ

日本法では，夫婦は同居をしてお互いに助け合わなければならないと定めていますが（民法752条），同居義務の内容も国や文化によって異なります。一夫多妻婚を認めている国では，夫にすべての妻との同居を強制するのでなく，すべての妻に同じレベルの住まいを提供することを義務づけていたりします（クウェート法など）。

結婚をすると，2人の生活にさまざまな変化が起きると思いますが，法的にはどのような関係や権利義務が発生するのでしょうか。結婚したことによって夫婦間に生じる法的効果には，同居義務や貞操義務などの2人の家族的な繋がりに関するもの（身分的効力）や，夫婦の財産に関するもの（財産的効力）がありますが，夫婦の財産に関しては26条があるので，25条の**婚姻の効力**が対象としているのは財産以外の問題です。といっても，夫婦間の扶養には「扶養義務の準拠法に関する法律」があるので，その法律で準拠法が決まります（⇒第**4**章74頁**Column❸**）。他方，妻の無能力（結婚したら妻が行為能力を失う制度）や成年擬制（未成年者が結婚した場合に成年とする制度）の問題については，25条に含まれるのか，それとも行為能力に関する4条に含まれるのか見解が分かれています。

それでは，国籍の違う人が結婚をした場合，婚姻の効力は，いったいどの国の法に従って考えればいいでしょうか。

2　準　拠　法

▶25条

単位法律関係	連結点
婚姻の効力 （身分的効力）	① 夫婦の同一本国 ② 夫婦の同一常居所 ③ 夫婦の最密接関係地 段階的適用

段階的適用

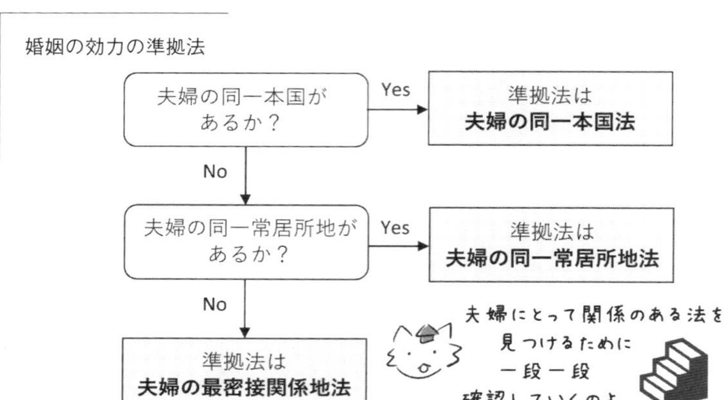

25条は，婚姻の効力の準拠法について，①夫婦の本国法が同じであればその法[7]，②夫婦の本国法が違う場合，夫婦の常居所地法（⇒第**1**章13頁）が同じであればその法，③夫婦の本国法も常居所地法も違う場合，夫婦にとって最も密接な関係を有する場所（最密接関係地[8]）の法が適用される，と定めています。これを段階的適用といいます。

このルールをたとえば，日本人男Aとオレンジ国人女Bとの事例にあてはめて考えてみましょう。AもBも生まれて以来ずっと日本で生活をしているとします。Aの本国法は日本法，Bの本国法はオレンジ国法なので，第1段階に当たる同一本国法は存在しません。そこで，第2段階に進むことになります。2人とも生まれて以来ずっと日本で生活をしているので，2人とも常居所地法は日本法であるということになります。つまり，AとBの婚姻の効力は同一常居所地法である日本法によって判断されます。

notes

[7] **同一本国法の決定**　同一本国法は，その決定に注意をする必要があります。典型的には，重国籍者（⇒第**2**章18頁）の場合（⇒次頁対話コーナー）と，国籍国が地域的不統一法国（⇒第**2**章20頁）の場合です。地域的不統一法国については，38条3項によって決まる地域の法が夫婦のそれぞれで異なれば，同一本国法は存在しないことになると一般に考えられています。

[8] **最密接関係地**　夫婦の最密接関係地は個別具体的にそれぞれの事情に応じて判断されますので，具体的で明確な基準はありません。

ワンチーニくん，婚姻の身分的効力に関して，夫 A がオレンジ国人，妻 B がオレンジ国と日本の重国籍者の場合に，「本国法が同一であるとき」はどう考えればいいかわかるかしら？

2 人はオレンジ国の国籍を共通してもっているから，「同一であるとき」といえるのではないですか？

あら？　第 **2** 章で重国籍者の本国法はどうなるか，習ったわよね……。

そうか！　妻 B はオレンジ国と日本の重国籍者だから，まずは 38 条 1 項の出番なんですね。そうして決まった B の本国法と，A の本国法が同一かをみることになるのかな。

そうそう。B は日本国籍をもっているから，B の本国法は日本法になります。だから，同一本国法は「ない」のよ。

それでは，25 条の次の段階の同一常居所地法，これがなければ最密接関係地法に進むんですね。

ちなみに，B が無国籍者だったら同一本国法は考えないって 38 条 2 項ただし書に書いてあるのよ。注意してね。

🐾教えて！サビニャー先生　結婚と氏の変更

ところで，みなさんは「結婚」と聞くと，自分の名字（氏）か結婚相手の名字（氏）が変わることをイメージするかもしれません。日本の民法では確かに結婚をすると夫か妻のどちらかの名字を選んで（⇒民法 750 条）家族全員が同じ名字を名乗らないといけないことになっています。でも，たとえば中国や韓国では結婚してもどちらの名字も変わらないし，夫と妻の名字をくっつけたりする国や，そもそも元々名字がない国もあるわ。では外国人と日本人とが結婚するとき，2 人の名字をどうするかはどの国の法で決まると思う？

通則法には，名字の準拠法に関するルールはないのだけど，1 つの考え方としては，結婚するから名字が変わるということに着目して婚姻の効力（25 条）の準拠法で決定するというのがあります。でも，名字のない国の人と日本人の夫婦がずっと日本で暮らしているときに，婚姻の効力の準拠法が同一常居所地法の日本法になるからといって，名字のない国の人に名字を作れとはいえないわね。そういう問題もあって，最近では，それぞれの人が国籍をもっている国の法律に従って決定するという考え方が有力です。名字の変更の問題は結婚のときだけではなくて離婚や養子などさまざまなところで出てくるのだけど，この立場だとどの場面でも準拠法が同じになるのよ。

4 夫婦財産制（26 条）

CASE 3-4

日本人女 A とレモン国人男 B の夫婦はともに日本に常居所を有している。A は結婚直後に自分の貯金で日本で家と土地を購入し，A の単独名義で登記をしている。

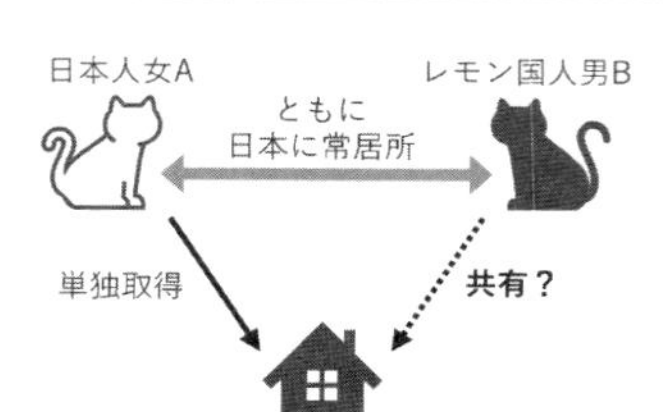

レモン国法によれば，結婚している間に夫か妻が取得した不動産は，その名義がどうなっていようと，またそれが資金をだしていようと夫婦の共有財産となるとされている。以下のそれぞれの場合，日本にある A 名義の土地と家は，A の単独財産か，あるいは，A と B の共有財産か。

(1) A と B が，この問題の準拠法について，何の合意もしていなかった場合。
(2) A と B が結婚するときに，日付と署名入りの書面でレモン国法を準拠法とする合意をしていた場合。

1　夫婦財産制とは

法律上有効な結婚をした夫婦の間では，財産関係についても，他人との関係とは違う特別な制度（**夫婦財産制**）が用意されている場合があります。日本の民法は，原則として，①夫婦の一方が結婚前から所有している財産はその人の財産，②夫婦の一方が結婚後に自分の名義で取得した財産はその人の財産，③夫婦のどちらに帰属するかわからない財産は夫婦の共有財産とする，というルール（民法762条）を定めています。このような夫婦財産制が問題になっているCASE 3-4では，準拠法はどのようにして決まるのでしょうか。

2　準　拠　法

▶26条1項・2項

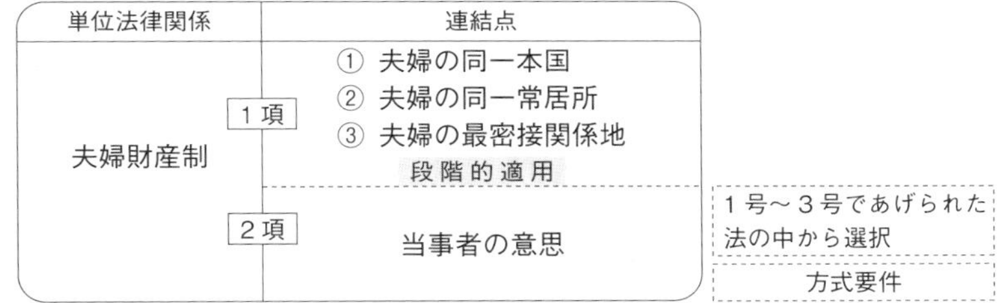

単位法律関係		連結点
夫婦財産制	1項	① 夫婦の同一本国 ② 夫婦の同一常居所 ③ 夫婦の最密接関係地 段階的適用
	2項	当事者の意思

1項：25条の準用

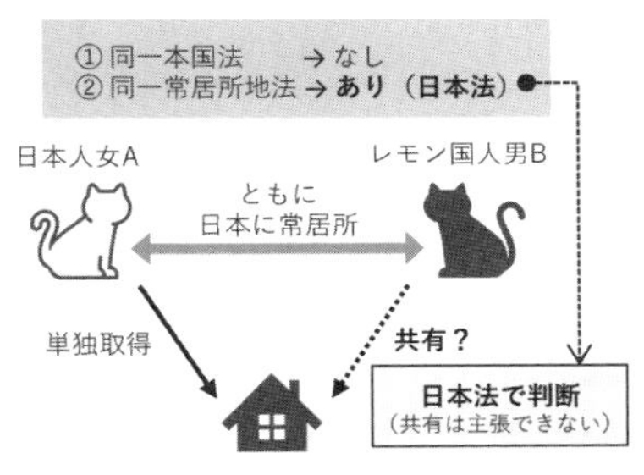

夫婦財産制の準拠法について，通則法26条1項は，25条の規定を準用すると定めています。これは，25条のルールを夫婦財産制についても使うことを意味しています。つまり，①同一本国法，②同一常居所地法，③夫婦の最密接関係地法の順番で準拠法を決める段階的適用です。

したがって，26条1項によれば，CASE 3-4(1)についてはAとBには同一本国法はないですが，2人の同一常居所地法は日本法です。この結果，結婚している間に取得した財産がだれのものなのかは，準拠法である日本法にもとづいて判断することになります。民法762条によるとBは共有を主張できません。

2項：当事者自治

26条1項は上でみたように25条を準用しています。次に26条2項をみてみましょう。じつは2項は夫婦が夫婦財産制について適用される準拠法を選ぶことを認めています（これを，**当事者自治**といいます）。夫婦の財産については，国内法でも夫婦財産契約といって，婚姻の届出前に夫婦自身でルールを決めることが認められているなど（たとえば民法755条），当事者自身に広く決定権を認めてもいい問題と考えられているからです。ただし，その選択肢を①夫婦の一方の国籍国法（26条2項1号），②夫婦の一方の常居所地法（同項2号），③不動産に関する夫婦財産制についてその不動産所在地法（同項3号）のいずれかに限定していることに注意が必要です[9]。

夫婦で夫婦財産制の準拠法を選ぶ場合には，さらに夫婦の署名と日付がある書面で選ばなければなりません[10]。これは，準拠法選択の合意の方式について定めた要件です。このため，きちんと26条に定められた選択肢のなかから準拠法を選んだのに，その合意は口約束だけだったとか，準拠法を選んで紙に書いて署名をしたのに日付を書き忘れたというような場合には，準拠法の選択は無効です（原則どおり，26条1項で準拠法が決まります）。CASE 3-4(2)では，一方の国籍国の法（26条2項1号）であるレモン国法が選択されていて，方式要件もみたしているので，準拠法の選択は有効と認められます。したがって，レモン国法が準拠法になり，この家はAとBの共有財産になります。

notes

[9] **当事者自治の制限？？**　26条2項が認める当事者自治では，選択できる法が限られています。当事者自治は，契約に関する7条でも認められていますが，そこでは26条のような選択肢の制限はありません（⇒第7章96頁）。

[10] **準拠法選択の方式と夫婦財産契約の方式**　ここで説明しているのは，「準拠法を選択する際の方式」です。つまり，どのような要件をみたしていれば準拠法の選択が有効になるのかという問題です。この選択された準拠法に従って，夫婦財産契約を結ぼうとする場合は，さらに34条で決まる方式の準拠法をみる必要があります（⇒第7章102頁）。

🐾🐾🐾

サビニャー先生，夫婦財産制の準拠法は自分たちで選べるということはわかりましたけど，いつ選んでもよいんですか？

いつまでに選ばなければならないという制限はないわ。

じゃあ「結婚して 10 年経ってから夫婦財産制の準拠法を選ぼうよ！」となっても大丈夫なんですね？

もちろん。ただ，1 つだけ注意が必要よ。この場合，選んだ後に取得した夫婦財産にだけ新しい準拠法が適用されることになるの。

えーっと，どういうことですか？

たとえば，2000 年 12 月 25 日に結婚した夫婦が，2013 年 4 月 30 日に夫婦財産制の準拠法を選択したとしましょう。2010 年 2 月 10 日に夫婦が取得した土地と，2015 年 2 月 10 日に夫婦が取得した家屋があった場合，2010 年に取得した土地については，夫婦が準拠法を選択する前なので，選んだ準拠法は適用されず，2015 年に取得した家屋についてだけ選んだ準拠法が適用されることになります。

26条 1 項で決まる準拠法

26条 2 項で決まる準拠法（合意した準拠法）

2000.12.25 結婚

2013.4.30 夫婦財産制の準拠法を合意

う～ん。でも，準拠法を選択する前の期間に取得した夫婦財産の準拠法はどうなるのですか？

そこは，準拠法が選択されていないので，26 条 1 項で準拠法が決まるのよ。

そうか。選択の前と後で準拠法が変わるのですね！　わかりました。

🐾🐾🐾

3　外国法が準拠法になる場合の例外

取引相手の保護

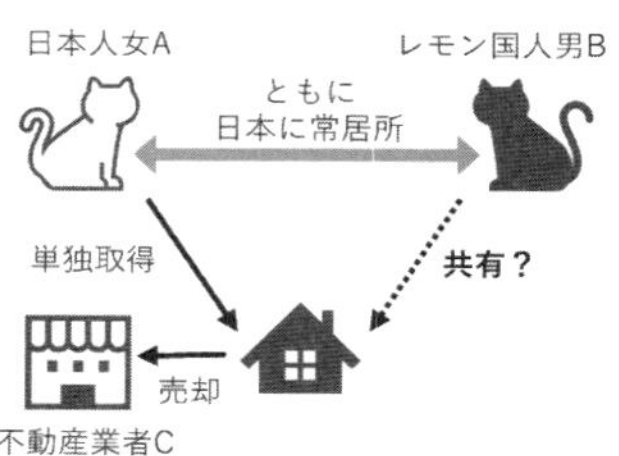

右の図のように，夫婦だけでなく第三者である不動産業者Ｃがかかわってくる場合は，さらに考えなければならないことがあります。26条3項は，外国法が夫婦財産制の準拠法となるとき（1項で決まっても2項で決まっても），日本で行った法律行為と日本に所在している財産については，外国法にもとづいた夫婦財産制の内容を，善意の第三者に対して主張することができない，と定めています。ここでいう「善意」とは，問題となっている夫婦の夫婦財産制の準拠法が外国法であることを知らない，という意味です。取引の相手方が夫婦財産制の準拠法が外国法であることを知らない場合には，日本で行った法律行為と日本に所在している財産については，外国法にもとづいた夫婦財産制の内容を主張できない結果，その部分については日本法が適用されることになります[11]。たとえば，上の図でＡが日本国内で不動産業者Ｃに自己名義の不動産を売却したとしましょう。この場合，かりに，夫婦財産制の準拠法がレモン国法であるとして，Ｃがそれを知らないときには，ＡとＢはＣに対してレモン国法上の夫婦財産制の内容を主張できず，日本法が適用されます。つまり，Ｂ男は自分の持ち分を返せということはできなくなるのです。

夫婦が登記をした場合

確かに，26条3項は日本で夫婦と取引をする相手方にとっては非常にありがたいルールです。しかし，夫婦の側からすると，せっかく夫婦財産制の準拠

notes

[11] **内国取引保護**　このように，日本国内で行った法律行為や，日本の中にある財産についての法律行為について，特別に外国法の適用を排除することを内国取引保護と呼びます。日本の中で完結する法律問題に外国法を適用することで当事者以外の第三者の予測を超える結果が発生し，その第三者が不利な扱いを受けることを防止するための特別ルールです。

法を有効に選択してもそれが善意の第三者につねに主張できないというのでは，準拠法を選択している意味がないような気がするのではないでしょうか。そこで通則法はさらに例外の例外を作り，外国法が準拠法となる夫婦財産契約（法定夫婦財産制はのぞかれている）についてだけ，日本でそれを登記すれば善意の第三者に対抗することができると定めています（26条4項）。

まとめ

このように夫婦財産制の準拠法は，非常に複雑な構造になっていますが，図にまとめると次のようになります。

夫婦財産制の準拠法

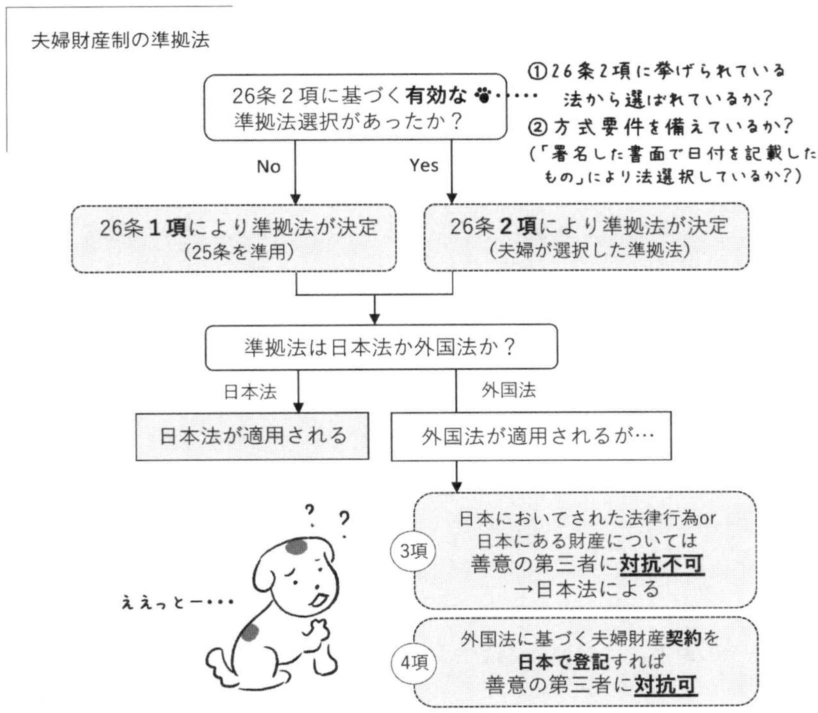

5 離婚（27条）

CASE 3-5

オレンジ国人女Aとメロン国人男Bは日本で結婚し，結婚以来20年間日本で暮らしている。2人の間には10歳と7歳の子どもがおり，2人ともメロン国籍である。夫婦仲がうまくいかなくなったため，AとBは離婚を考えている。2人は離婚できるだろうか。なお，オレンジ国法は離婚を禁止しているが，メロン国法は離婚を認めている。

1 離婚とは

一口に**離婚**と言っても日本のように紙切れ一枚で離婚をする（協議離婚といいます）ことが認められている国や，夫が一方的に3回「おまえと離婚する」と妻に告げれば離婚ができる（タラーク離婚といいます）国がある一方で，裁判をしなければ離婚ができない国もあります。また，離婚そのものを禁止している国もあります。

このように①そもそも離婚ができるのか？（＝離婚の可否），②離婚ができるとしてどうすればできるのか？（＝離婚の方法），③離婚をする際に何らかの公的機関の関与が必要か？（＝離婚の機関），④どういう理由があれば離婚できるのか？（＝離婚の原因），⑤離婚によってどのような効果が生じるのか？（＝離婚の効力）などが離婚の問題とされます。⑤離婚の効力に，婚姻関係の解消が含まれることは確実ですが，これ以外にどのような問題が含まれるかについては議論があります。通説によれば，(ア)離婚に伴う財産分与と(イ)離婚自体の慰謝料[12]は離婚の準拠法の問題とされています。離婚においてとくに問題になる親権者の指定については，離婚の準拠法ではなく，後にみる親子間の法律関係

notes

[12] **離婚の慰謝料**　離婚自体から生じる慰謝料は離婚の準拠法ですが，離婚の原因となった1つ1つの不法行為（たとえばDVや不倫など）に対する損害賠償はそれぞれの不法行為の準拠法（⇒第**8**章125頁）によるという考え方が一般的です。

の準拠法（⇒第**4**章71頁）で判断するのが通説の立場です。

では，離婚が問題になっている CASE **3-5** のような場合，準拠法はどのようにして決まるでしょうか。

2 準 拠 法

▶27条

単位法律関係	連結点
離婚	① 夫婦の同一本国 ② 夫婦の同一常居所 ③ 夫婦の最密接関係地 段階的適用

日本人条項

27条本文は，離婚の準拠法を決めるために，25条を準用しています。つまり，ここでも，婚姻の効力の準拠法と同じ決め方（夫婦の同一本国法→夫婦の同一常居所地法→夫婦の最密接関係地法という段階的適用）で準拠法を決めているのです。CASE **3-5** にこれを当てはめると，AとBには第1段階の同一本国法はありません。けれども，2人は20年間日本に住んでいますので，同一常居所地は日本であるといえます。したがって，AとBとが離婚できるかどうかを判断するのは日本法であるということになります。

日本人条項

ところで，27条ただし書は，夫婦のうちのどちらか1人が日本に常居所を有する日本人である場合には，離婚の準拠法は日本法になると定めています（**日本人条項**）。たとえば，CASE **3-5** でBが日本に長年住む日本人であれば，Aがどこの国の国籍をもっていようと，どこに住んでいようと，必ず2人の離婚の準拠法は日本法になります。

🐾教えて！サビニャー先生　　離婚の方法と方式

本文でみたように，離婚の方法は 27 条で決まる準拠法によって決まります。離婚の方法とは，たとえば日本法でいえば，話し合いで離婚ができるか（協議離婚），裁判で離婚をしなければならないか（裁判離婚）ということよ。それでは，話し合いでの離婚を準拠法が認めていたとして，いざ離婚しようとするときには，具体的にどういう手続が必要かが問題になるわね。たとえば，日本だと「離婚届」を役所に提出すればよいけど，どういう届けをどこに提出するかは国によって違うの。これは「方式」の問題なので，27 条ではなく，34 条（親族関係の法律行為の方式）で決まる準拠法によることになります（34 条については，⇒第 **7** 章 102 頁）。

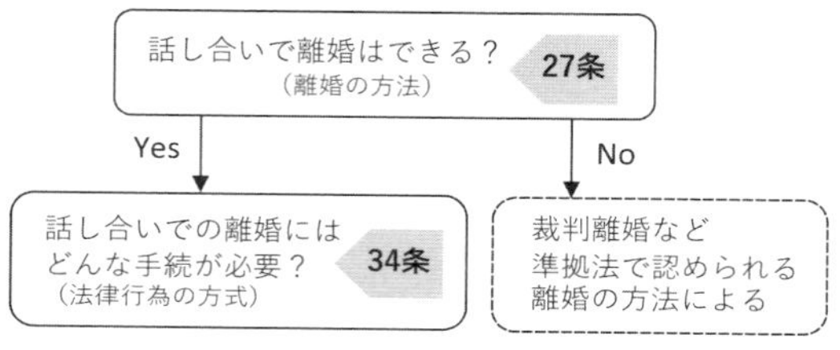

CHAPTER

第4章

親子関係

条文関係図

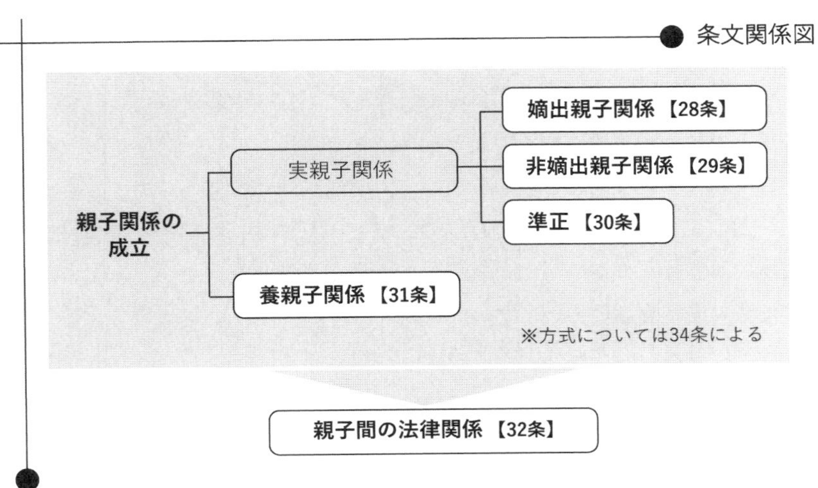

INTRODUCTION

第**3**章では夫婦の間の問題に適用される準拠法について勉強しましたが，この章では親子の間の問題に適用される準拠法について勉強します。

親子の間の問題と言えば皆さんは何を想像するでしょうか。「離婚後に子どもの面倒をだれがみるのか？」といった問題でしょうか。もちろんこれも親子の間の問題ですが，親子関係の問題で最も重要なのは，そもそも法律上だれの子どもなのか，という問題です。日本法では，親子関係を実際に血縁関係のある**実親子関係**と，血縁関係のない**養親子関係**とに分けて規定しています。さらに，実親子関係については，子どもの父母が結婚している場合の**嫡出親子関係**，子どもの父母が結婚していない場合の**非嫡出親子関係**，はじめは非嫡出親子関係であった親子が嫡出親子関係になる**準正**，のそれぞれについていろいろな定め[1]をおいています。

それでは，国籍が違ったり，外国で暮らしていたりする親子について，そもそも法律上の親子関係があるのかどうか，また法律上の親子関係があったとしてそれがどのような内容なのかについて，準拠法はどのように決まるのでしょうか。通則法では，親子関係を日本の民法と同じように嫡出親子関係（28条），非嫡出親子関係（29条），準正（30条）また養親子関係（31条）に分けてそれぞれ準拠法の規定をおいています。

さらに，これらの法律によって決まった親子関係について，どのような権利義務が生まれるのか，という問題については別に準拠法を決定する規定があります。**親子間の法律関係**の準拠法を定める32条です。

notes

[1] **親の結婚と親子関係**　日本法ではこのように子の親が結婚しているかどうかで嫡出子か非嫡出子かを分けていますが，家族関係の変化により，ヨーロッパなどではこのような区別をなくしてしまった国が多くあります。また，日本法上も制度の違いはありますが，実質的な両者の違いは少しずつ解消されつつあります。

1 嫡出親子関係（28 条）

CASE 4-1

レモン国人女Aは恋人である日本人男Bの子どもを妊娠したが，2人が正式に結婚できたのは子どもCが生まれる2週間前であった。日本法上は子どもが嫡出子であるとの推定を受けるのは婚姻後にその子が出生した場合であり（民法 772 条），レモン国法上は婚姻後 180 日以降に生まれた場合とされているとき，CはAとBの嫡出子であるとの推定を受けるだろうか。

1 嫡出親子関係とは

嫡出親子関係とは，法律上有効な婚姻をしている夫婦と，その間に生まれた子どもとの間に成立する実親子関係です。CASE 4-1 のような場合に生まれた子どもが嫡出子になるのかを決定するのはどの国の法律かが，嫡出親子関係の成立に関する 28 条に定められています。

子どもがだれの子どもなのかは，ふつうは関係している当事者にしかわかりません。ですから，結婚している間に妻が出産した子は，法律上も夫との間にできた子どもと考えましょう（**嫡出推定**[2]），もし違っているのなら関係者（日本法では，父，母，子，母の前夫がそれにあたります）が違うと言ってくださいね（**嫡出否認**）という，ゆるい決め方しかできないのです[3]。このように，嫡出推定と嫡出否認はセットになっていないとこの制度はうまく機能しません。準拠法においても，嫡出推定と嫡出否認はセットで考える必要がありますから，

notes

[2] **嫡出推定**　民法 772 条は，以前は婚姻成立から一定期間経過していないと婚姻中の妊娠と認めておらず，嫡出推定がされないとしていましたが，改正により，2024 年 4 月 1 日以降は，妊娠が婚姻前であったとしても，婚姻成立後に生まれた子について夫の嫡出子として推定されることになりました。

[3] **推定とみなすの違い**　「推定」とは，事実はともかく一定の条件が整った場合に，法律上このように考えておきますよ，ということです。似たものとして，「みなす」があります。この2つの一番大きな違いは，反証をあげることによって，法律上そうなってしまっている状態をくつがえせる（推定する）か，くつがえせない（みなす）か，です。

両方とも28条で決めることになります。具体的には，子どもが嫡出子になるかどうか，嫡出否認することができるかどうか，嫡出否認するための期間はどのくらいか，だれが嫡出否認できるのか，といった問題が含まれます。なお，28条の対象となるのは嫡出親子関係の成立だけで，親子関係が成立した結果どのような権利，義務が発生するのかは32条によって決まります。

2 準 拠 法

▶28条

単位法律関係	連結点
嫡出親子関係の成立	夫の本国 妻の本国 選択的適用

28条はこれまでにみた条文に比べて少し違った書き方になっていますね。たとえば，24条1項では「○○は△△法による」という書き方ですが，28条1項は「夫婦の一方の本国法……により子が嫡出となるべきときは，その子は，嫡出である子とする」という書き方です[4]。これは，夫の本国法か，妻の本国法かどちらかで子どもが嫡出子になればその子どもはこの夫婦の嫡出子になる，ということを意味します。このように準拠法の選択肢を複数示して，そのいずれかの要件をクリアしていれば法律関係は成立するという準拠法の決め方は，婚姻の形式的成立要件（24条2項・3項）の準拠法の決め方と同じです（**選択的適用**）。選択肢が1つしかない場合よりも，複数あるほうが子が嫡出子となる可能性は高くなると考えられ，28条はできるだけ子どもを嫡出子としたほうがよいという考え方（子の福祉）にもとづいているといえます。

28条をCASE 4-1に当てはめてみると，子どもは婚姻の2週間後に生まれ

notes

[4] **夫と妻の本国法**　注意深い人はすでに気がついたかもしれませんが，28条は父の本国・母の本国という連結点ではなく，夫の本国・妻の本国という連結点を使っています。これは，結婚している男女の間の子どもしか嫡出子と認められません，ということを国際私法上も要求していることの表れだといわれます。

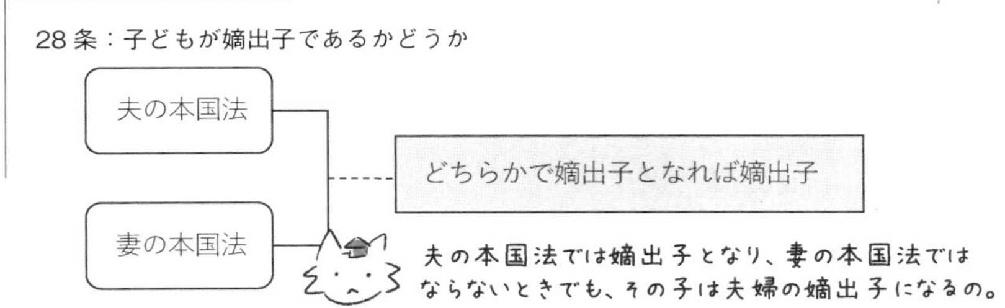

ています。婚姻成立から 180 日未満ですからレモン国法では子どもは嫡出子としての推定を受けませんが，婚姻後に生まれているので，日本法では推定を受けます。

したがって C は嫡出子としての推定を受けることになります。

嫡出否認

CASE 4-2

CASE 4-1 で，レモン国人女 A が妊娠したのは，実は別のメロン国人男 D の子どもであった。A はそのことを B に隠して結婚していたが，その後 2 人は仲が悪くなり，C が生まれてから 2 年後に別居するようになった。別居するときに A は実は C が D の子どもであると B に告げた。B は C について嫡出否認の訴え（嫡出子であることを否定するための手続）を提起することを考えている。レモン国法によると嫡出否認の訴えは夫が子の出生を知った日から 1 年以内に提起しなければならないが，日本法によると，夫が子の出生を知った日から 3 年以内（民法 777 条）に提起すればよい。B は C について嫡出否認の訴えを提起できるか。

28 条は嫡出親子関係が成立するかを決める準拠法についての条文ですが，その裏返しとして，嫡出親子関係の成立を否定できるか（**嫡出否認**）を判断するときにも使われます。CASE 4-2 のように夫の本国法である日本法のみが嫡出親子関係の成立を認める場合には，その法が求める要件をクリアすれば嫡出否認ができます。

問題は，妻の本国法と夫の本国法の両方が嫡出親子関係の成立を認める場合です。この場合には，そのうちのどちらかの法が求める嫡出否認の要件をクリアしていればよい，とする考え方と，両方の要件をクリアしなければならない，とする考え方に分かれています。多数説は後者ですが，その理由は，28条が採用する選択的適用はできるだけ嫡出親子関係を成立させようとするものであるので，嫡出否認は認めにくくするほうがよいからです。

 非嫡出親子関係（29条）／準正（30条）

CASE 4-3

日本人女Aとアンズ国人男Bは結婚をしていないが，AはBの子どもC（日本国籍）を妊娠出産した。AはBに対してCを認知してほしいと言ったが，Bはアンズ国には認知という制度はなく，DNA鑑定で親子関係が証明されれば非嫡出親子関係が発生する，ということを理由に認知してくれない。アンズ国法の内容がBの言うとおりであるとして，DNA鑑定の結果CとBとの間の生物学的親子関係が証明された場合，CとBの間に法律上の親子関係はあるのだろうか。

CASE 4-4

CASE 4-3で，アンズ国法でも非嫡出親子関係は認知によるとされているとする。Cが産まれた直後にAとBとは別れ，AはCを1人で育て，30年経った現在Cは実業家として成功をしている。そこに音信不通であったBが突然出現して，認知に子の承諾を必要としないアンズ国法に従いCの承諾なくCを認知しようとしている。この認知は可能だろうか。

1　非嫡出親子関係とは

CASE 4-3のように，結婚をしていない男女間に子どもができることはあります。この場合の親子関係を，結婚している男女間に子どもができた場合の親子関係（嫡出親子関係）と区別して，**非嫡出親子関係**とよびます。この非嫡出親子関係の成立の準拠法を決めているのが29条です。非嫡出親子関係を成立させるためには，親子関係があることを示す何らかの事実（父と母が同居しているなど）が必要であるとの考え方（**事実主義**）と，自分の子どもと認める意思を示すこと（**認知**）を必要とする考え方（**認知主義**）があります。29条はどちらの方法で成立する非嫡出親子関係も対象としています。なお，29 条の対象となるのは非嫡出親子関係の成立だけで，親子関係が成立した結果どのような権利，義務が発生するのかは 32 条によって決まります。

2 準 拠 法

▶29 条 1 項

単位法律関係		連結点
非嫡出 親子関係の成立 （事実主義）	父子関係	子の出生時の父の本国
	母子関係	子の出生時の母の本国

▶29 条 1 項・2 項

単位法律関係		連結点	
認知による 非嫡出 親子関係の成立 （認知主義）	父子関係	子の出生時の父の本国 認知時の父の本国 認知時の子の本国 選 択 的 適 用	セーフガード条項
	母子関係	子の出生時の母の本国 認知時の母の本国 認知時の子の本国 選 択 的 適 用	セーフガード条項

まず，29 条の対象となる親子関係は，父子関係もしくは母子関係であって，28 条の対象とする夫婦（＝両親）と子の関係ではないことに注意が必要です。

29 条は，一見したところでは非嫡出親子関係について，それがどのようにして成立するかに関係なく統一的に準拠法を決めているようにみえます。しかし，じつは成立の仕方によって準拠法の決め方や，使う条文が違っているので注意が必要です。つまり，1 項前段は事実主義と認知主義のどちらにもあてはまりますが，1 項後段，2 項は認知主義にしか使われません。

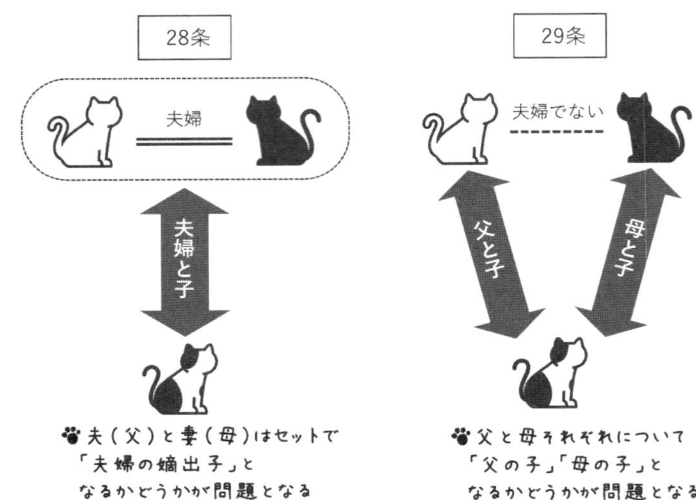

事実主義

条　文	事実主義	認知主義
29条1項前段	○	○
29条1項後段	×	○
29条2項	×	○

事実主義で非嫡出親子関係が成立する場合については，父との間は父の本国法（子の出生時），母との間は母の本国法（子の出生時）が準拠法となり，とてもシンプルに決まります。

CASE 4-3 では，BとCの親子関係が事実主義で成立するかが問題になっているので29条1項前段により父であるBの本国法であるアンズ国法が準拠法になります。アンズ国法ではDNA鑑定で親子関係が認められれば非嫡出親子関係が発生する（事実主義）ので，BはCを認知しなくても2人の間の非嫡出親子関係は認められます。

29条1項：事実主義の場合

父 との間の非嫡出親子関係 →	子の**出生時**の父の本国法
母 との間の非嫡出親子関係 →	子の**出生時**の母の本国法

認知主義：選択的適用

認知主義で非嫡出親子関係が成立する場合には，選択的適用になっています。つまり，父との間は，父の本国法（子の出生時（1項）か認知時（2項））か子の本国法（認知時（2項））のいずれか，母との間は，母の本国法（子の出生時（1項）か認知時（2項））か子の本国法（認知時（2項））のいずれかが準拠法となります。

メモ 知識4-① 事実主義と認知主義

たとえば CASE 4-3 のように，事実主義で親子関係が法律上認められる場合でも，認知もしてほしいということがあるかもしれません。その場合，選択的適用のいずれかの準拠法で認知が可能であれば，子を認知することも可能だというのが一般的な理解です。

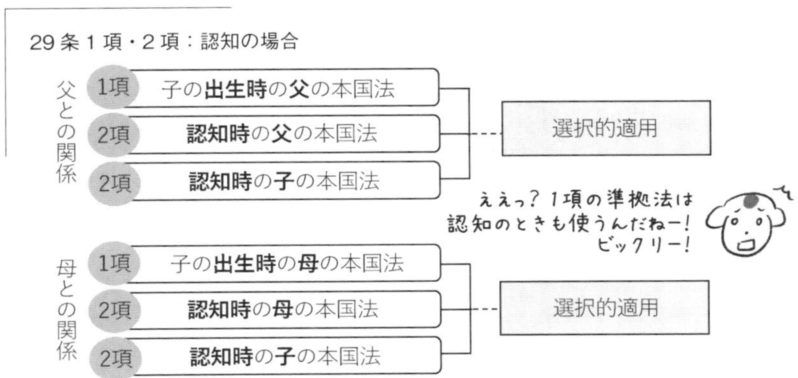

認知主義：セーフガード条項

さて，ここでもう一度29条の条文をみてみましょう。1項後段は，認知の場合について，その準拠法である親の本国法に加えて，子の本国法の定める一定の要件をみたすことを求めています。また2項後段は2項前段で決まる認知の準拠法が親の本国法となる場合，1項後段を準用，つまり，1項後段と同じように，子の本国法の定める一定の要件をみたすことも求めています。つまり，認知をする者である親（父あるいは母）の本国法（子の出生時（1項）か認知時（2項））にもとづいて認知をする場合には，必ず子の本国法の内容も調べて，子か他の人の承諾や同意が必要とされているならば，これらの要件もみたさなければならないのです。このような規定がおかれている理由は，認知されたくないのに認知されてしまう子を保護するためといわれます[5]。このように，本来適用される準拠法（認知する者の本国法）にプラスして，とくに一部の要件に関してだけ別の法（子の本国法）をみなければならない，とすることで，子どもの利益を保護する規定を**セーフガード条項**とよんでいます。

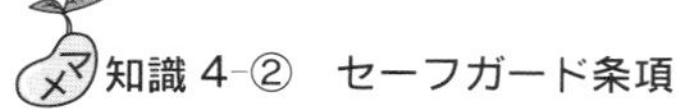

知識 4-② セーフガード条項

セーフガード条項は，認知の場合以外にも，養子縁組の準拠法に際して問題となることがあります（31条）。

CASE 4-4 では認知ができるかどうかが問題になっており，29条1項前段あるいは2項前段により父の本国法を準拠法として子の承諾を必要とせずに認知することができるように思えます。しかし，セーフガード条項（1項後段・2項後段）があるため，子の本国法をみる必要があります。CASE 4-4 では子の本国法は日本法であり，日本法によれば成人した子の認知については子の承諾が必要とされていることから，Cの承諾が必要となります（民法782条）。

notes

[5] **認知は子どものため？**　通則法はできるだけ非嫡出親子関係を認めようとして選択的適用を採用していますが，子にとっては，つねに親子関係が成立することが良いことであるとは限りません。たとえば，小さいときはほったらかしにされて，大人になってから突然父親が現れて，自分の承諾なく認知され，親だから養え，といわれても困りますよね。日本法では成人した子を認知するには子の承諾が必要です（民法782条）が，これはまさにこのような場合を念頭においた規定です。

29条1項・2項：認知の場合（選択的適用＋セーフガード条項）

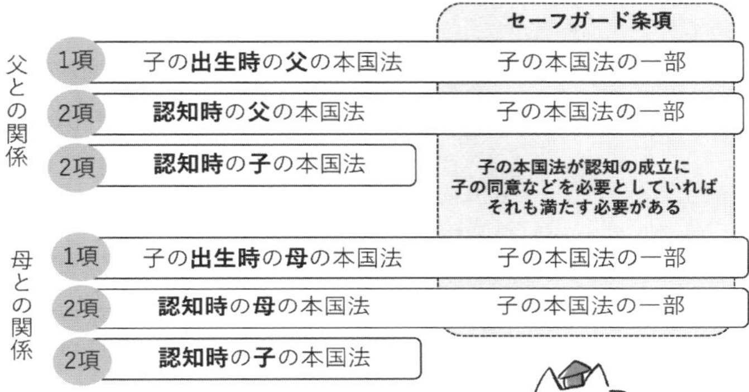

3 準　　正

非嫡出子として親子関係が認められたあとで，たとえば父親と母親が結婚したような場合，結果として婚姻関係にある父母の子ということになるので子が嫡出子という身分を取得する制度があります。このように非嫡出子が嫡出子の身分を取得することを**準正**とよびます。準正には，たとえば，父がある子を認知し，その後その子の母と婚姻することで子が嫡出子になる**婚姻準正**と，子の母と父が，父が子を認知する前に婚姻し，その後子を認知することで子が嫡出子となる**認知準正**などがあります[6]が，30条はいずれの準正も対象としています。

準拠法

30条は，28条や29条と同じように，選択的適用を採用しています。これによると，準正が完成する事実（婚姻準正であれば父母の婚姻，認知準正であれば認知）が完成した時点での父，母，子の本国法のうち，どれかで準正が成立すると，その子は嫡出子の身分を取得します。

notes

[6] 準正の種類　民法では，婚姻準正は789条1項，認知準正は同条2項に規定があります。

Column❷ 新しい家族のかたち――その2　新しい親子関係？

最近では医療技術が進んで，子宮がない，卵子や精子を作ることができない，など子どもが欲しいのに子どもをもてないカップルでも，人工生殖技術を利用して子どもをもつことが可能になってきました。

このような技術にはさまざまなものがあり，なかには，日本では事実上あるいは法律上認められていない技術もあります。たとえば卵子を買って人工授精させたうえで妊娠をする，あるいはお金を払って妊娠をしてもらい生まれた子を自分の子どもとする（代理懐胎）など日本では利用できない技術で子どもを得るために，希望者が日本から海外に出向いて，さまざまな人工生殖を試みる例が増えてきています。

このうち，とくに代理懐胎は大きな問題となります。日本では子どもを産んだ女性を法律上の母親とするというルールが，最高裁判所の判例にもとづきできていますが，代理懐胎の場合，産んだ女性は子どもの法律上の母親になりたいわけではなく，むしろ依頼をした側が母親となることを望んでいるからです。

さらに代理懐胎を認めている国では，裁判所により依頼者と生まれる子との間に親子関係を認める決定が出る場合があり，この外国裁判の扱いをめぐっても大きな議論があります（最決平成19年3月23日民集61巻2号619頁参照）。

3 養親子関係（31条）

CASE 4-5

日本人夫婦A・B（2人とも30歳）は，レモン国人C（5歳）を養子にしたいと考えている。レモン国法では養子縁組という制度自体が認められていない場合，この養子縁組は認められるだろうか。

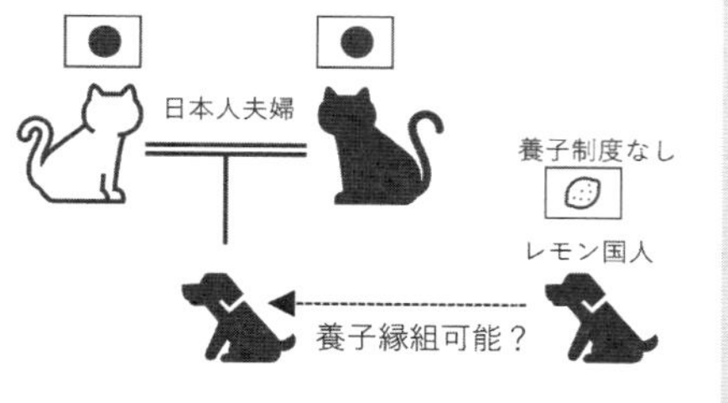

1　養子縁組・養親子関係とは

養子縁組とは，法律上親子ではない者の間に親子関係を成立させる制度です。養子縁組によって成立した親子関係を，**養親子関係**とよびます。養子縁組の成立方法としては，日本のように当事者間の合意による養子縁組（契約型養子縁組）の成立を認める国もありますが，とくにヨーロッパやアメリカなどでは，裁判所の決定により養子縁組を成立させる（決定型養子縁組）のが一般的です。また，養子縁組によって実親子関係がどうなるかに関しては，日本の普通養子縁組（民法792条以下）のように実親子関係に影響がない（＝実親子関係がそのまま残る）もの（非断絶型養子縁組）もあれば，日本の特別養子縁組（民法817条の2以下）のように実親子関係に影響がある（＝実親子関係がなくなってしまう）もの（断絶型養子縁組）もあります。以上に対して，イスラム教系の国のようにそもそも養子縁組を認めない国もあります。

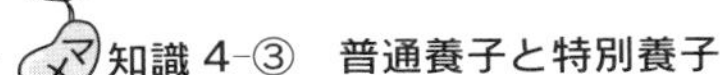

知識 4-③　普通養子と特別養子

日本法上，養子縁組の要件は，普通養子縁組と特別養子縁組とで大きく異なっています。たとえば，養子や養親の年齢制限，試験養育期間の要否などです。興味のある人は調べてみましょう。

このように，養子縁組はどういう要件がみたされていればできるのか（成立要件），また養子縁組をした場合にどのような効果があるのか（効力）は，国によって大きく異なります。31条は，養子縁組の成立と効力に適用される準拠法を決めています。

養子縁組の成立に含まれる問題としては，養親・養子の年齢等に関する要件（縁組能力，年齢制限，年齢間隔など），養親と養子の身分関係に関する要件，本人や他の人の同意が必要か，公的機関の許可が必要か，夫婦は共同して養子縁組をしなければならないか，などがあります。成立要件をみたしていないために養子縁組が無効となったり取り消されたりする場合もありますが，無効となるか，取消しの対象となるかも成立の問題に含まれます。

養子縁組の効力に含まれる問題には，養子縁組によって養子と養親との間にどのような関係が発生するのか，その発生時期はいつか，養子と養親の親族との間に何らかの関係が発生するのか，などがあります[7]。

2 準拠法

▶31条

単位法律関係	連結点
養親子関係	養親の本国

セーフガード条項

養親の本国法

31条によると，養子縁組という制度自体がそもそも認められるのか，認められた場合の成立要件やその効果がどうなるのかといった問題は，すべて養親の本国法によって決まります（1項）。また，養子と実の両親などの血族との関係に，養子縁組が影響を与えるかどうかも，養親の本国法によって決まります（2項）。CASE 4-5 では，日本人であるＡとＢが養親になりますから，養子となるＣの国籍が何であろうと，養子縁組の成立要件やその効果は日本法により決まります。日本法には，普通養子縁組と特別養子縁組の２つの養子縁組制度がありますので，ＡとＢがどちらをしたいかによって，要件や効果が異なることになります。

サビニャー先生，31条は１項で養子縁組の効力についても準拠法を決めているのに，どうしてわざわざ２項で養子と養子の血族との関係がどうなるかについて準拠法を決める規定をおいているのですか？

よいところに気がついたわね。それでは逆に質問よ。もし２項がなかったら，養子とその血族との関係がどうなるか，どうやって準拠法が決まると思う？

notes

7 **親子となった後の処理**　養親と養子との間に親子関係が成立したとして，その結果どのような権利義務（親権者はだれか，監護はだれがするのかなど）が発生するのかは32条の問題です。

それは，当然31条1項があるから，養子縁組の準拠法ですよね！

そう簡単にいくかしら？　たとえば養子の実親からみたら，自分たちの関係がどうなるかという問題なので，実親と養子の親子関係の問題と考えることもできないかしら？

あっ……そうですね。いま養子縁組の準拠法を勉強しているから，そっちにばかり気を取られていました。

そうなのよ。だから，31条はそういう問題が起こって身分関係が不安定にならないように，2項であらかじめ法性決定を明文で済ませているの。

なるほど。よくわかりました！

教えて！サビニャー先生　養親の国籍が違うと？？

養子縁組の準拠法が養親の本国法になるのはもうわかったわね。ところで，養親は1人のこともあるけど夫婦が一緒に養親になることもあります。夫婦で養子縁組しようとする場合に，夫婦の国籍がバラバラだったら，たとえば日本人妻とオレンジ国人夫の夫婦がメロン国人の子どもと養子縁組しようとするとき，いったいどの国の法をみたらいいのかしら？　こういう場合について通則法には特別なルールがないから，やはり元のルールのまま養親の本国法が準拠法になります。だから，日本人妻と子どもとの間の養子縁組は日本法が準拠法，オレンジ国人夫と子どもとの間の養子縁組はオレンジ国法が準拠法というように，準拠法がバラバラになってしまうのよ。1つの家族になるわけだし，夫婦で一緒に養子縁組しようとしているのにバラバラに考えなければならないなんて，なんだかおかしいような気もするけど，仕方ないのよ。

CASE 4-6

CASE 4-5 でレモン国法上養子縁組制度があり，また，レモン国法によると養子となる者の実の両親と兄弟姉妹から養子縁組の同意を得なければいけないとされている場合，C の実の両親の同意だけで日本法上の普通養子縁組をすることは可能だろうか。

セーフガード条項

31 条の条文をみると，養子縁組の準拠法は養親の本国法ですが，1 項後段で，養子の本国法が定める一定の要件をみたすことも求められています。この 1 項後段の部分は養子となるべき子の保護を目的としており，セーフガード条項とよばれる規定です。セーフガード条項は非嫡出親子関係の準拠法のところでも出てきましたね。31 条は，原則として養子縁組の準拠法を養親の本国法としていますが，養子の本国法が養子を保護するために養子自身や第三者（養子の実の親などです）の承諾・同意や，裁判所などの公的機関の許可その他の処分があることが必要としている場合には，これらの要件も備えることを求めているのです。したがって，CASE 4-6 では，養親である A・B の本国法（＝日本法）では，養子の実の両親の承諾があれば養子縁組可能ですが（民法 797 条），養子である C の本国法（＝レモン国法）では実の両親と兄弟姉妹からの同意が必要とされているので，実の兄弟姉妹からも同意をとらなければ養子縁組をすることができません。

31 条：養子縁組の成立の準拠法とセーフガード条項

セーフガード条項

養親の本国法
（養子縁組の成立に関する要件）

＋

子の本国法の一部
（養子か第三者の承諾・同意、公的機関の許可等が必要とされていれば、その要件）

29条の認知とちがって、31条の養子縁組のときはセーフガード条項を必ずチェックしなければならないのね。

🐾教えて！サビニャー先生　　選択的適用・セーフガード条項と反致

第**2**章で出てきた41条の反致を覚えているかしら？　当事者の本国法が準拠法になる場合であって，それが外国法になり（1つめの要件），その外国法によれば日本法が準拠法になるとき（2つめの要件），日本法が準拠法になるという制度でした。この条文からは，当事者の本国法が準拠法になる場合には必ず反致を検討する必要があるようにみえます。けれども，本章で勉強した嫡出親子関係の成立や認知の成立のように選択的適用で準拠法が決まる場合には，当事者の本国法が準拠法になるとしても反致を認めるべきではない，という説があるの。この考え方は，子の福祉に配慮して親子関係を成立しやすくするために選択的適用を採用したのに，反致が認められると準拠法が日本法だけになってしまう可能性があり，子の利益に反することを主な根拠にしています。とはいえ，41条ただし書は段階的適用しか除外していないので，多数説は，選択的適用の場合にも反致は認められると考えているわ。

また，これとは別に，認知の成立と養子縁組で採用されているセーフガード条項も，「子の本国法」を指定しているので，ここでも反致を認めるべきかという議論があります。セーフガード条項は子の福祉のために特別に子の本国法を累積的に適用しているのだから反致を認めるべきでないという説と，セーフガード条項も本国法が適用される場面であることに変わりはないから反致を認めるべきだという説に分かれるのだけど，反致を否定する説が有力だといわれています。

親子間の法律関係（32条）

CASE 4-7

オレンジ国人男Aとレモン国人女Bとは婚姻以来15年間日本に居住しているが，Bの浮気が原因で離婚をしようとしている。AとBの間には子C（オレンジ国籍）がおり，どちらが親権をとるか争いになっている。Aは，日本法では離婚後は夫婦のどちらかが親権者となるが，Bは浮気相手に夢中で子どもの世話などできる状態ではなく収入もないので，当然自分が親権者になるべきだと主張している。それに対して，Bはオレンジ国法では離婚後は共同親権なので自分にも親権があるはずだと主張している。どちらの主張が正しいか。

1　親子間の法律関係とは

ここまでみてきた親子の問題は，基本的にはどのような親子関係がどの国の法によって成立するのか，ということが中心でした。けれども，親子関係で問題となるのは，法律上親子関係が成立するかどうかということだけではありません。法律上親子関係が認められると，その結果として，親子間にどのような権利や義務が発生するのかも重要な問題です。たとえば，だれが親権・監護権をもつのか，離婚後の親権者をどう決めるのか，離婚・別居後の親子の面会交流，子の財産管理や代理権などの問題です[8]。

2　準　拠　法

▶32 条

単位法律関係	連結点
親子間の法律関係	① 子と父または母の同一本国 ② 子の常居所 段階的適用

CASE 4-7 のように，離婚をする場合の親権者の決定[9]は，親子間の法律関係として 32 条により準拠法が決まります。32 条によれば子が父または母と同一本国法を有しているかどうかをまず検討します。もし子の本国法が父の本国法か母の本国法のいずれかと同一であれば，その本国法が準拠法となります。これが第 1 段階です。同一本国法がない場合には，第 2 段階として子の常居所地法が準拠法になります。このように 32 条は段階的適用になっています。

notes

[8] **扶養義務の準拠法に関する法律**　ここで書いているように，親子関係における権利義務の問題は 32 条で決まるものが多いですが，扶養義務については，通則法ではなく，扶養義務の準拠法に関する法律，という別の法律によって準拠法が決まります。

[9] **親権者の指定の法性決定**　離婚の際の親権者指定については，離婚の問題とする考え方もないわけではないですが，27 条が夫婦を中心とした準拠法決定をしているのに対して，32 条は子を中心とした準拠法決定をしていることから，現在では 32 条の問題とする見解が有力です。

32 条：親子間の法律関係の準拠法

「子と父との間」or「子と母との間」に同一本国法があるか？

Yes → 準拠法は同一本国法

No → 準拠法は子の常居所地法

32条も段階的適用だよ！
25条とおなじだね。

CASE 4-7 では，子Ｃの本国法がオレンジ国法でこれは父Ａの本国法と同一なので，オレンジ国法が準拠法になり，父Ａと母Ｂの共同親権が認められることになります。

🐾🐾🐾

ワンチーニくん，オレンジ国人の母親，メロン国人の父親，メロン国人の子どもという家族が日本に常居所を有していて，母親に親権があるかどうかが問題になっている場合，32 条で決まる準拠法はどうなるかしら？

えーっと，母親との関係が問題になっているから母親と子どもの間に同一本国法があるかを考えればよいんですよね？

そう間違える人がすごく多いのだけど，そうではないの。条文をよく見て。だれとの関係が問題となっているかにかかわらず，父か母の本国法と子の本国法が同一かどうかをまず考えます。

では，先ほどの場合には，母親に親権があるかが問題になっているのに，父親と子どもの本国法がメロン国法で同一なので，それを準拠法にするということですか？

そのとおり。ここはよく間違えるポイントなので注意してね。

🐾🐾🐾

Column ❸ 扶養義務の準拠法

夫婦や親子の関係で生じる義務のうち，重要なものの 1 つが「扶養義務」です。扶養義務については，通則法は適用されない（43 条）ことになっています。扶養義務の準拠法に関する法律という扶養義務に関する準拠法を決める特別な法律があるからです。

この法律の対象となるのは「夫婦，親子その他の親族関係から生ずる扶養の義務」の準拠法です（1 条）。この法律の準拠法の決定方法は，変則的な段階的適用になっています。扶養義務については，まず扶養権利者の常居所地法が準拠法となります（2 条 1 項本文：第 1 段階）。しかし，扶養権利者の常居所地法によればその者が扶養義務者から扶養を受けられない場合には扶養権利者と扶養義務者の共通本国法が準拠法となります（2 条 1 項ただし書：第 2 段階）。さらに，この 2 つのいずれの法によっても扶養を受けられない場合には，日本法が準拠法となります（2 条 2 項：第 3 段階）。通常の段階的適用は基準として示された法（たとえば共通本国法など）が存在しないときに次の段階に進むのですが，扶養義務の準拠法に関する法律では，基準として示された法では扶養が受けられない場合に次の段階に進むという意味で変則的な段階的適用になります。

また，離婚をした夫婦間では特別な準拠法の定めがあります。扶養義務の準拠法に関する法律 4 条によると，離婚をした夫婦間では離婚の際に適用された法が準拠法になります。ここでは，離婚当事者間では同条 2 条が適用されないこと，また，離婚をするときに実際に適用された法が準拠法となるので，通則法 27 条を使ってあらためて離婚の準拠法を決定するわけではないことに，注意が必要です。

CHAPTER

第5章

国境を越えた子の連れ去り

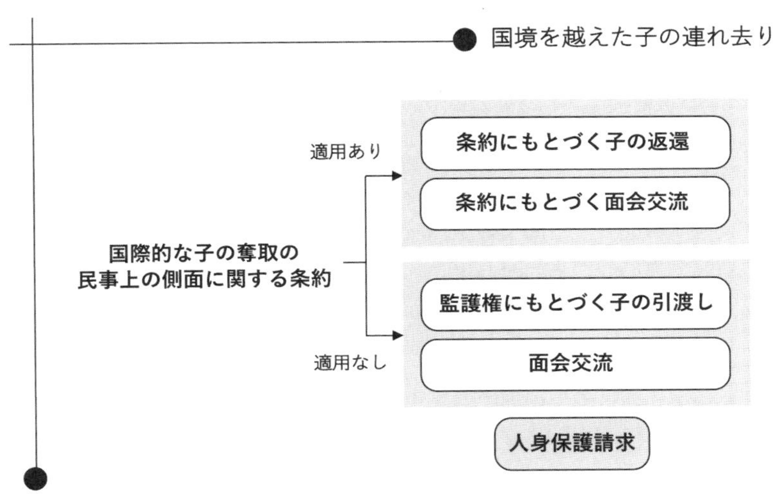

INTRODUCTION

家族関係について国際的な問題が生じたときに，どうやって準拠法を決定するか，という点については，すでに第**3**章と第**4**章で勉強しました。ここでは，家族関係についての問題のなかでも，準拠法を決めただけでは解決できない問題，具体的には，国境を越えた子の連れ去りに関する問題を学びます。

ここで扱う「子の連れ去り」とは，親や祖父母など，子の養育に関係する人たちが，国境を越えて子を連れ去ったり，子と共に国境を越えて移動したまま帰らなかったりする場合を対象とします。見ず知らずの人による誘拐はここでの問題ではありません。

子の連れ去りは，人の国境を越えた移動が簡単になるにつれ増加してきました。とくに近年では，新聞やテレビの報道などでハーグ条約[1]とよばれることの多い「**国際的な子の奪取の民事上の側面に関する条約**」(以下では，子の奪取条約とよびます）に2014年に日本が加盟したことから，国境を越えた子の連れ去りについては，同条約がクローズアップされることが多いようです。しかし，子の奪取条約はつねに適用されるわけではなく，この条約を勉強しているだけでは，子の連れ去り問題の全体像を把握することができません。

本章では，子の奪取条約が適用される条件を確認し，それをふまえて条約が適用される場合と適用されない場合とに分けて，国境を越えた子の連れ去りに関する法的枠組みを勉強します。なお，子の奪取条約に関しては，条約の締結と同時に，条約の日本での国内実施法として「国際的な子の奪取の民事上の側面に関する条約の実施に関する法律」(以下では実施法とよびます）が施行されていますので，実施法についても必要な範囲で触れることにします。

notes

[1] **ハーグ条約って？**　ハーグ条約についてインターネットで調べてみると，さまざまな「ハーグ条約」が現れてきます。条約の略称は，その条約が採択されたり署名されたりした場所の地名をつけてよばれることが多いため，オランダのハーグで作られた条約は，その内容がどうであれ，すべてハーグ条約とよばれる可能性があります。これらすべてが「ハーグ条約」なので，本当は子の奪取条約だけをハーグ条約というのは紛らわしいのです。

1 子の奪取条約が適用されるケース

CASE5-1

オレンジ国人男Aと日本人女Bはオレンジ国で一緒に住んでいたが，法律上の結婚はしていなかった。その後Bは妊娠し，C（日本国籍）が生まれ，AはCを認知した。Cが3歳になったころ，AとBは仲が悪くなり，BはAの反対を押し切り，Cを連れて日本に帰国してしまった。それから3か月が経過し，いくらAが帰って来てほしいとBに頼んでも，Bは帰りたくないといっている。

日本
（子の奪取条約締約国）

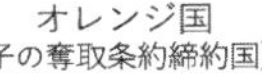

なお，オレンジ国の国際私法では，子の親権を決定する準拠法は子の常居所地法とされ，オレンジ国家族法では嫡出子でも非嫡出子でも法律上の親がいる場合には両親の共同親権とされており，両親が離婚した後でも変わらない。また，オレンジ国も日本も子の奪取条約の締約国である。

Aは，子の奪取条約を利用して日本の裁判所に子の返還を求めて訴えを提起し，Cをオレンジ国に連れ戻したいと考えているが可能だろうか。

1 子の奪取条約とは

人の国境を越えた移動が簡単になるにつれて，一緒に暮らしていたパートナーが，別れた後に子を連れて海外に移住してしまい子に会えなくなるという問題や，別れたパートナーが，ある日突然，子を海外に連れ去ってしまい返さない，というトラブルが多発するようになりました。そこで，ハーグ国際私法会議[2]では，子が国境を越えて連れ去られたときにできるだけ早く子を返還することができるように，また別の国に離れて暮らしている親が子とスムーズに会ったりやり取りをしたりすること（面会交流）ができるように，各国間で協力体制

notes

[2] **ハーグ国際私法会議とは**　ハーグ国際私法会議とは1893年にオランダのハーグで設立された，国際私法に関する条約などを制定するための国際機関です。日本が批准しているハーグ国際私法会議による条約は，子の奪取条約を含め，7件あります。すでに勉強した扶養義務の準拠法に関する法律や，この後に出てくる遺言の方式の準拠法に関する法律は，実は，ハーグ国際私法会議で作られた条約を日本が批准して，日本の法律の形に直したものです。

を作ることを目的として子の奪取条約を1980年に成立させました。日本では長年条約を批准するべきかどうか議論になっていましたが，2011年から締結に向け準備が進められ，2014年4月から日本でも発効しました。子の奪取条約のおもな締約国には，アメリカ合衆国，EU諸国，ロシア，メキシコ，韓国，フィリピンなどがあります。

子の奪取条約にもとづく子の返還

子の奪取条約締約国間では，①子がもといた常居所地である締約国から国境を越えて他の締約国に連れ去られたか，本来であれば帰国するはずであった時点を超えてその国に留め置かれている（留置といいます）場合，一定の要件がみたされていれば，子をもといた国に迅速に返還しなければなりません（条約1条）。ここで求められるのは，②子の返還を求める親に法律上子の監護の権利が認められていたこと，③子の返還を求める親が法律上の監護の権利を実際に行使していたこと，④子が16歳未満であること，です（条約3条・4条）。したがって，両親が日本人同士であったとしても，子がたとえばアメリカから日本に連れ去られた場合には，子の奪取条約が適用される可能性があります。このうち②の要件，すなわち残された親（＝子の返還を求める親）に，監護の権利が法律上認められていたかどうかについて，その判断基準は子がもといた常居所地国の国際私法により定まる準拠法となります。つまり，CASE 5-1 では，Aは日本の裁判所でCの返還を求めようとしていますが，日本の国際私法である通則法に従って準拠法を決めて，その準拠法により監護の権利がAにあるかどうかが判断されるのではありません。日本の裁判所は，Cがもといたオレンジ国の国際私法を使って，監護の権利があるかどうかを判断する準拠法を決めることになります。

子の奪取条約の適用条件

① 子が常居所を有していた国から、残された親の同意なく別の締約国に連れ去られたか留置されていること
② 子の返還を求める親に法律上子の監護の権利が認められていたこと
③ 子の返還を求める親が法律上の監護の権利を実際に行使していたこと
④ 子が16歳未満であること

CASE 5-1 の場合

CASE 5-1 では，C は締約国のオレンジ国に常居所を有していたのに，別の締約国の日本に連れ去られたわけですから，要件の①がみたされます。また，子の監護の権利がだれにあるかについて，オレンジ国の国際私法によると，子の常居所地法，つまりオレンジ国法が準拠法です。オレンジ国法では法律上の親に親権が認められていますし，一緒に生活していたわけですから，要件の②と③がみたされ，また④も問題ない（C は 3 歳）ので，この場合原則として子の返還は認められることになります。

しかし，これらの要件がみたされれば必ず子の返還が認められるわけではありません。ⓐ子の連れ去りや留置から 1 年が経過し，子が新しい環境に慣れてしまっている場合，ⓑ子の連れ去りや留置の前に残された親がそれらについて同意していた場合，ⓒ子がもといた国に戻されることで子の心身に重大な危険が及ぶ場合，ⓓ子がもといた国に戻ることに反対している場合，ⓔ子をもといた国に戻すことが子の基本的人権上問題となる場合，には子の返還は拒否されます（条約 12 条・13 条・20 条，実施法 28 条）。CASE 5-1 でも，A が C を虐待していたような場合には子の返還が認められない可能性があります。

子の奪取条約は，国境を越えて連れ去られてしまった子を，できるだけ早く，もといた国に返すことこそがその子にとって一番良いということを基本コンセプトにしています。そのため，将来だれと一緒にどの国で生活することがその子にとって一番良いのか，ということや，長期間にわたってその子の面倒をだれがみるのか，ということを考えずに，とにかくまずはいったんもといた国に返すことを原則としているのです。このような条約のコンセプトを理解しないと子の奪取条約の果たす役割を見誤ってしまいます[3]。

2 子の奪取条約にもとづく面会交流

子の奪取条約については，返還至上主義ともいえる非常に特殊なコンセプトのために，しばしば子の返還のみがクローズアップされますが，条約の目的には，①子の迅速な返還の確保だけではなく，②接触の権利（面会交流権ともいいます）の確保も掲げられています。この場合にも，面会交流をする権限があるかどうかについては，子がもといた常居所地の国際私法によって判断されることになります。したがって，CASE 5-1 でＡがＣの引渡しではなく，Ｃと面会交流したい，と望んでいるだけなのであれば，オレンジ国の国際私法によって準拠法となる子の常居所地であるオレンジ国法がＡに面会交流権を認めていれば，Ａには条約にもとづく面会交流が認められます。

サビニャー先生，面会交流って聞いたことないのですが一体どんなことをするんですか？

面会交流とは，普段子どもと離ればなれに住んでいる親が子どもとコンタクトを取ることをいいます。直接会うこともあるけど，メールや SNS での交流，電話，インターネットを通じたテレビ電話などによる交流も面会交流になるの。

そうなんですか。でも，日本では権利として法律で認められているのですか？　面会交流権ってあんまり聞いたことないなぁ。

協議離婚する場合には，「子との面会及びその他の交流」について協議で定める，という規定（766 条 1 項）が民法にあるのだけれど，面会交流権が権利として明確に定められているわけではないの。

どうして権利として法律で認められていないのですか？　子の奪取条約では接触の権利の確保も目的の 1 つになっているくらい重要視されている（条約 1 条）のに……。

そもそも面会交流は親のためのものなのか子のためのものなのかも整理がついていないし，だれに認めるべきかも意見が分かれていて，なかなか法整備ができないのよ。

notes

③ **中央当局である外務省の役割**　子の奪取条約においては，返還や面会交流に関して裁判手続も重要ですが，条約締約国の中央当局の役割もとても重要です。たとえば，日本の中央当局である外務省では，子の返還や子との面会交流を希望する者が日本にいる場合と，外国にいる場合とに分けて，それぞれとても手厚く援助をしています。また，面会交流については，「ウェブ見まもり面会交流」という，離れて暮らす親子が，第三者の見守るなかで，安心してインターネットを通じた交流をすることができるようなシステムを作って，条約上の面会交流をバックアップしています。

子の奪取条約が適用されないケース

CASE 5-2

CASE 5-1 でオレンジ国が子の奪取条約締約国でない場合，どうなるだろうか。

通常の子の引渡請求

それでは，子の奪取条約が適用されない場合は，どのようにして，連れ去られた子を返してもらえるのでしょうか。まずは，親権にもとづいた子の引渡請求の可能性が考えられます。CASE 5-2 の場合，家事事件手続法にもとづいて，子の監護に関する処分として，子の引渡しを求めることができます。この場合にも，子の監護権や親権がだれにあるのか，という点が当然問題となりますが，子の奪取条約が適用されない通常の事件では，通則法 32 条によって，準拠法が決まります。CASE 5-2 では，子Ｃの国籍が日本ですので，母ＢとＣの同一本国法である日本法が準拠法となります。日本法上，結婚していない男女間に生まれた子について父が親権者となれるのは，父と母との協議によって父を親権者と決めた場合だけ（民法 819 条）ですので，このような事実が確認できない CASE 5-2 の場合には，原則としてＣの親権は母Ｂに認められることになります。したがって，この場合，父ＡにはＣを監護する権利がありませんから，Ｃの引渡しを請求することができないことになります。

人身保護請求

子の監護に関する処分として子の引渡し請求をするよりも，もっと強力な手段もあります。それが人身保護法にもとづく人身保護請求です。この請求が認められるためには，①身体の自由が拘束されていること（人身保護法 2 条），②拘束に顕著（けんちょ）な違法性があること，③他に相当の期間内に救済の目的を達する適切な手段がないこと，の 3 要件がみたされなければなりません（人身保護規則 4 条）。②については，拘束が権限のない者によって行われていることや，権限のある者によって行われている場合でも監護者による監護が著しく不当であることなどによって判断されます。したがって，この人身保護請求を利用する場合でも，原則としては日本の国際私法（通則法 32 条）で定まる準拠法によって，だれに親権や監護権があるのかを判断することからスタートすることになります。CASE 5-2 の場合，A には監護権等はなく，B に単独で親権が認められている状態ですから，B による C の拘束が著しく不当であると判断される場合にのみ，請求が認められます。

教えて！サビニャー先生　子の引渡しと人身保護請求

どうして人身保護請求のほうが「強力」だと説明しているかわかるかしら？ 通常の子の引渡請求の場合には，子を引き渡すよう命じる審判が下されても，連れ去った者が自分から子を引き渡さなかったら，原則として子をムリヤリ連れてくることはできません。それに，引渡しの請求をしてから審判が下されるまでにかなり時間がかかることもしばしばあるの。これに対して，人身保護請求の場合には，手続が迅速なうえに，審問期日に子（被拘束者）を出頭させる義務が連れ去った側（拘束者）にあるとか，裁判所が子の引渡しをすることになっているとか，スムーズに子の引渡しを実現するための方法が用意されています。でも，強力だからこそ，あくまでも最後の手段として利用すべきといわれているわ。また，本文では人身保護請求は子の奪取条約が使えない場合に使える手段として紹介しているけど，子の奪取条約が適用になる事件で，子の返還が命じられたのにそれに応じない親に対して人身保護請求を利用することを認めた最高裁の判例（最判平成 30 年 3 月 15 日民集 72 巻 1 号 17 頁）もあるのよ。この点も注意が必要ね。

面会交流請求

もちろん，面会交流についても，子の奪取条約以外の手段はあります。この場合には，やはり通則法 32 条で定まる準拠法によって，面会交流の権利があるかないかを判断することになります。CASE 5-2 では，A の面会交流権の有無についても日本法が準拠法となり，権利としては認められないことになる可能性があります。

CHAPTER

第6章

相続／遺言

条文関係図

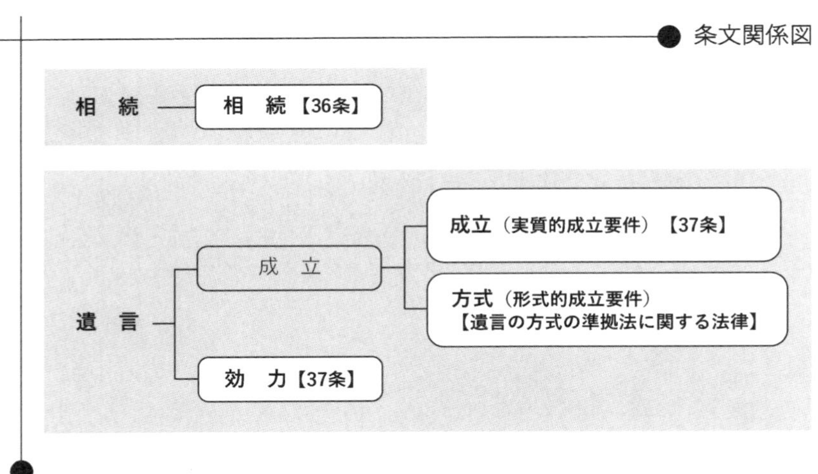

INTRODUCTION

人が亡くなると，その人の財産はどうなるのでしょうか。あの世にまで財産をもって行くことはできないですよね。たとえば，日本では亡くなった人の夫や妻，子などに財産が受け継がれます。このように，死んだ人の財産が受け継がれる制度を「**相続**」[1]といいます。また，生きているうちに，自分が死んだ後のことを考えて，だれか特定の人に財産を残したいと思う場合には「**遺言**」を書くことになります。本章では，このように死亡した（あるいは死亡する）人の財産にかかわる相続と遺言の準拠法について学びます。

何が相続されるのか，だれが相続人になるのか，各人の取り分はどうなるのかなど相続全般については36条により準拠法が決まります。一方，遺言については，通則法だけですべての問題が解決するわけではありません。まず，遺言の実質的成立要件にかかわる問題（たとえば，おどされて無理矢理書かされた遺言は取り消すことができるか）や，遺言の効力にかかわる問題（たとえば，遺言の効力はいつ発生するか）については，通則法37条が準拠法を定めています。これに対して，遺言の形式的成立要件＝方式にかかわる問題（たとえば，遺言は紙に書かなくてはいけないか，氏名の自署のほかに押印が必要か）については，「遺言の方式の準拠法に関する法律」という特別法によって準拠法が決まります。

notes

[1] **相続にもいろいろ**　日本法上，原則的には相続は包括承継といって債権も債務も包括的に被相続人の死亡と同時に，相続人に帰属することになります。しかし，たとえば英米法では被相続人の財産はいったん遺産管理人に帰属し，債務を清算したあとで残余財産が相続人に帰属するなど，ひとくちに相続といっても国によって制度は大きく異なります。

1 相続（36条）

CASE 6-1

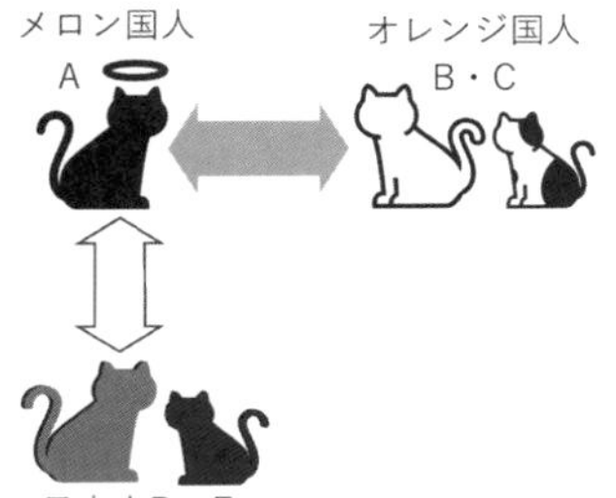

メロン国人男Aとオレンジ国人女Bは生まれてからずっと日本で生活をしている。AとBは20年前に結婚をして，C（オレンジ国籍）も生まれたが，先月Aが急死した。

(1) Cの相続分はどの国の法によって計算されるだろうか。

(2) 悲しんでいたBの前に，突然日本人女Dが現れ，「私は長年Aさんとお付きあいしていて彼との間に日本人のEという子どももおります。当然EにもAさんの遺産をもらう権利はありますよね？」と告げた。Eが相続人になれるのか，またなれるとすると相続分はどうなるのかは，どの国の法で決められるか。

1 相続とは

人が亡くなったときにその人のもっていた財産や権利，あるいは義務などについて，その人の近親者に受け継がせる制度が「**相続**」です。この場合の亡くなった人を被相続人，その財産を受け継ぐ近親者等を相続人とよびます。ただ，相続と一言で言っても，相続の対象となる財産は何であるのか，権利や義務は相続の対象となるのか[2]，だれが相続人になることができるのか，などについて，各国の法律はさまざまです。36条は，これらの問題について適用される準拠法を決めています。

相続の準拠法は，相続の対象となる財産の範囲，相続開始の原因と時期，相続人の範囲，相続の承認や放棄，相続分・寄与分・遺留分[3]など相続にかかわるすべての問題に適用されます。

ボクが死んだら
ボクの財産は誰のところに
いくのかな？

2 準 拠 法

▶36条

単位法律関係	連結点
相続	被相続人の本国

36条によると，相続は，被相続人の本国法によるとされています。したがって，CASE 6-1(1)のCのような嫡出子の相続分はもちろんのこと，(2)のEのような非嫡出子が相続人になることができるかどうか，非嫡出子がいた場合の相続分など相続に関するさまざまな問題はすべて，被相続人Aの本国法であるメロン国法によって決まることになります。

ワンチー二くん CASE 6-1(2)のBさんは気の毒だけど，相続の準拠法であるAの本国法上非摘出子も相続人とされている場合，その前に考えないといけない問題があるのだけど，わかるかしら？

そうですね……あ，そうだ！　そもそもDがつれてきたEって，法律上Aの子どもなんでしょうか？

そのとおり。まずそこはおさえておかないといけないポイントよ。このように相続では，相続人であるかどうかを決めるために，そもそも死んだ人と遺された人との間に法律上の親族関係があったのかどうかが問題になることがよくあるの。

相続の準拠法が決まっているから，親子関係があったかどうかも相続の準拠法，この場合メロン国法で決まるんですよね？

notes

2 **義務も相続**　「相続」の対象となるのは，実はプラスの財産だけとはかぎりません。日本法上は借金債務のようなマイナスの財産も相続の対象となります（民法896条）。

3 **寄与分と遺留分**　寄与分とは，被相続人の資産の維持や増加に大きく貢献した相続人に認められる相続分の増額分のことをいいます（民法904条の2）。また，遺留分とは，被相続人に近しい親族関係の者に，被相続人の財産の一定部分を確保させるために設けられた制度です。たとえば，日本民法では，兄弟姉妹以外の相続人に，相続財産のうち1/2もしくは1/3を確保し，この部分については遺言で奪うことができないとしています（民法1042条）。

ちょっと待って。EがAの子かどうかもAの本国法だけで決まるのはなんだかおかしいと思わない？

でも相続の問題なんだから，相続人になる資格だって相続の準拠法で決まった方がわかりやすいように思うのですが……。

では，親子関係の成立だけが問題になる場合，たとえば生前のAにEが認知請求をした場合はどうなるかしら？

その場合は，Eの母DとAは結婚してないから非嫡出親子関係の問題として，29条で準拠法が決まります。だから，認知の準拠法は，メロン国法と日本法の選択的適用ですね！

よく覚えていたわね。そのとおりよ。そうすると，EがAの子かどうかという問題が相続の場面ででてくるからといって，準拠法が変わるのはおかしくないかしら？

確かに……。

だから，通説は，この場合のように本体の問題を解決する（ここでは相続）ために，別の問題を先に解決しなければならない（ここではEが法律上Aの子かどうか）ときは，後者の先に解決すべき問題（先決問題）については本体の問題の準拠法ではなく，もともとの準拠法を適用して解決すべきだと主張しているのよ。

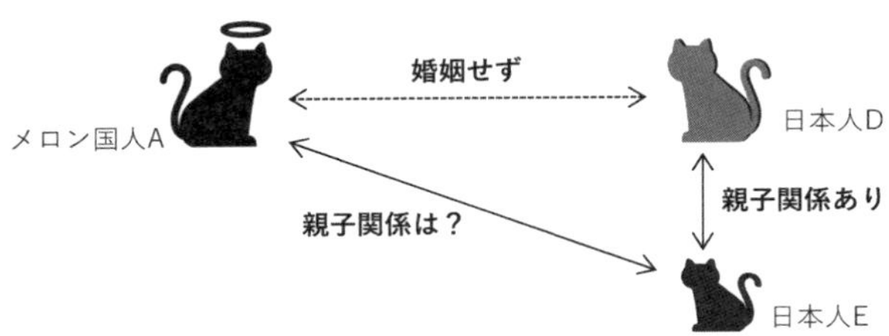

相続の準拠法で決定すると…

36条：被相続人の本国法（＝メロン国法）で親子関係が成立しているかどうかを考える。

親子関係成立の準拠法で決定すると…

AとDは結婚していない→29条の非嫡出親子関係

29条：父の本国法（＝メロン国法）で事実主義にもとづく非嫡出親子関係が成立しているか、父の本国法（＝メロン国法）か子の本国法（＝日本法）で認知による非嫡出親子関係が成立しているかどうかを考える。

遺言（37条・遺言の方式の準拠法に関する法律）

CASE 6-2

(1) CASE **6-1** の A は交通事故にあい，しばらく入院した後死亡した。A の死後，遺言状が見つかった。事故後 A の意識はずっと混濁した状態であったのに，遺言状の日付は交通事故後，死亡する直前の日付となっており，その内容は「D と E に全財産を与える」というものであった。B は A が正常な状態で遺言状を書いたとは思えないと疑っている。この場合，遺言が有効かどうか，また有効である場合にはその効力はどうなるのかについては，どの国の法で決められるか。

(2) A の遺言が日本で録音されたものであった場合，この遺言が有効なものであるかについては，どの国の法で決められるか。

1 遺言とは

人が自分の死後の財産の処分などについて，自分の意思を書き残したり，言い残したりした場合，その書面や言葉を**遺言**とよびます。遺言には，15歳未満の者がしたものは無効であったり（民法961条），遺言をする時に，自分の行為の内容について判断できるだけの能力（遺言能力[4]）が備わっていなければならないなど，さまざまな実質的成立要件が課されています。また，遺言には，

notes

[4] **身分的法律行為の能力**　遺言をすることのできる能力のように，身分的な法律行為をすることのできる行為能力の準拠法は，行為能力に関する準拠法を決定する通則法４条ではなく，それぞれの身分的法律行為（たとえば，婚姻，認知，遺言など）の準拠法によって決まります（⇒第**10**章162頁）。

その効力発生時期や，いったん作った遺言の内容を変えたり，取りやめたりすることが可能かどうかなど効力の問題もあります。

一方，**遺言の方式**（＝形式的成立要件）については，各国の法律によって，かなり厳格に定められていることが多いです。たとえば，日本民法では，自分で遺言を書き残す場合，すべてを自分の手で書き，日付と氏名を記し，捺印しなければ，有効な遺言とはいえません（自筆証書遺言。民法 968 条 1 項。ただし財産目録は自筆でなくてもかまいません。同条 2 項）。

遺言の実質的成立要件や効力などについては，37 条によって準拠法が決まりますが，形式的成立要件については，**遺言の方式の準拠法に関する法律**によって決まります。

2 準　拠　法

▶37 条 1 項

単位法律関係	連結点
遺言の成立（実質的成立要件）・効力	遺言成立時の遺言者の本国

▶37 条 2 項

単位法律関係	連結点
遺言の取消し	遺言取消時の遺言者の本国

▶遺言の方式の準拠法に関する法律 2 条

単位法律関係	連結点
遺言の方式 （形式的成立要件）	行為地 遺言の成立または死亡時の遺言者の国籍国 遺言の成立または死亡時の遺言者の住所 遺言の成立または死亡時の遺言者の常居所 不動産に関する遺言について、 その不動産の所在地 選択的適用

37条1項は，遺言の成立・効力について，遺言成立時の遺言者の本国法によるとしています。基準となる時点は死亡時ではなく，遺言をした時であることに注意が必要です。したがって，CASE 6-2(1)のAの遺言が有効に成立しているか，その効力がどうなるかは，メロン国法によって判断されることになります。また，遺言の取消しについて，37条2項は，取消時の遺言者の本国法によるとしています。つまり，遺言をした時にメロン国人であった人が，取り消そうと思った時にレモン国人になっており，死亡時にはアンズ国人であった場合には，遺言の成立・効力はメロン国法，遺言の取消しはレモン国法，相続はアンズ国法によってそれぞれ判断されることになります。

方式については，遺言の方式の準拠法に関する法律2条により，①行為地法（遺言をした地の法），②遺言者の遺言成立時または死亡時の国籍国法，③遺言者の遺言成立時または死亡時の住所地法，④遺言者の遺言成立時または死亡時の常居所地法，⑤不動産に関する遺言については不動産所在地法，のいずれかによって有効に成立していれば有効な方式となります（選択的適用）。遺言の方式については，できるだけ有効にしようということです。CASE 6-2(2)のAの録音による遺言は，メロン国法（Aの遺言時もしくは死亡時の国籍国法）か日本法（行為地法，Aの遺言時または死亡時の住所地法および常居所地法）に従って有効な方式であれば有効な遺言となります。

教えて！サビニャー先生　遺言と遺言の内容を分けよう

通則法37条の対象となる遺言の準拠法は，あくまでも「遺言」という「法律行為」だけを対象としていて，遺言の内容である相続や遺贈，認知などの法律行為がどうなるのかは，それぞれの問題の準拠法によって決まります。だから，CASE 6-2(1)の遺言が遺言として効力をもつのかどうかについては，37条で指定される遺言時の遺言者（＝A）の本国法によって判断されるけど，その結果としてDやEがAの財産を受け継ぐことができるのかとか，BやCに遺留分は発生しないのかといった問題は，「相続」の準拠法（36条）によって判断することになるのよ。

CHAPTER

第7章

契　約

条文関係図

契　約
- 成　立
  - 成立（実質的成立要件）【7条～9条】
  - 方式（形式的成立要件）【10条】
- 効　力【7条～9条】

★ 消費者契約の特例
成立・効力【11条1項・2項・6項】
方式【11条3項～6項】

★ 労働契約の特例
成立・効力【12条】

INTRODUCTION

お店で商品を購入する，電車やバスに乗る，アルバイトをするなど私たちは日常生活のなかでさまざまな**契約**[1]を結びます。外国に行って現地の会社と契約したり，インターネットを使って外国の会社と契約したりするとき，この契約の準拠法はどうなるのでしょうか。通則法は，契約を①成立（実質的成立要件）・効力と②方式（形式的成立要件）の２つにわけて，①成立・効力については７条～9条，②方式については10条によって準拠法を決めています[2]。さらに，消費者や労働者を保護するために，**消費者契約**については11条，**労働契約**については12条に特例をおいています。

契約の準拠法を決めるためには，まず契約の種類，すなわち一般の契約なのか，それとも特例の対象となる消費者契約または労働契約なのかを明らかにしたのち，契約の①成立・効力と②方式のどちらが問題になっているかを考える必要があります。下の表は，契約の種類ごとにどの条文が適用されるかをまとめたものです。ここからわかるように，一般の契約に適用される７条～10条は契約の準拠法に関する基本ルールとなっていて，消費者契約および労働契約ではこれに修正が加えられています。本章では，まず一般の契約の①成立・効力（7条～9条）と②方式（10条）に関するルールを学び，次に消費者契約の特例（11条）と労働契約の特例（12条）を学びます。

契約の種類	①成立・効力	②方式
一般の契約	７条～９条	10条
消費者契約	７条・９条＋11条１項 ~~８条~~→11条２項 ＊11条の適用除外（６項）	10条＋11条３項･４項／５項 ＊11条の適用除外（６項）
労働契約	７条・９条＋12条１項・２項 ８条１項・~~２項~~→12条３項	10条

notes

[1] **契約**　たとえば，ＡさんとＢさんがある商品をそれぞれ「売りたい」，「買いたい」と希望して２人の意思表示が合致すると，契約は成立します。本文中の契約はそれぞれ「売買契約」，「運送契約」，「労働契約」です。

[2] **成立（実質的成立要件），効力，方式（形式的成立要件）の準拠法**　契約では，①成立・効力と②方式の２つにわけて準拠法が決定されます。もっとも，①成立・効力の準拠法は，②方式をのぞく契約に関する大部分の問題に適用されるので，①成立・効力の準拠法が契約の準拠法の基本であり，②方式だけ例外的に別の条文で準拠法が決まると位置づけることもできます。

1 契約の成立と効力（7条〜9条）

1　契約の成立と効力とは

7条〜9条は，「**法律行為の成立及び効力**」を単位法律関係としています。「法律行為」といっても，ここでは主に契約（**債権的法律行為**）が対象になります[3]。法律行為には**物権的法律行為**や**身分的法律行為**（婚姻，離婚，認知，養子縁組，遺言など）もありますが，これらについては個別に条文があるので，7条〜9条の対象から除外されます。

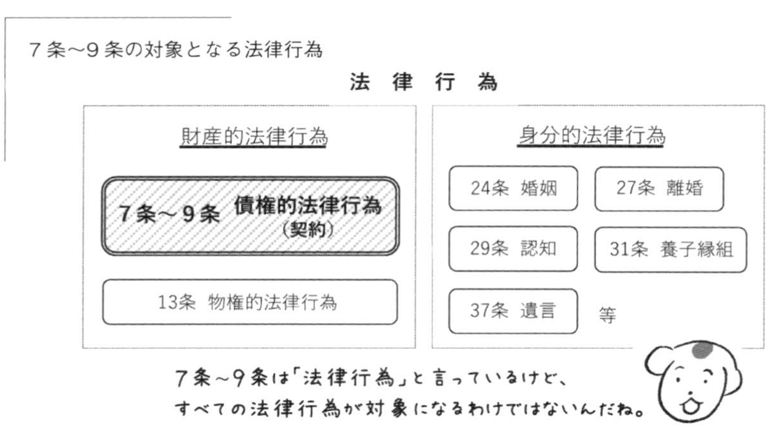

契約の「成立」には，契約が有効に成立するための要件（実質的成立要件。たとえば意思表示に錯誤（さくご）や詐欺などの問題がないことや，契約が内容的に有効であることなど），そして要件をみたしていないとどうなるか（無効かそれとも取消し可能か）という問題が含まれます[4]。契約が有効に成立する場合に，その契約がどのような効力をもつか（当事者間に生じる債権債務の内容，契約違反の効果，損害賠償

notes

[3] **7条以下の対象となる法律行為**　その他に単独行為なども対象になりますが，本章では「契約」の準拠法として7条以下を説明します。単独行為とは，契約のように二当事者の意思表示の合致によって法律効果が発生するのではなく，一方的な意思表示だけで法律効果が発生する行為をいいます（たとえば，契約の解除や債務免除など）。

の範囲，時効により債権が消滅するかなど）が「効力」の問題です。

教えて！サビニャー先生　契約の準拠法と物権の準拠法

契約の成立や効力は契約の準拠法（7条以下）で判断されるけど，ある商品を買った場合に，どうすれば商品の所有権が売主から買主に移るか（所有権移転の要件）は，契約ではなく「物権」の問題として，物権の準拠法（13条）で判断されます（⇒第**9**章145頁以下）。これは法性決定の問題ね。契約の成立と所有権の移転はそれぞれ別の準拠法で判断されるので，契約の準拠法によって契約が有効に成立しても，物権の準拠法が定める所有権移転の要件をみたさないときは，商品の所有権は売主から買主に移らないのよ。

2　準　拠　法

▶7条～9条

単位法律関係	連結点
法律行為の 成立（実質的成立要件）・効力	① 当事者の選択した地 （当事者の意思） ② 最密接関係地

契約の成立と効力について，通則法は，法律行為の当時，つまり契約締結の時点で当事者が選択した地の法（7条），または法選択がなければ契約に最も密接に関係する地の法（最密接関係地法）が準拠法になるとしています（8条）。また，このように契約締結時に7条または8条によ

メモ 知識7-① 契約の成立にかかわる準拠法

契約が有効に成立するためには，7条～9条によって準拠法が決まる実質的成立要件と10条によって準拠法が決まる方式要件（形式的成立要件）の両方をみたす必要があります（⇒第**3**章39-40頁）。

成立要件
- 実質：7条～9条
- 形式（方式）：10条

notes

[4] **契約と行為能力**　7条以下で決まる契約の準拠法は，契約そのものの成立要件に適用されますが，契約が有効に成立するためには，当事者に「行為能力」（契約を有効に結ぶための資格）があることも必要です。行為能力の準拠法は，7条以下ではなく4条および5条で決定されます（⇒第**10**章161頁以下）。

って決まる準拠法を当事者は事後的に変更することもできます（9条）。

🐾🐾🐾

ワンチーニくん，7条と8条は，どちらも契約締結時を基準に，それぞれ当事者の選択した地の法，最密接関係地法が準拠法になるとしているわね。

準拠法はいったん契約締結時に決まるということですか？

そのとおりよ。9条によれば，当事者は契約締結後に準拠法を変更できるけど，これは，契約締結時に7条または8条によって決まる準拠法を「変更」できるという意味なの。

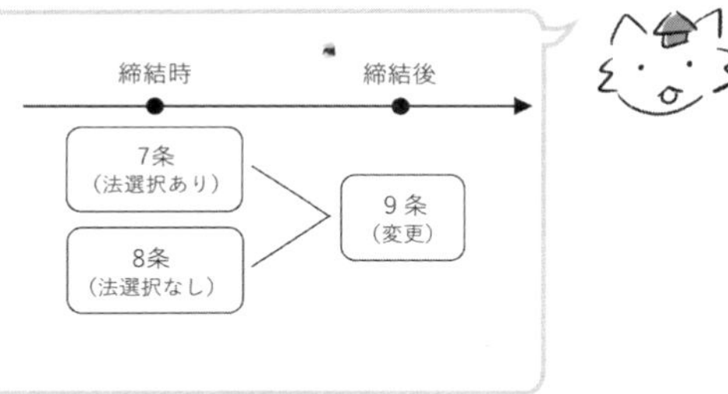

法選択があるときは選択していた法からの変更，法選択がないときは最密接関係地法からの変更ということですね！

🐾🐾🐾

当事者が選択した地の法の適用――当事者自治の原則（7条・9条）

CASE 7-1

日本に本店がある日本会社Aは，メロン国に本店があるメロン国会社Bから缶詰を購入する契約を結んだ。しかし，日本に到着した缶詰の中身を調べたところ，カビが生えていたので，Aは契約を解除し，損害賠償を求めようとしている。次の各場合において，契約の準拠法はどの国の法になるか。

(1) 契約書中に「準拠法はオレンジ国法」という条項がある場合。

(2) 契約書中に準拠法の指定はないものの，裁判中にAとBが日本法を準拠法とすることに合意した場合。

7条によれば，法律行為の当時，つまり契約締結時に当事者が選択した地の法が準拠法となります。そして9条によれば，当事者は契約締結後に準拠法を選択（＝変更）することができます[5]。このように当事者による準拠法の選択を認める考え方は，**当事者自治**とよばれます。7条と9条は，選択できる法や選択のやり方（方式）をとくに限定していません[6]。したがって，たとえば契約とまったく関係のない地の法を選択したり，書面ではなく口約束で選択したりすることも可能です。また，当事者が意思を明確に表明している場合（明示的な法選択）だけでなく，契約をめぐるさまざまな事情を考慮した結果，特定の地の法を選択する意思があったと認定される場合（黙示的な法選択）もあります。

知識 7-② 分割指定

1つの契約をいくつかの部分にわけて，たとえば成立はメロン国法，効力はオレンジ国法を指定する法選択も可能です。このように部分ごとに異なる地の法を選択する方法は，「分割指定」とよばれます。

CASE 7-1(1)では，契約書のなかにオレンジ国法を選択する条項があります。契約締結時にオレンジ国法を選択しているので，準拠法はオレンジ国法になります（7条）。CASE 7-1(2)では，契約締結時に法選択はありませんが，裁判中に日本法が選択されています。事後的に日本法を選択しているので，準拠法は日本法になります（9条）。

最密接関係地法の適用（8条）

CASE 7-2

CASE 7-1において，契約締結時にも，そのあとにも当事者による法選択がないとき，準拠法はどの国の法になるか。

notes

[5] **準拠法の変更と第三者**　9条ただし書は「第三者の権利を害することとなるときは，その変更をその第三者に対抗することができない」としています。たとえば，変更前の法だと契約が成立するのに，変更後の法だと不成立となり第三者（保証人，債権を差し押さえた者など）の権利が害されるときは，この第三者との関係では変更前の法が適用されます。

[6] **当事者自治**　通則法は，契約（7条・9条）以外にも夫婦財産契約（26条2項⇒第**3**章48頁以下）や不法行為（21条⇒第**8**章137頁以下）で当事者自治を認めています。ただし，夫婦財産契約では選択の方式や選択可能な法，不法行為では選択可能な時期が決められているのに対して，契約ではとくにこうした条件がつけられていないので，契約のほうが選択の自由度がより高いといえます。

8条1項によれば，当事者による法選択がないときは，契約締結時に契約と最も密接な関係がある地の法（**最密接関係地法**）が準拠法となります。最密接関係地法は契約をめぐるあらゆる事情にもとづいて決定されますが，8条2項・3項には，最密接関係地法を決める手がかりとして，これを推定するルールがあります。

2項によれば，当事者の一方のみが特徴的な給付を行う場合には，その給付を行う当事者の常居所地法（または事業所所在地法）[7]が最密接関係地法と推定されます。**特徴的給付**とは契約を特徴づける給付を意味しますが，具体的には次のように考えられます。契約には売買契約，賃貸借契約，運送契約などさまざまな種類があり，当事者は契約にもとづいてお金の支払い，物の引渡し，サービスの提供などの行為をします。このうち，お金の支払いは多くの契約に共通しているのに対して，それと引き換えに行われる物の引渡しやサービスの提供といった行為は，契約の種類により異なります。このようなお金の支払いと引き換えに行われる，その種類の契約にしか存在しない行為が特徴的給付です。たとえば，お金の支払いと引き換えに，①物を受け取ったり，②サービスを提供してもらったりする契約では，①物の引渡し，②サービスの提供が特徴的給付となります[8]。

契約の種類	特徴的給付	これを行う者
売買契約	物の引渡し	売　主
賃貸借契約	物の使用収益の許可	貸　主
運送契約	物・人の運送	運送人

2項は，契約の準拠法を決めるうえで特徴的給付を重要な要素ととらえて，最密接関係地を決定するための手がかりにしました。特徴的給付を基準にすることで，同じ種類の契約であれば同じ基準で最密接関係地が推定され，当事者

notes

[7] **常居所地法と事業所所在地法**　当事者が会社などの場合で契約に関係する事業所を有するときは，常居所ではなく事業所（複数あるときは主たる事業所）の所在地が基準となります。主たる事業所については，第**8**章131頁参照)。

[8] **2項の推定が適用されない契約**　2項は当事者の一方のみが特徴的給付を行う場合に適用されますが，これに該当しない契約もあります。たとえば，交換契約では当事者がそれぞれ非金銭給付を行うので，当事者の一方のみが特徴的給付を行う場合には該当しません。

は最密接関係地を予見しやすくなります。売買契約が問題になっている CASE 7-2 においては，缶詰の引渡しが特徴的給付なので，これを行う売主Bの主たる事業所（本店）のあるメロン国の法が最密接関係地法と推定されます。ただし，これはあくまでも推定なので，推定される地が本当に最密接関係地かどうかを最後に確認しなければなりません。推定される地以外の特定の地に契約にかかわる要素が集中しているなど，別の地が最密接関係地と評価されるときは，推定がくつがえり，その地の法が最密接関係地法となります[9]。CASE 7-2 においても，メロン国法が最密接関係地法という推定がくつがえるかを確認したあとで，最密接関係地法が確定します。

なお，2項は土地の売買など不動産を目的物とする契約には適用されません。この場合は，3項により当該不動産の所在地が最密接関係地と推定されます[10]。

notes

[9] **推定がくつがえる場合**　2項の推定がくつがえるのはどのような場合でしょうか。CASE 7-2 では，売主の主たる事業所所在地であるメロン国の法が最密接関係地法と推定されます。しかし，日本で契約の交渉・締結をして，日本語が使用され，支払通貨が日本円，日本が履行地など契約にかかわる要素が日本に集中していれば，推定がくつがえり日本法が最密接関係地法とされる可能性があります。

[10] **3項の推定規定**　たとえば，メロン国に不動産を所有する日本の会社がオレンジ国の会社にこの不動産を売った場合，不動産を目的物とする契約なので3項により不動産の所在地であるメロン国の法が最密接関係地法と推定されます。

8条1項・2項による最密接関係地法の決定

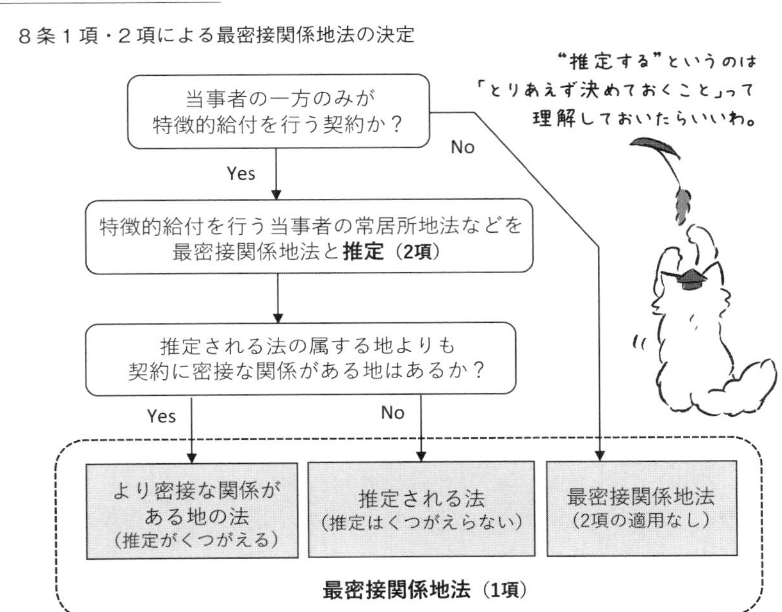

Column ❹ 国際物品売買契約に関する国際連合条約 (United Nations Convention on Contracts for the International Sale of Goods)

国際的な売買契約に関する重要な条約として，「国際物品売買契約に関する国際連合条約」（ウィーン売買条約，CISG ともよばれます）があります。本条約は，国際連合国際商取引法委員会（UNCITRAL，アンシトラル）が起草し，1980 年にウィーンで採択され，1988 年に発効しました（日本では 2009 年 8 月 1 日から発効しています）。本条約は，営業所が異なる国に所在する当事者間の物品売買契約を対象に，契約の成立や各当事者の権利・義務を定めています。条約 1 条 1 項によると，条約が適用されるのは，ⓐ当事者の営業所所在地国がいずれも締約国である場合，ⓑ国際私法の準則によれば締約国の法を適用すべき場合です。ⓑによれば，日本が法廷地のときは，当事者の営業所所在地が非締約国であっても，通則法 7 条以下によって指定される契約の準拠法が締約国の法になるならば，条約が適用されることになります。もっとも，条約は任意規定なので，当事者はその全部または一部の適用を排除し，もしくは変更することができます（6 条）。

契約の方式（10条）

CASE7-3

AとBはメロン国において，署名のある書面で保証契約を結び，契約書にはオレンジ国法を準拠法とする条項があった。保証契約の成立について，メロン国法は署名のある書面を，オレンジ国法は公正証書[11]を要求するとき，この保証契約の方式は有効か。

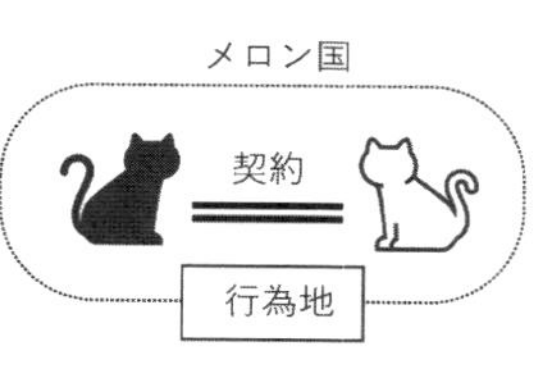

1 契約の方式とは

たとえ契約する意思があっても，それを外部に表示しないかぎり契約は成立しません。意思表示の方法としては，口頭での約束，書面の作成，公文書の作成などがあり，どのようなやり方で意思表示をすべきかが契約の方式（形式的成立要件）の問題です。日本法は，**契約方式の自由**を原則としていますが，いくつかの契約については，契約の存在や内容を明確にし，将来の紛争に備えて証拠を確保するなどの理由で特定の方式を要求しています[12]。契約が有効に成立するためには，7条以下で準拠法が決まる（実質的）成立要件（⇒93頁以下）にくわえて，方式の要件もみたされなければなりません。たとえば，口頭での約束で契約を結んだ場合，方式の準拠法が書面など特定の方式によることを要件としていれば，この契約は方式の要件をみたしていないので有効に成立しません。

notes

[11] **公正証書**　法律の専門家である公証人が作成する公文書を公正証書といい，契約などの当事者は，公証役場に出向き，合意した内容をもとに公証人に公正証書を作成してもらいます。公正証書の原本は公証役場に保管されるため，偽造や紛失のリスクが少なく，証拠力が高い文書です。

[12] **特定の方式が要求される場合**　日本法上，契約について特定の方式が要求される例として，民法446条2項（保証契約につき書面を要求），任意後見契約に関する法律3条（任意後見契約につき公正証書を要求），借地借家法22条（定期借地権設定契約につき公正証書等の書面を要求）などがあります。

2 準 拠 法

▶10条

単位法律関係	連結点
法律行為の方式 （形式的成立要件）	成立の準拠法の所属地 行為地 選択的適用

隔地的契約については申込地・承諾地

契約の方式の準拠法は，**選択的適用**によって決定されます。これによると，条文で選択肢とされている複数の法のうち，いずれか1つの法の要件をみたしていれば，契約の方式は有効です。別々の国にいるなど当事者が法を異にする地にいて契約を結ぶ場合（**隔地的契約**）には特則があります。また，消費者契約の方式については，11条に特例があります。

成立の準拠法と行為地法の選択的適用（1項・2項）

10条1項は，7条または8条で決まる成立の準拠法が方式にも適用されるとしています。方式も成立要件の1つなので，方式以外の（実質的）成立要件と同じ法が適用されるということです。しかしそうすると，たとえば，CASE 7-3のように，成立の準拠法であるオレンジ国法は公正証書を要求するのに，当事者のいるメロン国にこのような制度がないときは，メロン国では契約を結べなくなってしまいます。当事者がわざわざオレンジ国に出向いて公証人のもとで公正証書を作成して契約を結ばなければならないとすると非常に不便ですし，方式については成立の準拠法の要件に必ず従うよう求める必要性も高くないとして，2項は，行為地の法，すなわち契約を締結した地の法に適合する方式も有効としています[13]。

1項と2項をあわせてよむと，成立の準拠法または行為地法のどちらかに適合する契約の方式は有効とする選択的適用になっています。CASE 7-3では，

notes

[13] **10条3項（隔地的な単独行為）** 3項は，2項の「行為地」について，法を異にする地にいる相手方に対して契約の取消し・解除，相殺などの単独行為（隔地的な単独行為）をする場合には，発信者のいる地を行為地とみなすと定めています。

署名のある書面で保証契約が締結されていて，これは行為地法であるメロン国法に適合する方式なので，この契約の方式は有効です（10条2項）。

知識 7-③　方式の準拠法の決定時点

方式の要件をみたしているかどうかは，契約の成立時に判断されるので，方式の準拠法は成立時を基準にして決定されます。10条1項にいう成立の準拠法も成立時に決まる法なので，これは成立時に当事者が選択した地の法（7条）か成立時の最密接関係地法（8条）のどちらかとなります。

10条1項・2項と選択的適用

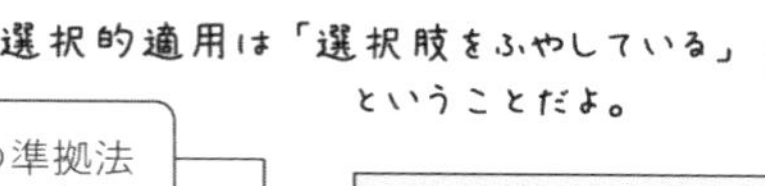

教えて！サビニャー先生　　方式の準拠法と選択的適用

10条以外にも，方式の準拠法に関する規定として，①24条2項・3項（婚姻），②34条（親族関係一般の法律行為），③遺言の方式の準拠法に関する法律2条があって，これらも10条と同じように選択的適用を採用しています。ちなみに，②34条1項・2項は10条1項・2項と同じ内容なのだけど，夫婦財産制・離婚・認知などの親族関係の方式には10条ではなく34条が適用されるのよ。

隔地的契約の特例（1項・4項）

CASE7-4

メロン国に住むAはオレンジ国に住むBに対して，保証契約の申込みの通知を発し，Bはオレンジ国から承諾の通知を発して，署名のある書面で契約を結んだ。契約書にはレモン国法を準拠法とする条項があった。保証契約の成立について，

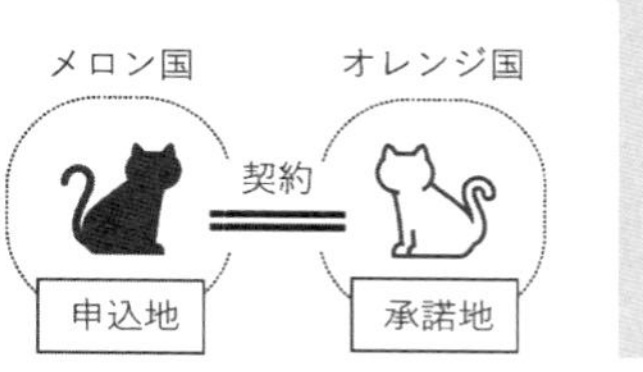

メロン国法は署名のある書面を，オレンジ国法とレモン国法は公正証書を要求するとき，この保証契約の方式は有効か。

CASE 7-4 のような隔地的契約の方式にも成立の準拠法が適用されます（1項）。さらに4項によれば，申込地法または承諾地法のどちらかに適合する契約の方式も有効とされます。1項と4項をあわせてよむと，成立の準拠法，申込地法，承諾地法のいずれかに適合する契約の方式は有効とする選択的適用になっています[14]。隔地的契約では，1つの行為地（2項）を決定するのが難しいので，行為地のかわりに申込地と承諾地が選択肢とされているということができます。CASE 7-4 では，署名のある書面により保証契約が締結されていて，これは申込地法（メロン国法）に適合する方式なので，この契約の方式は有効です（10条4項）[15]。

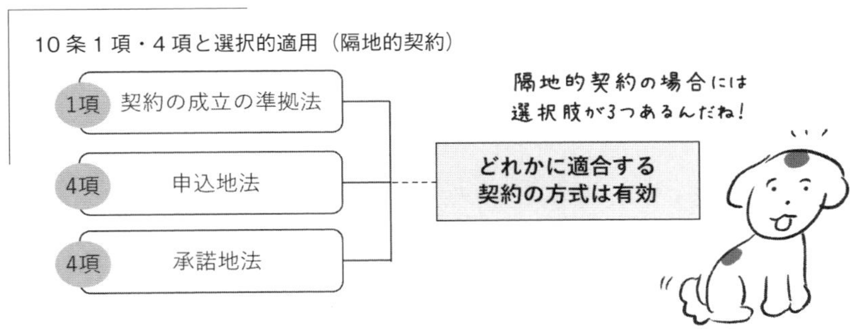

notes

[14] **隔地的契約の方式と準拠法**　隔地的契約の方式の有効性は，申込みと承諾を一体として，成立の準拠法，申込地法，承諾地法のいずれかで判断されます。申込みの方式は申込地法，承諾の方式は承諾地法……というようにバラバラに別の法で判断されるわけではありません。

[15] **10条5項**　5項によれば，物権その他の権利を設定・処分する法律行為の方式は法律行為の成立の準拠法（1項）によるとされ，選択的適用は採用されていません。物権等の成立と効力の準拠法はその目的物の所在地法とされているので（13条⇒第**9**章146頁），方式にも所在地法が適用されます。

3 消費者契約（11条）

CASE7-5

日本に常居所を有するAは，自宅で英会話を学ぶために，レモン国に本店がありオンラインの英会話学校を運営するレモン国会社Bとの間で1年コースを受講する契約を日本の自宅からオンラインで結び，入会金と受講料を一括で支払った。Aが受講開始後まもなくキャンセルを希望したところ，Bは規約に従い全費用の80%のキャンセル料が発生するので20%しか返金できないと言った。レモン国法によればこの規約は有効だが，日本法によればキャンセル料が高額すぎるため，強行規定である消費者契約法9条1項1号に反し一部無効になる[16]。次の各場合において，この日本の強行規定は適用されるか。

(1) 契約中に「準拠法はレモン国法」という条項がある場合。

(2) 当事者による法選択がない場合。

1 消費者契約とは

11条によると，**消費者と事業者**[17]との間で結ばれる契約が**消費者契約**です。消費者契約かどうかは，契約の種類や内容ではなく，当事者を基準にして決まるので，どのような種類の契約（たとえば売買契約，賃貸借契約，運送契約など）であろうと，当事者が消費者と事業者ならば，その契約は消費者契約です。消費者契約でイメージしがちなエステや語学

知識7-④ 消費者保護に関する日本の法律

たとえば，消費者契約法は，契約の勧誘時に事業者の不適切な行為があれば契約の取消しを可能にしたり，消費者の権利を不当に害する契約条項を無効にしたりしています。そのほかにも，特定商取引に関する法律（特定商取引法）には，訪問販売や通信販売などの特定の商取引について，一定期間内であれば消費者から無条件に解約できるクーリングオフ制度などがあります。

notes

[16] **消費者契約法9条1項1号**　9条1項1号によれば，消費者契約の解除に伴う損害賠償の額を予定したり，違約金を定めたりする条項は，その合計額が事業者に生ずる平均的な損害の額を超えるときは，その超える部分について無効とされます。

[17] **消費者と事業者**　通則法11条1項によれば，消費者とは，事業としてまたは事業のために契約の当事者となる場合を除く個人をいいます。また，事業者とは，法人その他の社団または財団および事業としてまたは事業のために契約の当事者となる個人をいいます。

教材，訪問販売などにかぎられるわけではありません。CASE 7-5 の契約は，消費者と事業者との間で結ばれているので，11 条の「消費者契約」と法性決定されます。消費者契約には，当事者間の力関係が対等ではないという特徴があります。つまり，消費者と比べると事業者のほうが，商品やサービスに関する知識・経験が豊富で，価格を含む契約条件を決めるうえで圧倒的に優位な立場にたっています。皆さんが商品を買ったり，サービスを受けたりするときも，事業者つまりお店があらかじめ決めている契約条件に同意するという形で契約を結ぶことがほとんどですよね。かりにこの条件のなかに，「いかなる理由があろうと，契約を取り消すことはできない」という消費者に明らかに不利な条件が含まれていても，「条件をのめないなら契約しません」と事業者にいわれてしまったら，消費者としては条件をのんで契約するか，契約をあきらめるかの二択になってしまいます。また，消費者が素人であるのをいいことに事業者が言葉巧みに不要な契約を結ばせたとしても，事業者が「同意したから契約は有効だ！」と言い張ったら，消費者としてはそれ以上反論できないでしょう。このように消費者契約では，契約内容の決定を当事者の自由に任せると立場の弱い消費者に不利益が生じかねないので，消費者を保護する特別なルールが必要だと考えられています。通則法 11 条もこのような考え方にもとづき消費者契約の特例を定めています。

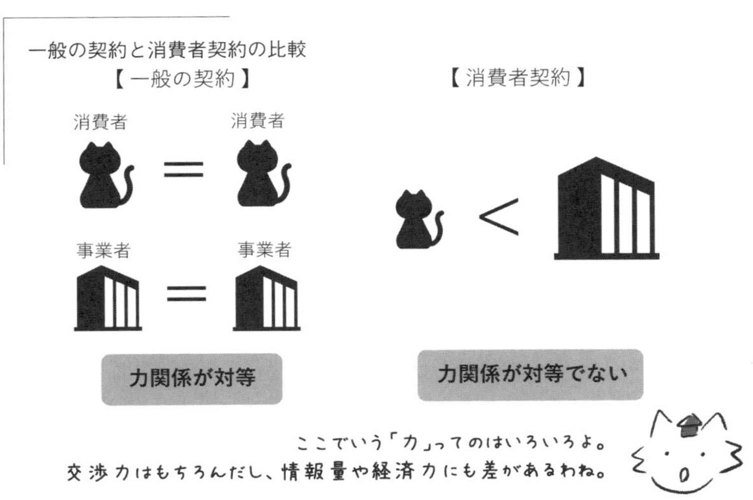

2 準拠法

▶11条1項・2項

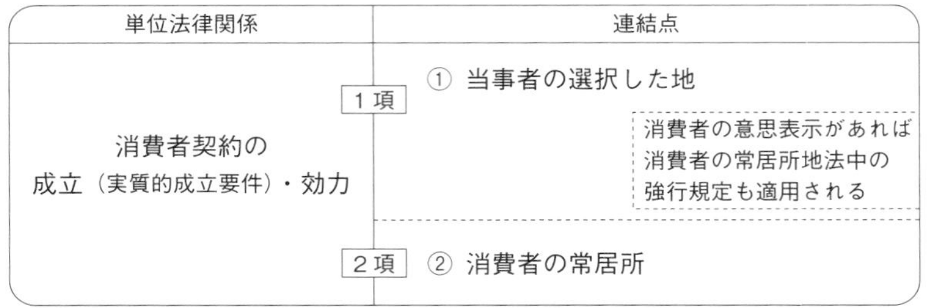

▶11条3項～5項

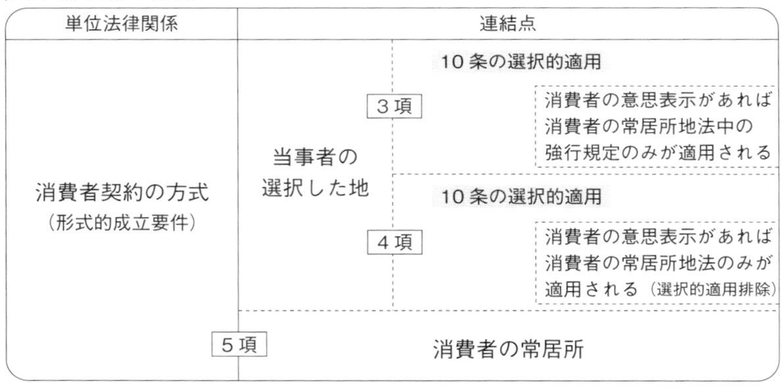

11条は，消費者契約の成立・効力と方式について，消費者保護のために，一般の契約に関する7条～10条のルールを修正したり，その適用を排除したりしています。消費者契約において当事者による法選択（7条・9条）を認めると，事業者による一方的な法選択に消費者が同意するという形になることがほとんどです。たとえば，皆さんがインターネット上で，外国の会社から商品を購入するとき，利用規約のなかで外国法が選択されていても，おそらく気づかずに「同意する」にチェックして契約を結ぶでしょう。しかし，いざ紛争になったときに準拠法が外国法だと，たとえば日本法によれば不利な契約を取り消せたはずなのに，これを取り消せないなどの不利益をこうむることもあります。また，外国法を調べなければならないとすると，言語や費用の面でも大きな負担になります。そこで，11条は，当事者による法選択を認めながらも，消費

者にとって身近で最もなじみのある**消費者の常居所地法**の適用を消費者に保障するという形で消費者を保護しています。

11条の構成

1項・2項	消費者契約の**成立・効力**
3項～5項	消費者契約の**方式**
6項	**保護されない消費者** (11条1項～5項を適用しない4類型)

11条は，成立・効力（1項・2項）と方式（3項～5項）に関する特例，そして消費者契約であっても11条が適用されない例外（適用除外）を定めています（6項）。

教えて！サビニャー先生　国際私法上の消費者保護

「消費者保護」といっても，民法などの実質法（⇒第**0**章3頁）と国際私法ではそのアプローチが違います。実質法では，消費者に有利な特別なルールを設けることで消費者を保護しているの。たとえば，消費者契約法には，事業者の不当な勧誘により契約をしたときは，消費者は契約を取り消すことができるというルールや，消費者の権利を不当に害する契約条項を無効にするルールなどがあるわ。これに対して，国際私法では，消費者の常居所地法の適用を消費者に保障することで消費者を保護しています。よく知らないし，言葉もわからない外国の法が適用されると，消費者は困ってしまうでしょう？「身近な法の適用を保障する」というのが保護のポイントだから，その法のなかに実際に消費者を保護するルールがあるとはかぎらないわ。国際私法上の消費者保護は，法の内容が消費者にとって有利かどうかではなく，その法が消費者にとって身近かどうかに注目するのよ。

消費者契約の成立と効力（1項・2項）

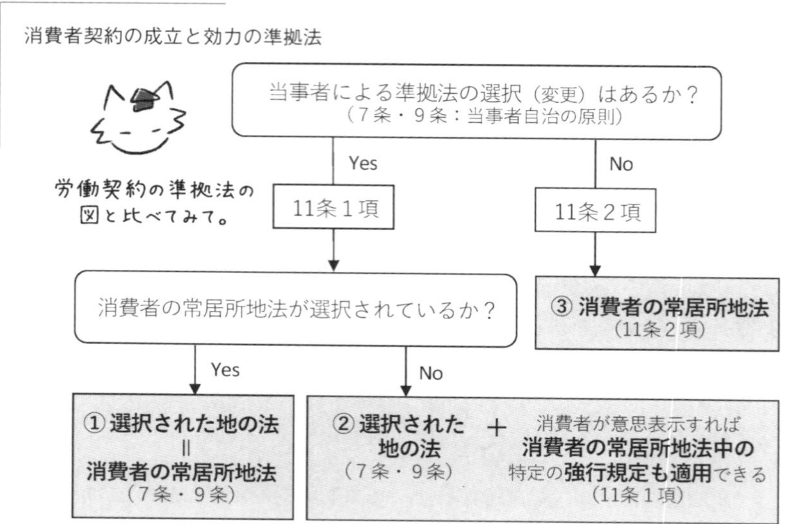

一般の契約と同様に，消費者契約の成立と効力の準拠法についても当事者による法選択（7条・9条）が認められています。一般の契約では，法選択があれば選択された地の法，なければ最密接関係地法のどちらかが適用されますが，消費者契約では，準拠法の決定は次の3つの場合にわけて考えます。

①消費者の常居所地法が選択されたとき

②消費者の常居所地法以外の法が選択されたとき

③法選択がないとき

まず，①消費者の常居所地法が選択されたときは，この選択は消費者にとってとくに不利益ではないので，選択された地の法がそのまま適用されます（7条・9条。一般の契約と同じ）。11条に特則はありません。これに対して，②消費者の常居所地法以外の法が選択されたときは，選択された地の法（7条・9条）にくわえて，消費者が意思表示をすれば常居所地法中の特定の**強行規定**[18]（「××法○条」など）も適用されます（11条1項）。基本的には選択された地の法が適用されるのですが，消費者が希望すれば特定の事項についてはその常居所地法が部分的に適用されるということです。CASE 7-5(1)では，消費者である

Aの常居所地法（＝日本法）ではないレモン国法が選択されていますが，Aが日本法中の「消費者契約法9条1項1号の適用を希望します」という意思をBに対して表明すれば，11条1項によりこの強行規定も適用されます。したがって，Aは同種の契約のキャンセル料の平均的な額以上のキャンセル料を支払う必要はありません。最後に，③法選択がないときは，11条2項により消費者の常居所地法が適用されます。法選択がないときは最密接関係地法によると定める8条1項は，消費者契約には適用されません。法選択がないCASE 7-5(2)では，11条2項により消費者の常居所地法である日本法が準拠法になるので，消費者契約法9条1項1号の規定も日本法の一部として当然に適用されます。(1)とは異なり，この場合には，消費者がその適用を求める意思を示さなくても適用されるということです[19]。

消費者契約の方式（3項〜5項）

すでにみたように（⇒100頁以下），契約の方式の準拠法について10条は選択的適用を採用しています。準拠法の選択肢を増やして方式を有効にしやすくすることは，契約の成立を希望する当事者にとっては都合がよいでしょう。消費者契約においても，消費者が契約の成立を希望していれば選択的適用で問題ないのですが，契約を後悔した消費者があとになってその成立を否定したいときは，選択的適用ではかえって消費者の利益を損なう可能性があります。そこで，11条3項〜5項は，契約の方式が消費者の常居所地法中の要件をみたしていないときは，選択的適用によらずに，消費者の常居所地法のみを適用して方式の有効性を認めない，つまり契約の成立を否定できる仕組みになっています。このようにして，成立・効力と同様に方式についても，消費者の常居所地法によ

notes

[18] **強行規定**　強行規定とは，当事者の合意により適用を回避できない規定をいいます。たとえば，消費者契約法9条1項1号は強行規定なので，契約中で「消費者契約法9条1項1号は適用しない」と定めていても適用されます。これに対して，当事者間の合意により適用を回避できる規定を任意規定といいます。民法の契約に関するルールのほとんどは任意規定ですが，消費者や労働者を保護するための特別なルールは強行規定です。

[19] **CASE 7-5(1)と(2)の結論の違い**　(1)と(2)は，どちらも消費者契約法9条1項1号が適用されるという結論になります。しかし，(1)とは異なり，(2)では，消費者が強行規定である9条1項1号を特定し，その適用の意思を事業者に対して示す必要がありません。

る保護が消費者に対して保障されているのです。方式の準拠法の決定も，成立・効力の準拠法と同じように，次の３つの場合にわけて考えます[20]。

①消費者の常居所地法が選択されたとき

②消費者の常居所地法以外の法が選択されたとき

③法選択がないとき

まず，①消費者の常居所地法が成立の準拠法として選択されたときは，４項が適用されます。10条によれば当事者の選択した消費者の常居所地法（成立の準拠法）または行為地法（隔地的契約の場合は申込地法もしくは承諾地法）が選択肢となりますが，４項によれば，消費者は選択的適用ではなく選択肢の１つである消費者の常居所地法（＝成立の準拠法）のみを適用するよう求めることができます。

次に，②消費者の常居所地法以外の法が成立の準拠法として選択されたときは，３項が適用されます。10条によれば当事者の選択した消費者の常居所地法以外の法（成立の準拠法）または行為地法（隔地的契約の場合は申込地法もしくは承諾地法）が選択肢となります。３項は，消費者が希望すれば，消費者の常居所地法中の特定の強行規定が定める事項については，この規定のみを適用するとしています（それ以外の事項は10条の選択的適用によることになるので，選択肢とされた法が適用されます）。この場合，１項と同様，消費者は，強行規定を特定したうえで（「××法○条」など），その適用の希望を事業者に示す必要があります。

なお，①・②のいずれの場合も，消費者からの希望がなければ，原則どおり，10条に定める選択的適用によって方式の有効性が判断されま

マメ知識 7-⑤　消費者の常居所地法のみが適用される範囲

３項と４項は，消費者が希望すれば消費者の常居所地法のみを適用するとしていますが，３項と４項では消費者の常居所地法のみが適用される範囲が異なります。４項では方式に関するすべての事項に適用されるのに対して，３項では（消費者がその適用を希望する）特定の強行規定の定める事項にかぎり適用されます。

notes

[20] **消費者契約の方式の準拠法の決定時点**　マメ知識 7-③でも説明したように（⇒102頁），方式の準拠法は契約の成立時を基準に決定されます。したがって，11条３項～５項で問題になる法選択は成立時の法選択（７条）にかぎられ，成立後の変更（９条）は含まれません。

す。

これに対して，③法選択がないときは，5項によれば，消費者の常居所地法のみが適用されます。①・②とは異なり，消費者の希望は問題とならず，また10条に定める選択的適用にもなりません[21]。

最後に，これまでに学んだ消費者契約の成立・効力と方式に関する1項～5項の関係をもう一度整理してみましょう。下の図のようにどちらも，**①消費者の常居所地法が選択されたとき**（成立・効力について特則なし，方式について4項），**②消費者の常居所地法以外の法が選択されたとき**（成立・効力について1項，方式について3項），**③法選択がないとき**（成立・効力について2項，方式について5項）にわけることができます。

11条1項～5項　関係図

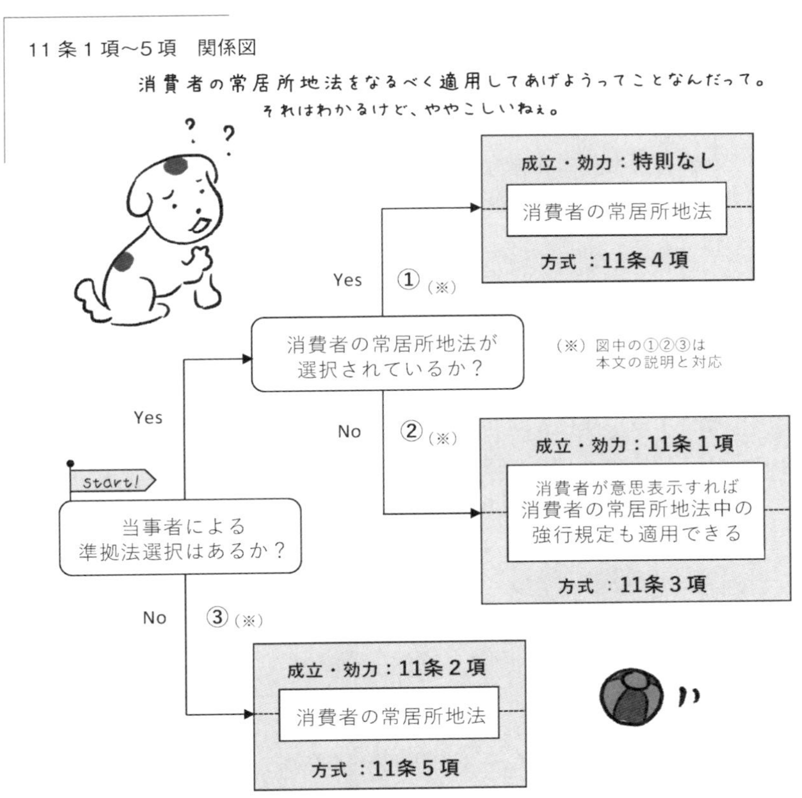

消費者保護の特例が適用されない例外（6項）

CASE 7-6

日本に常居所を有するAは，レモン国に本店があるレモン国会社Bが運営するレモン国の語学学校に1年間留学する契約を日本の自宅からオンラインで結び（準拠法はレモン国法），授業料を支払った。Aが出発直前にキャンセルと返金を希望したところ，Bは規約に従い全費用の80%のキャンセル料が発生するので20%しか返金できないと言った。レモン国法によればこの規約は有効だが，日本法によればキャンセル料が高額すぎるため強行規定である消費者契約法9条1項1号に反し一部無効になる。次の各場合において，この日本の強行規定は適用されるか。

⑴　Aは，以前からBのオンラインの英会話コースを受講していて，Bから「オンラインコース受講生はレモン国にあるBの語学学校に特別優待料金で留学できます」というメールを日本で受け取り，契約を結んだ。

⑵　Aは，インターネット上でレモン国の語学学校を検索し，そこでたまたまみつけたBの学校が気に入ったので契約を結んだ。

6項は，事業者の利益に配慮して，消費者契約であっても1項～5項のルールが適用されない例外（適用除外）を定めています。

まず，1号・2号によると，消費者がその常居所地を離れて，外国にある事業者の事業所に出向いて契約を結んだときや（1号），契約上の債務の全部の履行を受けたとき（または受ける予定のとき）には（2号），1項～5項は適用されません[22]。ただし消費者が，事業者から，外国にある事業者の事業所で契約を結んだり債務の全部の履行を受けたりすることについての**勧誘**をその常居所地において受けていたときは，消費者の保護が優先され，原則どおり1項～5項が適用されます（1号・2号ただし書）。

notes

[21] **11条5項と消費者の常居所地法の適用**　3項と4項では，消費者が希望した場合にかぎって消費者の常居所地法のみが適用されますが，5項ではつねに消費者の常居所地法のみが適用されます。

[22] **能動的消費者**　このように自らの常居所地を離れて外国にある事業者の事業所に出向いて契約を結んだり，契約上の債務の全部の履行を受けたりする消費者は「能動的消費者」とよばれます。

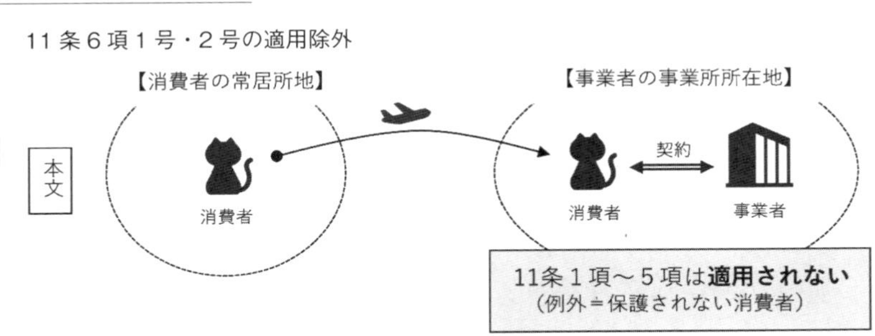

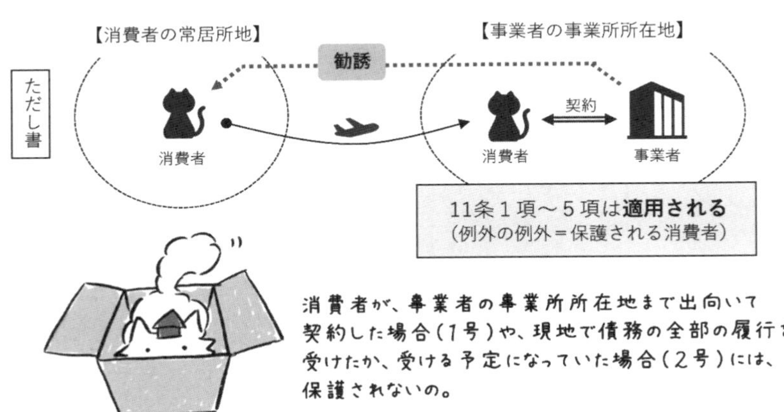

CASE 7-6では，Aは日本の自宅からオンラインで契約を締結していますが，常居所地である日本を離れてレモン国にあるBの語学学校（＝事業所）で授業（＝債務の全部の履行）を受ける予定だったので，6項2号の適用除外に該当するかが問題になります。CASE 7-6(1)では，Aは，レモン国への留学をすすめるBからのメールを日本で受け取っているので，勧誘があったと考えると，2号ただし書により適用除外には該当せず，原則どおり11条の消費者保護の特例が適用されます。したがって，レモン国法が選択されていても，Aがその常居所地法である日本法中の強行規定である消費者契約法9条1項1号の適用を求める意思をBに対して示せば，この強行規定も適用されます（11条1項。CASE 7-5(1)を参照）。これに対して，Bからの勧誘がないCASE 7-6(2)は，2号の適用除外に該当し，11条の消費者保護の特例は適用されません。そうす

ると，一般の契約と同様に準拠法が決定されるため，選択されたレモン国法が準拠法となり（7条），日本の強行規定は適用されません。

その他の適用除外として，3号は，事業者が消費者の常居所を知らず，かつ，知らなかったことについて相当の理由があるとき（事業者の不知）[23]，そして4号は，事業者が消費者ではないと誤認し，かつ，誤認したことについて相当の理由があるとき（事業者の誤認）[24]，11条の消費者契約の特例は適用されないとしています。

知識 7-⑥　6項1号と2号の違い

6項1号は，消費者が事業者の事業所所在地に実際に出向いて契約を結んだ場合を適用除外としています。これに対して，2号は，事業者の事業所所在地で「契約に基づく債務の全部の履行を受けたとき，又は受けることとされていたとき」としているので，まだ実際に商品の引渡しやサービスの提供を受けるために事業者の事業所所在地に出向いていないとき（予定）も適用除外に含まれます。CASE 7-6のように日本に常居所を有する消費者が自宅からオンラインで契約を結び外国の語学学校に留学しようとする場合，1号には該当しませんが，外国にある事業者の事業所で債務の全部の履行を受ける予定なので，留学前であっても2号に該当し，勧誘がないかぎり11条の消費者保護の特例は適用されません。

サビニャー先生，6項1号・2号ただし書は，消費者がその常居所地で事業者から「勧誘」を受けていたときは，適用除外に該当しない，つまり原則どおり11条の消費者保護の特例を適用するとしていますが，この勧誘とはいったいどんな行為を指すのですか？

通則法には「勧誘」の定義がないので，何が勧誘なのかじつははっきりしていないの。1つの考え方として，「対象の特定性」に注目して，勧誘というためには広く一般に向けて宣伝・広告するのでは不十分で，対象を特定したはたらきかけでなければならない，とするものがあります。

notes

[23] **3号に該当する場合**　たとえば，日本に常居所を有する消費者がアメリカの業者からソフトウェアを購入してダウンロードする場合，消費者が日本ではなくアメリカの住所を勝手に入力したなどの事情があれば，事業者が消費者の常居所を知らなかったことに相当の理由があるとして，3号に該当する可能性があります。

[24] **4号に該当する場合**　たとえば，消費者が商品の注文者として，勤務先である会社の名称・住所を記入した場合は，事業者が消費者ではないと誤認したことに相当の理由があるとして，4号に該当する可能性があります。

対象を特定……「日本在住のミケさん」への郵便とか電話とかですか？

そうそう。そういう個人を特定したはたらきかけは勧誘といってもよさそうね。ただ，個人まで特定しなくても，地域つまり日本向けに宣伝・広告していれば，日本からミケさんのようなお客さんが来ることを当然予想できるから，地域を特定した宣伝・広告も勧誘に含めてよいという考え方もありうるわ。

なるほど。どの程度特定すべきかが問題になるのですね。

ちなみに，消費者契約法にも，事業者からの「勧誘」があれば消費者を保護するという似たようなルールがあるのだけど，最高裁は，不特定多数向けのチラシもこの勧誘に含まれると判断しています。この判断が通則法の解釈にどんな影響を及ぼすのかはまだわからないけど，ネットを使った宣伝などいろいろな形態があるから，特定性を基準にするのが妥当なのか……なかなか悩ましいわね……。

4 労働契約（12条）

CASE7-7

日本に常居所を有するAは，レモン国に本店があるレモン国会社Bの日本事務所で2年間働くという内容の労働契約をレモン国で結んだ。働きはじめて10か月が経過したころ，Aは業績の悪化を理由に突然解雇された。レモン国法によれば，契約期間中の解雇も有効だが，日本法によれば，やむを得ない事由がある場合をのぞき，期間満了前の解雇は強行規定である労働契約法17条1項に反し無効になる[25]。次の各場合において，この日本の強行規定は適用されるか。

(1) 契約書中に「準拠法はレモン国法」という条項がある場合。

(2) 当事者による法選択がない場合。

1 労働契約とは

アルバイトや正社員などとして働くとき，皆さんは雇い主（使用者）との間で**労働契約**を結びます。消費者契約と同じように，労働契約でも当事者間の力関係は対等ではなく，通常は，雇用するかどうかはもちろん，労働条件を決めるうえでも使用者のほうが圧倒的に優位な立場にたっています。皆さんが「この職場で働きたい」と思って応募するとき，使用者と話し合って労働条件を決めるわけではなく，使用者が提示する労働条件に同意するという形で契約を結ぶことがほとんどですよね。そのときに，たとえば「1日15時間労働で休日は月1回だけ」とか，「使用者は気に入らなければいつでも解雇できる」など労働者にとってひどい条件が含まれていても，働かなければ生活できず他に選択肢がない状況であれば，条件をのんで働く労働者もいるでしょう。このように，消費者契約と同様に，労働契約においても，契約内容の決定を当事者の自由に任せると立場の弱い労働者に不利益がおよびかねないので，労働者を保護する特別なルールが必要だと考えられています。通則法12条もこのような考え方にもとづき労働契約の特例を定めています[26]。CASE 7-7の契約は，12条の「労働契約」と法性決定されます。

知識 7-⑦　労働者保護に関する日本の法律

たとえば，労働契約法は，正当な理由のない解雇を解雇権の濫用として無効としたり，期間の定めのある労働契約について雇止めを制限したりしています。また，労働基準法は，労働時間，時間外労働，年次有給休暇など労働条件に関する最低基準を定めています。

notes

㉕ **労働契約法17条1項**　17条1項は，期間の定めがある労働契約について，やむをえない事由がある場合でなければ，期間満了前に労働者を解雇することができないと定めています。

㉖ **12条の「労働契約」**　11条には，消費者と事業者との間で締結される契約が消費者契約であるという定義がありますが（⇒104頁），12条にはこのような定義はありません。一般には，使用者の指示に従って働き，その対価（給与）を受け取ることを内容とする契約が12条の「労働契約」と考えられています。なお，日本法上，「労働契約」と「雇用契約」というよび方がありますが，どちらも使用者の指示に従って働き，その対価を受け取ることを内容とする点では共通しており，12条の「労働契約」には雇用契約も含まれます。

2 準 拠 法

▶12条

単位法律関係	連結点	
労働契約の 成立（実質的成立要件）・効力	① 当事者の 選択した地	労働者の意思表示があれば 労働契約の最密接関係地法 中の強行規定も適用される
	② 最密接関係地	

12条は，労働契約の成立と効力について，労働者保護のために，一般の契約に関する7条～9条のルールを修正したり，その適用を排除したりしています。労働契約において当事者による法選択（7条・9条）を認めると，使用者による一方的な法選択に労働者が同意するという形になることがほとんどです。たとえば，皆さんが外国の会社に雇われて日本で働くとき，労働契約中で外国法が選択されていてもこれに気づかないか，気づいても「準拠法を日本法にしてほしい」とは言いだせずに，そのまま契約を結ぶでしょう。しかし，いざ紛争になったときに，「外国法が選択されているので，日本法は適用されません」と言われたらどうでしょうか。もしかしたらこの外国法のほうが労働者に有利なルールを定めているかもしれませんが，外国法の調査は，言語や費用の面で労働者にとって負担になります。また，日本で働くのだから，周りの人たちと同じように日本の労働法で保護されるはずだと労働者が期待していた場合には，「外国法を準拠法とする選択を押しつけられた」と不公平に感じるかもしれません。そこで，12条は，当事者による法選択を認めながらも，労働者が働く地など労働契約に最も密接に関係する地の法（**最密接関係地法**）の適用を労働者に保障するという形で労働者を保護しています。

12条は，11条と同じように，法選択はできるけれども，特定の地の法による保護を労働者に保障するという方法をとっています。ただし，11条は消費者の常居所地法による保護であるのに対して，12条は労働契約の最密接関係地法による保護という違いがあります。また，方式に関して，11条には特則

（11条3項〜5項）がありますが，12条にはないので，一般の契約の方式に関する10条が労働契約の方式にも適用されます[27]。なお，12条には，11条6項のような適用除外もないので，12条の対象となる「労働契約」と法性決定された契約には12条が必ず適用されることになります。

労働契約の成立と効力（1項〜3項）

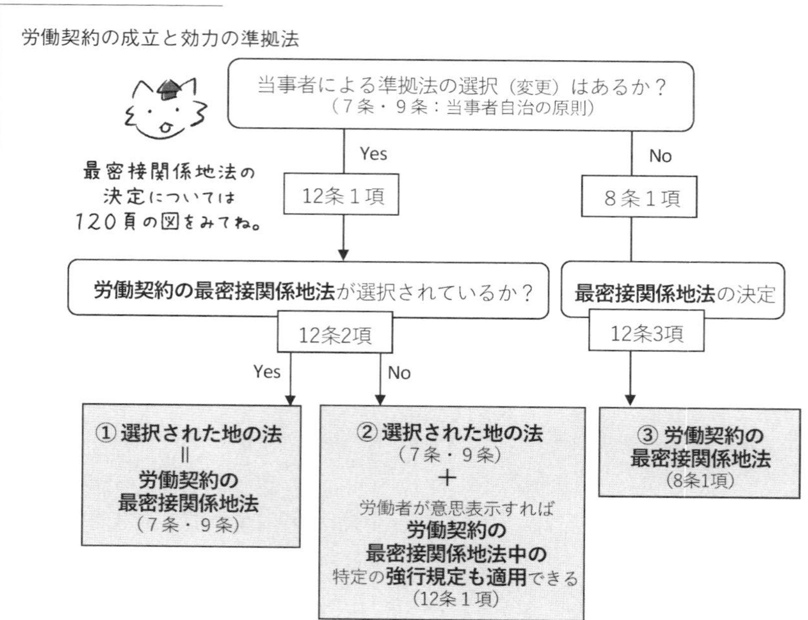

一般の契約と同様，労働契約の成立と効力の準拠法についても当事者による法選択（7条・9条）が認められていて，法選択がないときは最密接関係地法が適用されますが（8条1項），労働契約では，準拠法の決定は次の3つの場合にわけて考えます。

notes

[27] **労働契約の方式の準拠法**　労働契約では，10条の選択的適用により準拠法の選択肢を増やして方式を有効にしやすくしても，一般に労働者の利益を損なわないと考えられるため，消費者契約のように選択的適用を否定する特則はおかれていません。

①労働契約の最密接関係地法が選択されたとき

②労働契約の最密接関係地法以外の法が選択されたとき

③法選択がないとき

①〜③いずれの場合も，最密接関係地法が問題になるので，法選択があってもなくても最密接関係地法を特定する必要があります。12条には，最密接関係地法を決める手がかりとして，これを推定するルールがあります[28]。2項および3項によると，労務を提供すべき地，またはこれを特定できないときは，労働者を雇い入れた事業所所在地の法が最密接関係地法と推定されます。労働契約では，労働とその対価としての給与の支払いがくり返されることで，契約と働く場所つまり**労務提供地**との間に強いつながりがうまれると考えられるので，原則としてこの地の法が最密接関係地法と推定されるのです。ときどき出張に行くことはあっても基本的に1つの国を勤務地と定めて働く場合はこの原則でよいのですが，これでは対応できない場合もあります。たとえば，仕事の性質上，複数国にまたがって働くとか，勤務地を決めずに働くなどの理由で労務提供地を特定できないときは，労働者を雇い入れた事業所の所在地の法が最密接関係地法と推定されます。もっとも，8条2項のところでも述べたように(⇒97-98頁)，これらはあくまでも推定ですから，推定される法が本当に最密接関係地法かどうかを最後に確認しなければなりません。推定される法の属する地以外の特定の地に契約にかかわる要素が集中しているなど，別の地が最密接関係地と評価されるときは推定がくつがえり，その地の法が最密接関係地法となります。

notes

[28] **最密接関係地法の推定**　一般の契約に関する8条2項（特徴的給付を行う当事者の常居所地法などを最密接関係地法と推定）は，労働契約には適用されません。

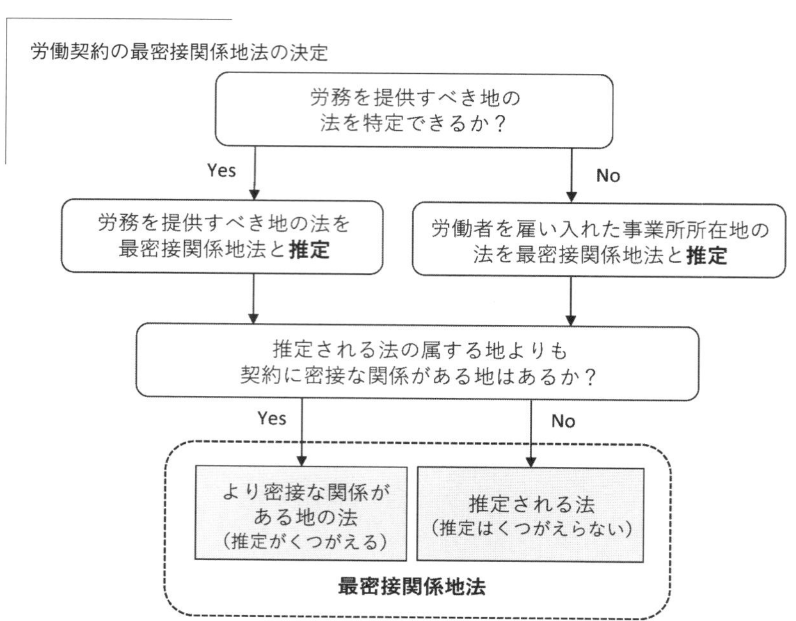

それでは，①〜③の場合に準拠法はどうなるかみてみましょう。まず，①最密接関係地法が選択されたときは，この選択は労働者にとってとくに不利益ではないので，選択された地の法がそのまま適用されます（7条・9条。一般の契約と同じ)。これに対して，②最密接関係地法以外の法が選択されたときは，選択された地の法（7条・9条）にくわえて，労働者が意思表示をすれば最密接関係地法中の特定の強行規定（「××法○条」など）も適用されます（12条1項)。基本的には選択された地の法が適用されるのですが，労働者が希望すれば特定の事項については最密接関係地法が部分的に適用されるということです（11条1項と同じ仕組みです⇒108-109頁)。CASE 7-7(1)では，レモン国法が選択されていますが，労働者であるAは日本事務所で働いているので，12条2項によれば，労務提供地である日本の法が最密接関係地法と推定されます。推定どおり日本法が最密接関係地法であるとすると，最密接関係地法以外の法が選択されているので，Aが日本法中の「労働契約法17条1項の適用を希望します」という意思をBに対して表明すれば，12条1項によりこの規定も適用されます。したがって，やむを得ない事情がある場合をのぞき，契約期間満了前の

Aの解雇は無効になります。

最後に，③法選択がないときは，一般の契約と同じように最密接関係地法が適用されます（8条1項）。法選択がない CASE 7-7(2)では，12条3項により労務提供地である日本の法が最密接関係地法と推定されます。推定どおり日本法が最密接関係地法であるとすると，8条1項により日本法が準拠法になるので，労働契約法17条1項の規定も日本法の一部として当然に適用されます。(1)とは異なり，この場合には，労働者がその適用を求める意思を示さなくても適用されるということです[29]。

ワンチーニくん，法選択がないときに契約に適用される法は何だったか覚えてる？

最密接関係地法です！

惜しい！　半分正解ね。一般の契約と労働契約では8条1項によって最密接関係地法が適用されるけど，消費者契約では消費者の常居所地法が適用されます。

労働契約も，消費者契約のように最密接関係地法という基準をやめて，労務提供地法を基準にしたほうがわかりやすいように思うのですが……。

たしかに，多くの場合は労務提供地法でよさそうだけど，働く形態は様々だし，契約が長期間つづいて事情が複雑になることもあるから，一律に労務提供地法を適用することは難しいの。だから，労務提供地は推定の基準にとどめて，一般の契約と同じように最密接関係地法を適用するとしておくことで，いろいろな事情に対応できるようにしているわ。

notes

[29] **CASE 7-7(1)と(2)の結論の違い**　(1)と(2)はどちらも労働契約法17条1項が適用されるという結論になります。しかし，(1)とは異なり，(2)では，労働者が強行規定である17条1項を特定し，その適用の意思を事業者に対して示す必要がありません。

Column❺ 国際的強行規定

強行規定のなかには，通則法による準拠法の決定とは無関係にその適用が決まる「国際的強行規定」(「絶対的強行法規」，「強行的適用法規」などともよばれます）があります。民法の意思表示の瑕疵（錯誤，詐欺，強迫など）に関する規定のような通常の強行規定は準拠法の一部として適用されるので，たとえば日本法が準拠法ならば日本の強行規定が，オレンジ国法が準拠法ならばオレンジ国の強行規定が適用されます。これに対して，国際的強行規定は，準拠法によって適用が決まるのではなく，その規定じたいがどのような場合に適用されるのか（＝適用範囲）を決めています。たとえば，日本からの特定の物品の輸出を規制する国際的強行規定が「レモン国を仕向地とする貨物の輸出に適用される」とすると，この強行規定は，契約の準拠法がどの国の法であろうと，当該物品をレモン国へ輸出することを目的とする契約には必ず適用されます。国際的強行規定は，一国の経済的，社会的政策を実現するために不可欠な強行規定と考えられており，一般的には経済法や社会法の分野に多くみられますが，通常の強行規定と区別する明確な基準はありません。条文をみただけでは通常の強行規定か国際的強行規定かわからない場合がほとんどなので，規定の趣旨や目的を考慮して１つ１つ考えていく必要があります。

CHAPTER

第8章

不法行為

条文関係図

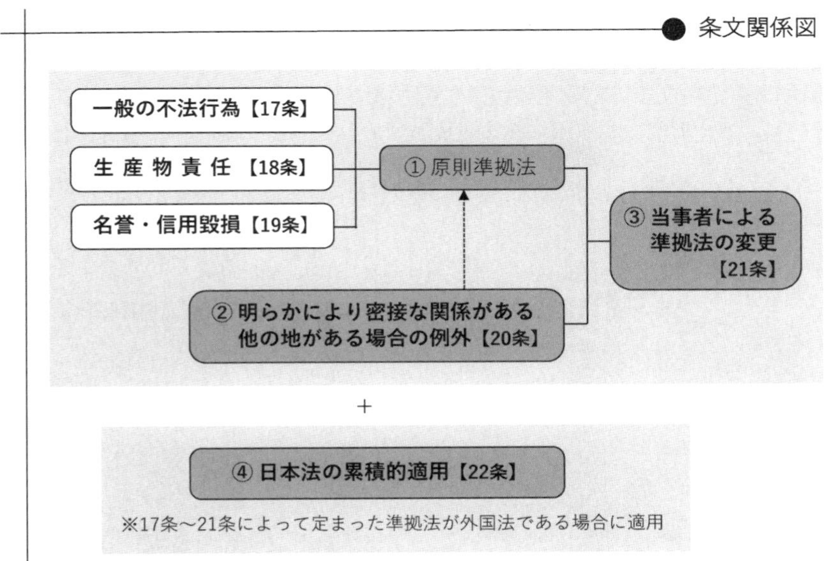

INTRODUCTION

交通事故にあってけがをした，薬を飲んで体調不良になったという場合，皆さんは，事故の加害者や薬の製造メーカーに治療費などを請求したいと考えることでしょう。このような，他人の身体や物，権利などに損害を与える違法な行為を一般に不法行為[1]といい，被害者は不法行為をした相手に損害賠償などを請求することができます。では，海外旅行中に交通事故にあった場合など，事案に国際的な要素が含まれる場合は，このような**不法行為**にもとづく損害賠償請求などの準拠法はどうなるでしょうか。本章では，この不法行為の成立と効力の準拠法について学習します。

通則法には，不法行為の成立と効力の準拠法に関する規定が全部で6か条存在しています（17条～22条）。前半は原則的な準拠法を決めるためのルールで，一般の不法行為に関する17条，**生産物責任**に関する18条，**名誉・信用毀損**に関する19条があります。後半は例外的な準拠法の決め方について定めたルールです。まず，当事者の関係や共通要素などを考慮して，明らかにより密接な関係を有する他の地がある場合に，17条～19条で決まった準拠法を変更する20条があります。また，当事者が準拠法を選択・変更すること（当事者自治）を認める21条があります。さいごの22条は，17条～21条によって定まる準拠法が外国法である場合に適用される特別な規定で，不法行為の原因と救済方法について，日本法を累積的に適用します。

notes

[1] **不法行為**　不法行為にもとづく債権は，法定債権の一種です。法定債権とは，一定の事実が発生した場合に法律上当然に発生する債権のことで，日本民法上は不法行為のほかに事務管理と不当利得があります。法定債権以外の債権として，法律行為により発生する債権（例：契約債権）もあります。

1 不法行為（17条）

CASE 8-1

日本人Aがオレンジ国旅行に行き，現地で観光をしていたところ，すれ違ったBに一方的に殴りかかられてAは重傷を負った。AがBに治療費などをふくめた損害賠償を請求するとき，準拠法はどの国の法になるか。

CASE 8-2

オレンジ国在住のAは，自分の体調不良の原因を調べたところ，メロン国にあるB社の工場から川に流された廃液が，下流にあるオレンジ国の水やAの畑の農作物を汚染したために起きた健康被害であったことが判明した。このことを原因としてAがBに損害賠償を請求するとき，準拠法はどの国の法になるか。

1 不法行為とは

17条は，**不法行為**の準拠法の原則となる規定です。17条によって定まる準拠法は，不法行為にもとづく債権の成立と効力に適用されます。不法行為債権の「成立」として問題になる事柄としては，不法行為があったといえるために，故意・過失，行為と結果の間の因果関係，違法性などが必要とされるかどうかや，不法行為能力などがあります。「効力」としては，損害賠償の範囲，損害賠償金の額や算定方法，請求権者はだれかなどが問題になります。生産物責任と名誉・信用毀損の準拠法については別に規定がありますので（18条・19条），17条の「不法行為」は，生産物責任（18条）と名誉・信用毀損（19条）を除いた不法行為（一般の不法行為）を意味することになります。CASE

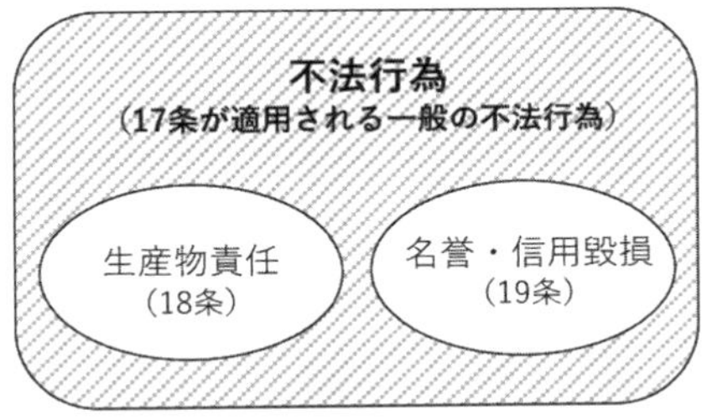

8-1・CASE 8-2はどちらも，生産物責任でも名誉・信用毀損でもありませんので，17条が適用される一般の不法行為です。

2 準拠法

▶17条

単位法律関係	連結点
不法行為	【原則】加害行為の結果発生地 【例外】加害行為地

結果発生地

17条は，不法行為の準拠法について，原則として「加害行為の結果が発生した地の法による」と定めています。これは，不法行為については不法行為の行われた地が密接関係性を有すると考えられた一方で，CASE 8-2のように，①損害が発生した地（**結果発生地**＝オレンジ国）と，②加害行為の行われた地（**加害行為地**または**行動地**＝メロン国）が，それぞれ法が異なる地にある場合（**隔地的不法行為**[2]）を意識して定められたルールです。たんに「不法行為（の行われた）地」と書いただけでは，具体的にどこの地が連結点となるかわからないからです。CASE 8-1のような，1つの国のなかで完結する不法行為の場合は①と②は一致するので，条文では①の結果発生地が連結点ですが，これは②の加害行為地でもあるわけです（したがって，CASE 8-1の準拠法はオレンジ国法になります）。CASE 8-2のような隔地的不法行為の場合には，原則として①の結果発生地を連結点としますが，下で述べるように，加害者が予測できたかどうかによっては，②の加害行為地の法が準拠法になることがあります。

notes

[2] 「隔地的」な法律関係　準拠法を決めるときに問題となる「隔地的」な法律関係としては，隔地的不法行為のほかに隔地的契約があります。詳しくは10条（⇒第7章101頁）のところを参照してください。

加害行為地

CASE 8-2 のような隔地的不法行為の場合に，17 条がまず結果発生地法を準拠法にするとしたのは，加害者の行動よりも損害の発生と救済のほうを重視したから，つまりは，結果発生地のほうが不法行為に密接な関係があると考えられたからです。しかし，つねに結果発生地法が準拠法になるとすると，加害者にとっては適用されるとは思ってもいなかった法が準拠法になることがありえます。そこで 17 条ただし書は，加害者が「その地」での「結果の発生」，つまりは損害の発生を「**通常予見**」できなかった場合には，加害行為地法を準拠法とするとしています。「通常」とあるのは，実際に加害者本人が予想していたかではなく，加害者の立場にある人なら普通は予測できたと考えられるかどうかが基準になるという意味です。CASE 8-2 では，メロン国で川に廃液を流していたときに，川をつたってオレンジ国側まで廃液が流れて，川の下流周辺の住民に健康被害が生じることが予測できなかったとはいえないでしょうから，原則どおり結果発生地の法＝オレンジ国法が準拠法になります。

まとめ

不法行為に関する 17 条は，以下の図のような考え方で原則準拠法を決めることになります。ただし，後で説明するとおり，20 条・21 条によって別の法が準拠法となる可能性があることに注意が必要です。さらに，準拠法が外国法である場合は，22 条によって日本法が累積的に適用されます。

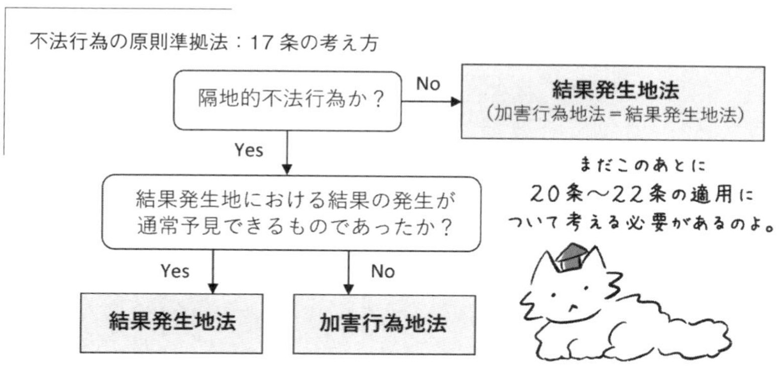

サビニャー先生，結果って損害のことなんですよね？　損害賠償には治療費も含まれるなら……CASE 8-1 でけがをした日本人 A が，オレンジ国では病院に行かずに，帰国後に日本の病院で治療を受けたら，日本が結果発生地になるということですか？

17 条の「結果」に含まれるのは，直接的な損害だけだと考えられています。だから CASE 8-1 では，「結果」は殴られて重傷を負ったことね。かりに A が日本に帰国してから通院したりリハビリに通ったりして治療費が発生していても，それは準拠法を決めるための「結果」としては扱われないのよ。

えぇーっ，じゃあ，日本の病院で支払った治療費などは請求できないということですか？

そこは間違えやすいポイントよ！　日本で発生した治療費も損害賠償の対象となるかは「損害の範囲」の問題であって，準拠法が決めること。だから，CASE 8-1 ではオレンジ国法のルールをみる必要があります。賠償請求できる「損害」の範囲と，準拠法を決めるための連結点である「結果」を混同しないよう，気をつけて。

2 生産物責任（18 条）

CASE 8-3

日本在住の A は，オレンジ国を旅行中にアンズ国会社 B（本店アンズ国）製のドライヤーを購入した。このドライヤーはメロン国の工場で製造されたオレンジ国向けの製品で，オレンジ国以外の国では販売されていない。A はこのドライヤーを日本へ持ち帰り，自宅で使用していたところ，電気回路の不良が原因で発火し，腕に大やけどを負った。A が B 社に対して損害賠償を請求するとき，準拠法はどの国の法になるか。

1 生産物責任とは

CASE 8-3 のように，製品などの欠陥（瑕疵）によって損害が生じた場合にメーカーなどが負う責任のことを，**生産物責任**とよんでいます（製造物責任とよばれることもあります)。これも不法行為責任の一種ですが，被害者からメーカーなどへの責任追及をしやすくするために，各国法上，特別なルールが用意されていることがあります（日本では，民法の特別法としての製造物責任法があります)。生産物責任特有の事情を考慮して準拠法を決めるために，通則法では，一般の不法行為に関する17条の特則として，生産物責任に関する18条を設けています。

メモ 知識 8-① 「製造物責任」と18条の「生産物責任」

日本の製造物責任法は，製造物すなわち「製造又は加工された動産」（2条1項）を対象としているのに対して，通則法18条は，「生産物」を「生産され又は加工された物」と定義して，製造物にくわえて，農産物などの未加工のものも対象に含めています。日本法とは違う内容の外国法が存在することを考えて，日本の製造物責任法よりも広い内容を含めることにしたというのがその理由です。このため，日本法上は製造物責任法が適用されない問題であっても，国際私法では生産物責任の問題と法性決定されて，18条が適用される場合があります。

18条には，「生産物」＝「生産され又は加工された物」と書いてありますので，ドライヤーのような電器製品（＝加工されたもの）はもちろん，農産物など（＝生産されたもの）も含まれます[3]。また，18条は，生産物責任にもとづく請求の相手方（「生産業者等」）にさまざまな者を含めており，メーカー（生産業者）に対し て賠償等を求める場合のほかに，物を販売した店（販売業者）などに対して不法行為にもとづく請求をする場合も対象としています[4]。生産物責任にもとづく請求と法性決定された場合は，17条ではなく18条を適用して，原則準拠法を決めることになります。

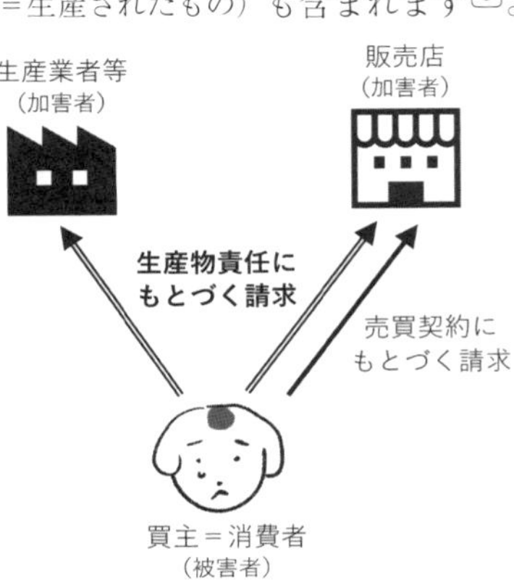

notes

[3] **生産物**　未加工の農産物や水産物のほかに，動産に限定していないということで，家や建物などの不動産も含まれると考えられています。

[4] **生産業者等**　18条は，生産から販売までの流通プロセスで関係したすべての者に対する責任を対象としています（ただし，個人的なやりとりは対象外です)。本文であげた生産業者と販売業者のほかに，卸売業者，修理業者，製品を保管していた倉庫業者などに対する請求も含まれます（日本の製造物責任法では，同法にもとづき責任追及できる相手方は「製造業者」に限られています)。

2 準 拠 法

▶18条

単位法律関係	連結点
生産物責任	【原則】引渡地 【例外】生産業者等の主たる事業所所在地

18条は，生産物責任について，「被害者が生産物の引渡しを受けた地」（引渡地）の法を準拠法としています。引渡地は，被害者が製品を購入した地であると同時に，生産業者などが生産物を市場に置いた地でもありますから，被害者と加害者どちらにとっても接点があって予測がしやすく，生産物責任の準拠法の連結点としてふさわしいと考えられたためです[5]。CASE 8-3では，Aがドライヤーを購入したオレンジ国がこの引渡地に当たりますので，AがB社に対してする損害賠償請求の準拠法はオレンジ国法です。このように，18条は引渡地を連結点に採用していることから，その対象となる「被害者」は，基本的には引渡しを受けた人に限られます。

教えて！サビニャー先生　18条はなぜ必要？

CASE 8-3では，Aのやけどは日本で発生しています。もし17条しかなかったら，準拠法は結果発生地法＝日本法だけど，Bからすれば，オレンジ国向けの製品として売っていたドライヤーなのに，日本法が準拠法になるなんて予想できないのではないかしら。17条ただし書で通常予見できないケースと考えて，加害行為地法を準拠法にすればいいと思うかもしれないけど，生産物責任の場合，加害行為地がどこかがはっきりしないこともあるのよ。CASE 8-3では，Bはアンズ国法人だからアンズ国？　それとも，製造工場のあるメロン国？　オレンジ国で買ったドライヤーなのに別の国の法が準拠法になるなんて，こんどは被害者Aが予想できないかもしれません。18条が連結点に採用している「引渡地」なら，加害者が販売をしていた場所で，なおかつ被害者が購入した場所でもあるから，双方にとって予想できる地といえそうね。

notes

[5] **引渡地**　引渡地とは，市場（に置いた）地と言い換えられることからもわかるように，一般的な流通過程で物を購入した場所と考えられています。ソフトウェアのダウンロードなどの場合は，ダウンロードした場所（＝パソコン等の所在地）が引渡地となると考えるのが多数説の立場です。

18条ただし書は，「その地における生産物の引渡し」が「通常予見」することのできない場合には，「生産業者等の主たる事業所の所在地の法」[6]が準拠法になるとしています（生産業者等が個人である場合は，準拠法はその人の常居所地法です（18条ただし書かっこ書））。たとえば，CASE 8-3 でオレンジ国向けのドライヤーを別の業者が購入したあとにレモン国で転売し，そこで被害者が購入したような場合がこれに当たります。18条ただし書は，加害者の予見可能性を問題としているところと客観的な判断を基準とするところは17条ただし書の「通常予見」と同じですが，予見の対象は異なっています。18条では，「その地における生産物の引渡し」が予見できたかどうかが問題になります。さきほどの転売のケースでは，レモン国での引渡しは「通常予見」できなかったといえるでしょうから，「生産業者等の主たる事業所の所在地の法」として，Bの本店のあるアンズ国の法が準拠法となります。

18条では，以上のように生産物責任の原則準拠法が決まりますが，17条と同じように，20条・21条によって別の法が準拠法になる可能性があることに注意しなければなりません。さらに，準拠法が外国法である場合は，22条によって日本法が累積的に適用されます。

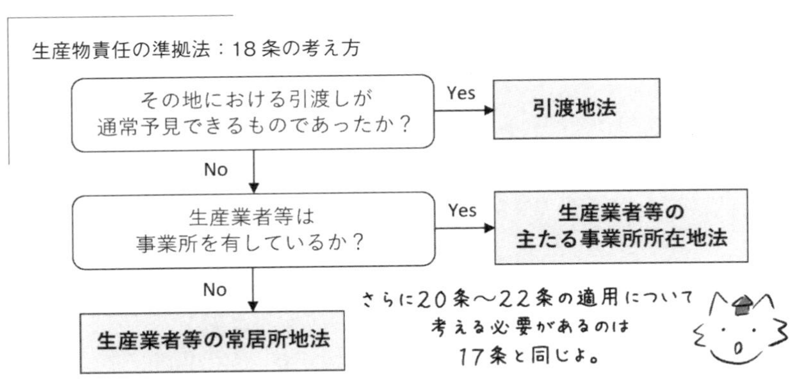

notes

[6] **主たる事業所所在地**　主たる事業所とは，実際に事業の経営や統括をしている事業所のことです。多くの場合は本店がこれに当たるでしょうが，本店とは別の場所にある事業所が本店機能を有している場合は，その事業所が主たる事業所となります。

教えて！サビニャー先生　通常予見可能性の意味

17条ただし書と18条ただし書は，「その地における」結果の発生や生産物の引渡しが「通常予見することのできないものであったとき」には，加害行為地法（17条）や生産業者等の主たる事業所所在地法（18条）が準拠法になるとしています。ただ，この「通常予見」にはちょっと注意が必要よ。この「予見」は加害者や生産業者等の予見なのだけれど，本文にもあるように，これらの者が実際に予想していたかを問題としているわけではないの。ポイントは「通常」の部分で，客観的にみて，その状況にある普通の人なら「その地」での損害発生や引渡しを予想できたかが基準になります。

それから，予見の対象，つまり何についての予見かという点も間違えやすいところね。チェックしているのは「その地」での結果の発生や引渡しについての予見であって，結果つまり損害の発生や引渡しそのものについての予見ではありません。「この場所でこういうことをしたら，あそこで何か起こっても仕方ないな」「この商品はいろんな国で流通しているから，あの国で入手されても仕方がないな」といえるかどうかが基準になるわ。

	17条	18条
だれの予見？	加害者	生産業者等
判断基準	客観的に判断	客観的に判断
何についての予見？	「その地」における結果の発生	「その地」における生産物の引渡し

サビニャー先生，CASE 8-3で発火したとありますけど，ご近所にも燃え広がって，隣の家の人もメーカーを訴えるなんてことになったら，準拠法はどうなるんでしょうか？　この場合も，生産物責任ですよね？

いいところに目をつけたわね，ワンチーニくん。生産物の直接の引渡しを受けた人に巻き込まれる形で被害を受けた人のことを，バイ・スタンダーといいます。バイ・スタンダーからメーカー等への請求については，18条ではなく17条の問題と法性決定されることが多いのよ。

ええーっ，「生産物責任の問題だから 18 条だ！」といいたくなるけど，違うんですか？

だって，バイ・スタンダーはドライヤーの引渡しを受けたわけではないから，18 条の「引渡しを受けた地」は関係ないでしょう。これを連結点にして準拠法を決めるのはおかしいと思わない？

なるほど……。火事にあった隣の家の人はドライヤーにはまったく関係ないし，日本にある家の火事にもとづく請求の準拠法がオレンジ国法やアンズ国法になるなんて思わないですよね。それじゃあ，バイ・スタンダーが直接の引渡しを受けた人の同居家族だったような場合はどうですか？

同じ家に住んでいる家族など，引渡しを受けた人と同視できる人の場合には，18 条でよいという意見が多いわね。バイ・スタンダーはいろいろなパターンが考えられるので，問題ごとに考える必要があるのよ。

3 名誉・信用毀損（19 条）

CASE 8-4

5 年前からメロン国のクラブでプレーしている日本人サッカー選手の A（常居所はメロン国）は，世界中のファンが閲覧するオレンジ国会社 B のオンライン・マガジンに，A が過去に暴力行為で逮捕されたことがあるという内容の事実無根の記事が掲載されているのを発見した。A は，自身の名誉が傷つけられたとして，記事を執筆・掲載した B に損害賠償の支払いと謝罪文の掲載を求めた。A の請求の準拠法はどの国の法になるか。

1 名誉・信用毀損とは

CASE 8-4 のように，記事などによって名誉や社会的信用が傷つけられた場合，損害賠償や名誉回復などを求めることができます。これも不法行為の一種ですが，通則法では，生産物責任と同じように 17 条ではなく，特別に定められた 19 条が，**名誉・信用毀損**の原則準拠法を決定しています[7]。

19条によって定まる名誉・信用毀損の準拠法は，名誉・信用毀損の成立と効力に関する問題に適用されます。損害賠償のほかに，CASE 8-4 で求められている謝罪文の掲載のような救済方法が認められるかどうかについても，19条によって準拠法が決定されます。

2 準 拠 法

▶19条

単位法律関係	連結点
名誉・信用毀損	被害者の常居所

19条は，名誉・信用毀損について，被害者の常居所を連結点としています。名誉・信用毀損の場合，①最も重大な損害は被害者の居住地で発生していると考えられること，②被害者の常居所は加害者にとってもわかりやすいことなどがその理由です。被害者が法人その他の団体である場合は，その主たる事業所所在地が連結点となります（19条かっこ書）。被害者の常居所については通常予見可能性は求められていません。

マメ知識 8-② 国際私法における被害者の保護

19条は，被害者にとって身近な法である常居所地法を準拠法とすることで，被害者を保護している規定であるともいえます。自分にとって身近な法が自分にとって有利な法であるとは限りませんが，調べやすい，安心感があるなど，一定のメリットはあるということができるでしょう。国際私法上，被害者や弱者を保護したいというとき，その人にとって身近な法を準拠法とするという方法がよくとられます（消費者契約・労働契約も同様です。⇒第**7**章107頁・117頁）。

notes

7 **他人の名誉または信用を毀損する不法行為**　19条の「他人の名誉又は信用を毀損する不法行為」には，人の社会的信用を低下させる行為が広く含まれます。プライバシー侵害も含まれるかについては議論がありますが，多数説は含まれると考えています。

🐾教えて！サビニャー先生　19条はなぜ必要？

19条が特別に定められたのは，名誉・信用毀損の場合には17条にいう「加害行為の結果が発生した地」も「加害行為が行われた地」も見つけにくいからです。名誉や信用は目にみえないので，そもそも何を「結果」と考えるかも問題になりそうです。それに最近，CASE 8-4のようなインターネット上の情報が問題になるケースが増えているけど，インターネット上では，いったいどこの国で行為が行われて結果が発生したのか，よくわからないわよね。インターネットは情報がアップロードされた瞬間に世界中で閲覧できるようになる，つまり世界中で名誉・信用毀損という「結果」が生じるともいえるから，結果発生地を1つの場所に絞り込むことが難しいのよ。そういう特殊性を考慮して，通則法は，名誉・信用毀損については，結果発生地や加害行為地を連結点とすることはやめて，「被害者の常居所」を連結点とする，専用の19条をおくことにしたのです。

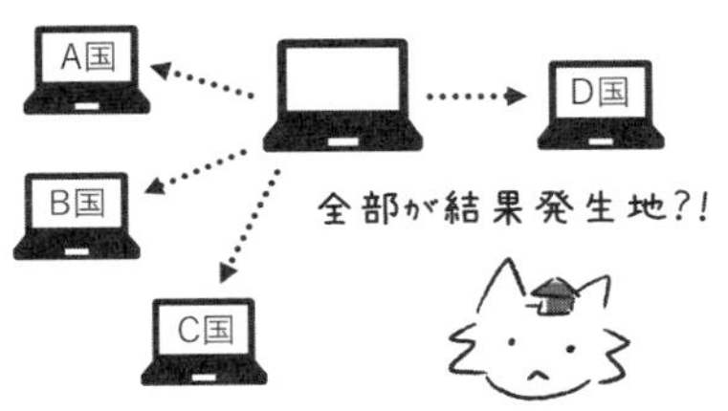

CASE 8-4におけるAのBに対する請求は，謝罪文の掲載が認められるかも含めて，すべて19条の名誉・信用毀損の問題と法性決定できます。Aはメロン国に常居所があるので，メロン国法が準拠法となります。

19条では以上のように名誉・信用毀損の原則準拠法が決まりますが，17条・18条と同じように，20条・21条によって別の法が準拠法になる可能性があることには注意しなければなりません。さらに，準拠法が外国法である場合は，22条によって日本法が累積的に適用されます。

4 不法行為準拠法の例外ルール（20条・21条）

これまでみてきたように，不法行為の準拠法は，内容に応じて17条〜19条のどれかを適用することから始まります。しかし，それだけではまだ準拠法は確定しません。不法行為の準拠法については，個別事情を考慮して，**明らかにより密接な関係のある他の地**の法を準拠法としたり，加害者と被害者が話し合って準拠法を決めたりすることができるよう，2つの例外ルールがおかれています（20条・21条）。このため，17条〜19条で準拠法を定めたあとに，20条・21条を適用して他の法が準拠法となるかどうかを検討して，不法行為の準拠法はようやく確定することになります。

1 例外その1：明らかにより密接な関係がある他の地がある場合（20条）

CASE 8-5

ともに日本に常居所を有するAとBは，アンズ国での山岳ツアーに参加した。トレッキングの最中に，Bが無理な体勢で写真を撮影しようとしてバランスを崩し，隣にいたAにぶつかって転倒させ，Aは両腕骨折の大けがを負った。AがBに対してする損害賠償請求の準拠法は，事故があったアンズ国の法となるべきだろうか。それとも，AとBは日本に常居所を有するという共通点があることで，日本法のほうが準拠法としてよりふさわしいだろうか。

20条は，17条〜19条で定まった不法行為の準拠法の属する地とは異なる，「明らかに」より密接な関係のある他の地がある場合には，その地の法を不法行為準拠法とすると定めています。どのような場合に「明らかに」より密接な関係のある他の地が存在するといえるかは，さまざまな事情を総合的に考慮して判断することになりますが，なかなか難しそうです。そこで20条は，条文のなかで例を2つ挙げて，判断のめやすを示しています。

20条があげる1つめの例は，「不法行為の当時において当事者が法を同じくする地に常居所を有していた」場合です[8]。ここでいう「当事者」とは，不法行為の加害者と被害者のことです。CASE 8-5では，17条で定まる準拠法は，結果（Aのケガ）が発生したアンズ国の法です。しかし，事故の当時，AとBはともに日本に常居所を有していたので，20条により，結果発生地であるアンズ国とくらべて日本が明らかにより密接な関係がある他の地であると考えて，日本法が準拠法とされる可能性は十分にあるでしょう。

20条があげる2つめの例は，「当事者間の契約に基づく義務に違反して不法

notes

[8] **不法行為の当時における同一常居所**　20条は「不法行為の当時において」と定めていますので，不法行為の後に加害者か被害者が引っ越しをして常居所が同じになったような場合は対象外です。

行為が行われた」場合です。たとえば，バスの運転手の不注意で事故が起きて乗客がケガをし，バス会社を訴えるという場合を考えてみましょう。この事故は，不法行為があったといえると同時に，バス会社による運送契約上の義務違反があったということもできます[9]。こうした不法行為は，無関係の当事者の間で起きた不法行為とは異なり，もともと運送契約という一定の関係があった当事者（バス会社と乗客）の間に，しかもその契約に関連して起こったものです。そこで，不法行為地よりも密接な関係のある他の地がある可能性が高いと考えられ，条文中に例がおかれることになりました。この場合の，より密接な関係のある他の地の法とは，契約準拠法のことです。

20条の考え方

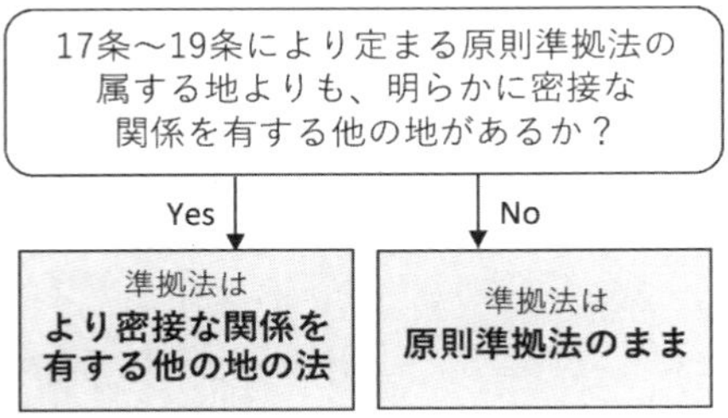

17条～19条により定まる原則準拠法の属する地よりも、明らかに密接な関係を有する他の地があるか？

Yes → 準拠法は **より密接な関係を有する他の地の法**

No → 準拠法は **原則準拠法のまま**

20条の適用に当たっては注意すべき点が2点あります。まず，①条文であげられている2つの例に該当する場合は他の地の法が準拠法になる可能性が高いですが，総合的な判断になるため，準拠法は変わらない（原則準拠法のままとなる）場合もあります。また，②条文であげられている2つの例以外の事情も「その他の事情」[10]として考慮することができます。とはいえ，あまりに簡単に例外を認めると，不法行為準拠法がどの国の法になるかが予測できなくなってしまいますので，その判断は慎重にする必要があるでしょう。

notes

[9] **請求権競合**　この例のように，契約にもとづく請求も不法行為にもとづく請求も両方可能な状態のことを，請求権競合といいます。なお，18条の生産物責任の場合も，不法行為（生産物責任）にもとづく請求のほかに，販売業者に対しては，売買契約にもとづく請求も可能です。

[10] **その他の事情**　たとえば当事者の国籍なども考慮要素になりえます。また，契約に限らず，夫婦・親子など，加害者と被害者との間に一定の法律関係がある場合も，考慮要素になりえます。夫婦については婚姻の効力の準拠法（25条），親子については親子間の法律関係の準拠法（32条）が，明らかにより密接な関係を有する他の地の法となる可能性があります。

2 例外その2：当事者自治（21条）

CASE 8-6

CASE 8-4で準拠法がメロン国法となるとして，AとBが「準拠法はメロン国法ではなくて日本法がいい」と話し合っている。このような当事者の希望はかなえられるだろうか。

CASE 8-6では，当事者が準拠法を選択したいといっています。契約（7条・9条）や夫婦財産制（26条2項）については，当事者が準拠法を選ぶことが認められていましたよね（**当事者自治**）。通則法は，不法行為についても21条で当事者自治を認めています。つまり，加害者と被害者が合意できれば，不法行為の準拠法を選択することが可能です。ただし，21条は不法行為のあとにしか準拠法の合意を認めていません。これは，17条～20条によって不法行為の当時を基準として定められる準拠法を当事者があとから変えることを意味しますので，条文では「選択」ではなく「変更」と書かれています。

当事者による不法行為準拠法の変更は，第三者の権利を害することになるときは，その第三者には対抗できません[11]（21条ただし書）。たとえば，準拠法を変更することで損害賠償の金額が増加し，賠償保険を引き受けていた保険会社が支払う保険金が増加する場合，第三者である保険会社に対して，準拠法変更の効果＝保険金の増額を要求することはできません。

これまでみてきたように，不法行為の準拠法は，まず，17条～19条のどれかによって決められますが，20条によって，明らかにより密接な関係を有する他の地があれば，その地の法が準拠法になります。さらに，加害者と被害者の間で合意がある場合には，21条にもとづき，17条～20条により定められた準拠法を変更することができます。このうち，最も優先されるのは，21条の準拠法です。ですので，最初に準拠法変更の合意があるかどうかをチェックす

notes

[11] **第三者に対抗できない**　対抗できないとされた場合には，その第三者との関係については，変更前の準拠法が適用されます。準拠法変更そのものが無効になるわけではなく，不法行為の当事者間では変更後の準拠法が適用されます。契約準拠法の変更（9条）でも同様に定められています（⇒第7章96頁注[5]）。

るとよいでしょう。それがない場合には，17 条～19 条で準拠法を決定した後，20 条に従って明らかにより密接な関係を有する他の地の法が存在するかどうかを検討して，準拠法を決定することになります。

不法行為準拠法決定プロセスのまとめ

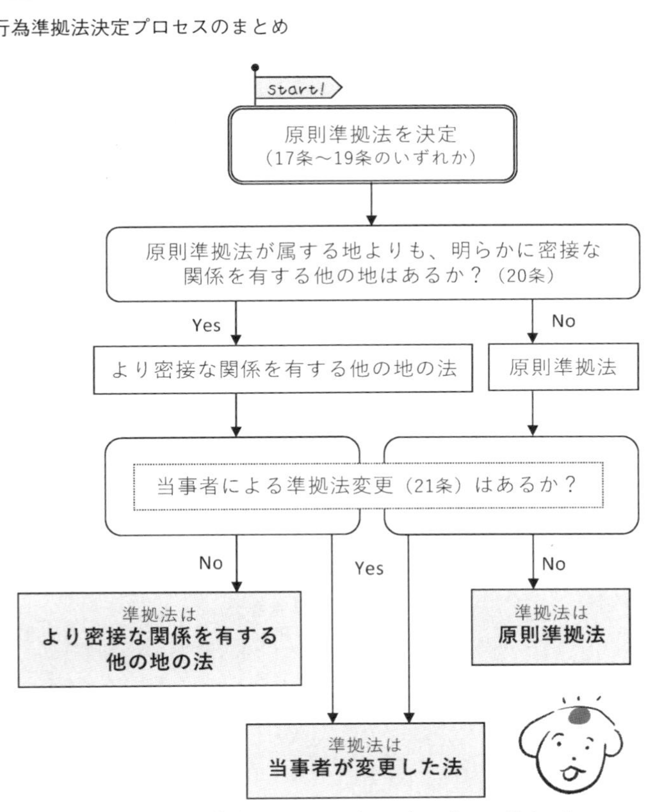

けっきょく、一番優先されるのは自分達で決めた準拠法なんだねー。

5 日本法の累積的適用（22条）

これまでみてきたとおり，不法行為の準拠法は，17条〜21条によって決定されますが，最後にもう1つ，検討しなければいけないポイントがあります。それは，準拠法が外国法である場合に，不法行為の成立と効力について日本法によるダブルチェックをかける22条です。

知識 8-③　懲罰的損害賠償

準拠法によって損害賠償額が異なるのは，損害賠償自体についての考え方や賠償額の算定方法が異なるからです。日本法では，実際に発生した損害を賠償させるという考え方（塡補賠償）です。これに対し，英米法には懲罰的損害賠償とよばれる制度があり，実際の損害に加えて，制裁として高額の賠償が命じられることがあります。22条2項のもとでは，こうした懲罰的損害賠償は，実損害の賠償を超える部分については認められません。

まず，22条1項は，日本法上も不法な行為でなければ，外国法にもとづく損害賠償などの請求は認められないとしています（不法行為の成立についての日本法による制限）。たとえば，準拠法となる外国法では婚姻中の夫婦の一方が異性と話をしただけで不貞行為となり，不法行為が成立するとしても，日本法ではそうならないので，「損害賠償その他の処分」を求めることはできません。

次に2項は，日本法が認める範囲内でしか「損害賠償その他の処分」を求めることを認めていません（不法行為の効力についての日本法による制限）。たとえば，準拠法となった外国法によれば合計500万円相当の損害賠償の支払いが認められるような場合であっても，日本法では150万円しか認められない場合には，150万円まで金額が引き下げられます。また，準拠法で認められる救済方法であっても，日本法で認められない場合には，その救済は被害者には与えられません。

不法行為準拠法と22条

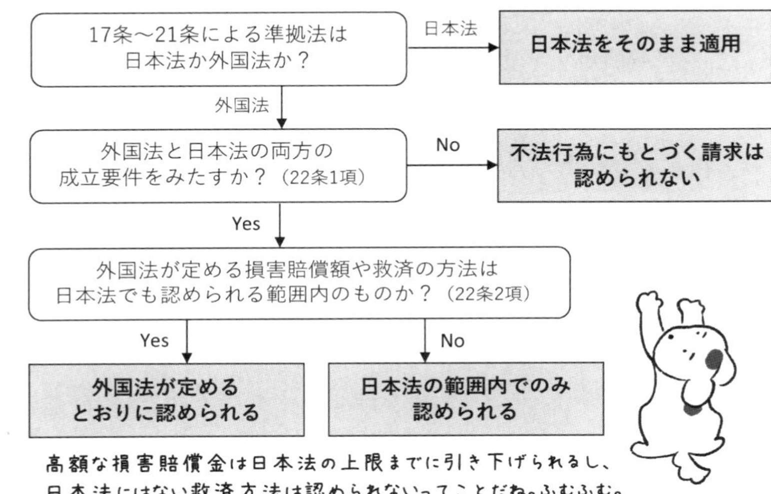

サビニャー先生，22条ではなぜ突然日本法が出てくるんですか？準拠法だけでも頭がいっぱいいっぱいなのに！

そう思うのもよくわかるわ。22条がおかれている理由として，まず，不法行為の問題は公益にかかわるからといわれているわ。また，懲罰的損害賠償という，制裁としてものすごい額の損害賠償の支払いを命じる外国法の適用をキッパリ否定するために必要などともいわれています。でも，不法行為に限らず外国法を適用した結果をチェックする規定は他にもあったわよね。だから22条は不要だという意見も多いのよ。

えーっと。なんだったかな。あっ，42条の公序ですか？

そうそう。第**2**章で勉強したわよね。

じゃあ，22条と42条は同じということですか？

日本法の観点からチェックするというところは同じだけど，違う部分もあります。たとえば，42 条では外国法の適用結果が日本法のそれと違うだけでは公序違反にならないけど，22 条では外国法が日本法よりも加害者に重い責任を課していたら，その部分についてはすべて日本法が優先されるの。その一方で，外国法の認める賠償額が日本法の認める額より少ないときのように，日本法が外国法よりも加害者に重い責任を課すときは，22 条は問題にならないけど，42 条は問題になる可能性があります。

Column❻ 事務管理と不当利得

事務管理・不当利得にもとづく債権の成立・効力の準拠法についても，不法行為と同じく，原則となる準拠法を定める規定（14 条）と，例外規定（15 条・16 条）とが組み合わされています。ただし，22 条に相当する規定は，事務管理・不当利得にはありません。

事務管理・不当利得の準拠法を定める 14 条は，「その原因となる事実が発生した地の法」を準拠法としています。つまり，事務管理については事務管理が行われた地の法，不当利得については不当利得が発生した地の法が原則として準拠法となります。

例外規定の 1 つめである 15 条は，20 条と同じ趣旨の規定で，14 条で定まった準拠法の属する地よりも明らかにより密接な関係がある他の地がある場合には，その地の法が準拠法となります。また，16 条は 21 条と同じく，当事者による準拠法変更（当事者自治）を認めています。したがって，当事者による準拠法変更があった場合にはそれが最優先され（16 条），準拠法変更がなかった場合には，14 条・15 条にもとづき準拠法が決定されるということになります。

CHAPTER

第9章

物　権

条文関係図

- 物　権
  - 成立・効力【13条1項】
  - 物権変動【13条2項】

INTRODUCTION

さて，皆さんは今，『ストゥディア国際私法』という本を読んでいますが，皆さんが手にしているこの本は，皆さんが買ったものでしょうか？　図書館から借りてきたものでしょうか？　それとも本屋さんで立ち読み中でしょうか？

どうしてこのような質問をするかというと，この章で扱う**物権**について，皆さんに考えてほしいからです。物権とは物に対する支配権です。つまり，ある物をどのように支配し，利用することができるのか，その支配や利用の方法に何らかの制限があるのか，あるとすればどのような制限か，ということが物権の種類や内容によって決まります。

上の質問のように，買った本であれば，日本法でいえば，「所有権がある」ことになりますが，図書館で借りているのであれば，「所有権はないけれども占有権はある」ことになります。また，本屋さんで立ち読み中であれば，「所有権も占有権もない」ことになり，一時的に本を手にしているだけです。そして，同じ本を読んでいても，どういう物権をもっているかによって，その本に対して何を主張できるのかが決まります。ここで「所有権」や「占有権」と書いていますが，これはあくまでも日本法を前提にした話です。じつは物権もその内容や種類など国によってさまざまです。つまり上に書いた説明も準拠法が違えばまったく違うものになるかもしれないのです。

本章では，物に対してもっている支配権や利用権，つまり物権について，準拠法をどのように決めるのか，を学びます。

CASE 9-1

オレンジ国に住む日本人Aは，有名な画家Bの絵画を日本で購入し，オレンジ国にそれを持って帰国した。ところがオレンジ国ではその画家の絵画について個人所有が認められていないと現地の弁護士から忠告を受けた。その絵画が所有権の対象となるかどうかについては，どの国の法によって判断されるか。

CASE 9-2

レモン国に住む日本人Aは日本に住む日本人Bとの間で，Aがレモン国で所有する宝石の売買契約を締結した。この売買契約の準拠法は日本法である。AがBに宝石を引き渡す前にAはオレンジ国に引っ越した。レモン国法によると所有権は売買契約の締結をすれば移転するが，オレンジ国法では引渡しがないと所有権は移転しない。この宝石の所有権はAからBに移転しているか。

1 物権とは

物権とは，物に対してどのような権利を有しているかについて規律するものです。ここでいう物には，本やペン，スマホ，机など動かしたり，持ち運んだりできるもの（動産）も含まれますが，土地や建物などの動かせないもの（不動産）も含まれます。代表的な物権としては，所有権や占有権，担保物権などがあります。

物権について準拠法を定めているのは13条です。13条1項はどのような物が物権の対象となるのか，どのような種類の物権が認められるのか，また，その物権がどのような効力をもっているのかなどの問題について，準拠法を決めています。13条2項は，物権が成立したか，だれが権利をもっているのかについて変更があったかなどの問題が生じたときに，準拠法をどのように決定するかを定めています。

2 準 拠 法

▶13条1項

単位法律関係	連結点
物権の成立・効力	目的物の所在地

▶13条2項

単位法律関係	連結点
物権の得喪 （物権変動）	原因事実完成時の 目的物の所在地

13条1項は「動産又は不動産に関する物権及びその他の登記をすべき権利は，その目的物の所在地法による」とし，2項は，物権等の「権利の得喪は，その原因となる事実が完成した当時におけるその目的物の所在地法による」としています。つまり動産も不動産も「目的物の所在地」を連結点として準拠法を決めています。これは，物に関する権利については，その物が所在している場所が一番関係を有しているし，また，だれにとってもわかりやすいからです。1項と2項の具体的な違いについては，あらためて説明します。

メモ 知識9-① 登記をすれば物権？

13条1項の「その他の登記をすべき権利」とは，もともと「物権」ではないけれども「登記」をすれば物権と同じような効力（対抗力などの対世的な効力）を有するようになる「権利」のことです。

登記すれば物権と同じような効力をもつ権利としては，たとえば日本の民法でいえば，不動産賃借権（民法605条や借地借家法10条）があります。

「所在地」とは？

13条は物の所在地を連結点としていますが，物の所在地はどうやって決まるのでしょうか。「そんなの簡単じゃないか」と思われるかもしれませんが，ちょっと考えてみましょう。

まず，土地や建物などの不動産は，そもそも動かせない物ですから，その「所在地」は簡単にわかりますね。また，たとえばアクセサリーや本などの動かせる動産では，いま実際に所在している場所が「所在地」になります。ですから，旅行中にアクセサリーをなくしてしまって，それを見つけた人ともともと持っていた人の間でどちらが所有者なのかで争いとなったとしたら，実際にそのアクセサリーが所在している国の法でどちらに所有権があるのかを決めることになります[1]。

問題は，船や飛行機のように動くことを目的として作られている物の所在地です。これらの物は，利用されている限り，いろいろな場所を移動します。移動しているからこそ価値があるともいえます。このような物についてもそれが実際に存在する場所を基準にしてしまうと，基準となる場所が次々に変わってしまい，物権の準拠法が移動とともに変わることになってしまいます。これでは非常に不安定で困るので，現実の所在地ではなく，船や飛行機が登録されている国（旗国など）[2]を基準にするという考え方が一般的です。

知識 9-② 担保物権とは

担保物権とは，債権を確保するために，特別に物に対して設定することができる特殊な物権のことをいいます。たとえば，マンションや土地を買うために銀行からお金を借りるときに，「○○を担保にして」という言い方をしますよね。この言葉を法律的に解説すると，銀行からお金を借りる（＝金銭消費貸借をする）ために，当該（金銭消費貸借）契約にもとづくお金を返す義務（銀行側からみればお金を返してもらう権利＝金銭返還請求債権）を対象として，購入の目的となるマンションや土地に「抵当権」といわれる担保物権を設定するということになります。お金を返せなかった場合，担保物権が設定されている不動産をお金に換えて借金を返済することになります。

なお，担保物権も物権の１つですが，担保物権の準拠法については 13 条だけで決定されるとは限りません。

notes

[1] **移動中の物の所在地？**　移動中の物については，所在地を決定するのが難しく，また，仮に決められたとしても，たとえば公海上に所在しているような場合も考えられるため，物理的な所在地よりも，物が送られる先である「仕向地（しむけち）」を所在地と考えるべきであるとされています。

[2] **登録国で大丈夫？**　本文に書いたように，船，飛行機，車などについては登録国を基準とする考え方が長年通説の立場でした。しかし，平成 14 年の最高裁判決（最判平成 14 年 10 月 29 日民集 56 巻 8 号 1964 頁）では，車について，公道を走れる状態かどうか（＝運行の用に供しうるか）を基準として現実の所在地による場合（公道を走れない場合）と登録国を基準とする場合（公道を走れる場合）とがある，との考え方が示されています。

1項と2項の違い

さて，最初に条文をみたように，13条1項と2項は条文の内容が似ているようで，でも違っています。具体的にどのように違っているのでしょうか。

13条1項と2項の違い

問題となる事柄	連結点
13条1項：物権の得喪以外の物権に関する問題 ・どのような物が物権の対象となるのか ・動産と不動産の区別の基準 ・認められる権利の種類 ・認められる権利の効果・内容・存続期間など	現在の物の所在地 ＝物が動くと準拠法も変わる
13条2項：物権の得喪に関する問題 ・物権変動に関することすべて ⇒問題となる権利の発生・変更・消滅など	原因事実完成時の物の所在地 ＝物が動いても準拠法は変わらない

まず，連結点に関して異なる点は，1項では「いつの時点」での目的物の所在地なのか書かれていませんが，2項では「原因となる事実が完成した当時における」目的物の所在地であると書かれていることです。

この違いを理解するために，それぞれが対象としている問題をもう少し考えてみましょう。1項は，「動産又は不動産に関する物権及びその他の登記をすべき権利」について「目的物の所在地法」を適用する，と定めています。ここで対象としている問題は，物権の中身，種類，物権として認められたときにどのようなことを主張できるのかなどです。こうした事柄については，問題となるたびに，そのときどきに物が所在している場所の法律をみなければなりません。これはつまり，ある物に対して主張できる権利は，物が移動するたびにその中身が変わるということです。CASE 9-1 では，日本で認められていた権利と同じ権利が移動後のオレンジ国でも認められるとはかぎらないのです。現時点でどのような権利が認められるかはオレンジ国法で決まります。

それに対して，2項は，1項に規定する「**権利の得喪**」としています。ここでいう「権利の得喪」とは，一般的には**物権変動**といわれます。2項は，いま問題になっている「物」に対する権利の内容やどのようなことを主張できるかではなくて，どのような要件をみたせば，物権を手に入れたり，失ったりするかを対象にしています。このような「物権」に生じた変化（物権の得喪）については，CASE 9-2 からもわかるように，各国の物権変動に関する法律が異なっていることを考えると，準拠法の決定時点を変化が生じた時点に固定しなければ，だれが物権をもっているのかがはっきりと決められません。その結果，権利関係が非常に不安定になってしまいます。そのため，2項は1項とは違って，決定時点を固定しているのです。

CASE 9-1 では，A が日本で購入した絵画が「所有権」という物権の対象となるかが問題とされています。このような問題は，上の表にもあるように物権の対象の問題ですから，13条1項で決まる準拠法によります。したがって現在の物の所在地の法，すなわち，オレンジ国法によって判断され，所有権の対象にはなりません。この絵画が日本にある間は，日本法が準拠法となって絵画が所有権の対象となるか判断されることになりますが，それが移動すれば移動した先の地の法によってあらためて対象となるかどうかを判断し直さなければならないということになります。

これに対して，CASE 9-2 では売買契約の対象である宝石の所有権が A から B に移転したかどうかを決める準拠法が問われています。ここで使わなければならない条文は13条2項です。それによると原因となる事実が完成した当時（＝CASE 9-2 であれば売買契約が締結された時点）における目的物の所在地法によって，A から B に所有権が移転したかどうかが決まります。CASE 9-2 では，問題となっている宝石は売買契約締結時点ではレモン国に所在していましたから，レモン国法が準拠法になることがわかります。つまりレモン国法が売買契約の締結で所有権の移転を認めていますので B は所有権を取得しています。

サビニャー先生！ CASE 9-2 では A と B の契約は，日本法を準拠法にしてますよね？ それなら A から B に宝石の所有権が移転したかどうかも日本法をみればいいと思うのですが……。契約の準拠法さえ決まれば契約に関係する問題は全部解決するって言ってたじゃないですか。

そう言いたくなる気持ちもわかるけど，売買契約の問題とその対象となっている物自体の問題とは分けて考えないといけないのよ。

でもせっかく準拠法を決めたのに，その契約で買ったものがだれのものかという肝心の問題が契約の準拠法では決まらないというのはおかしくないですか？

民法で勉強したように，物権というのは，世界中のだれに対しても「これは自分のものだ！」と言える権利で，まったく見ず知らずの人が盗んだ場合でも，盗んだ人に対して「返してよ！」ということができる権利よね。

そうですね。そういうのを絶対効というって勉強しました。

そうそう。それに比べて，契約で発生する，物の引渡しを求める権利というのは，契約の当事者間でしか主張ができない権利よね。

そうか。契約上の債権は相対効しかないっていうことですね。

よく勉強してるわね，ワンチーニくん。このように物権と債権とはまったく性質の違う権利だから，準拠法についても別々に法性決定をして，別々の問題として取り扱う必要があるのよ。

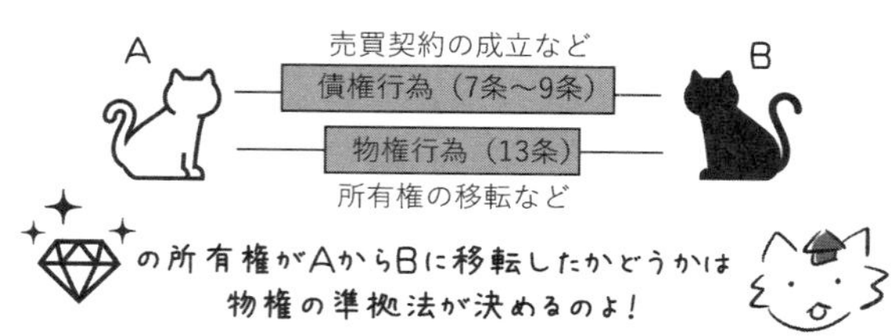

Column ❼ 個別準拠法は総括準拠法を破る！？

ちょっとここで，第**6**章で勉強した「相続」のことを思い出してみてください。通則法36条には「相続は，被相続人の本国法による」と書かれていたことを覚えているでしょうか？　つまり，ある人が亡くなったとき，その人の財産がどうなるかについては亡くなった人（＝被相続人）の本国法で決まるということでしたよね（⇒85頁以下）。

たとえば，被相続人の本国であるレモン国の法律では，相続の対象となる財産をすべて相続人に分配することになっているとしましょう。ここで，相続の対象となる財産の一部が，オレンジ国にある土地だったとします。オレンジ国民法では，土地の所有者が死亡した場合，土地の所有権は，相続人がいたとしても，必ず国に帰属すると定められていた場合どうなるでしょうか？　この場合，土地の所有権を規律するオレンジ国法（＝物権の準拠法）をまったく無視して，レモン国法（＝相続の準拠法）だけをみて被相続人の土地の登記などを相続人に移そうとしても，認めてもらえないことになりそうですね。

このように被相続人の財産が全体としてどうなるのか，ということを決定する準拠法（総括準拠法）だけでは，個々の財産の処理ができず，個々の財産を規律する準拠法（個別準拠法）も適用しなければならないことがあります。こういう場合に「個別準拠法は総括準拠法を破る」という原則があるからだと説明されることがあります。ただし，そもそもこのような原則があるのかどうかについて，学説は分かれています。

同じような問題は，夫婦財産制の準拠法と物権準拠法，相続の準拠法と不法行為の準拠法などいろいろな場面で出てきます。

CHAPTER

第10章

人の能力

条文関係図

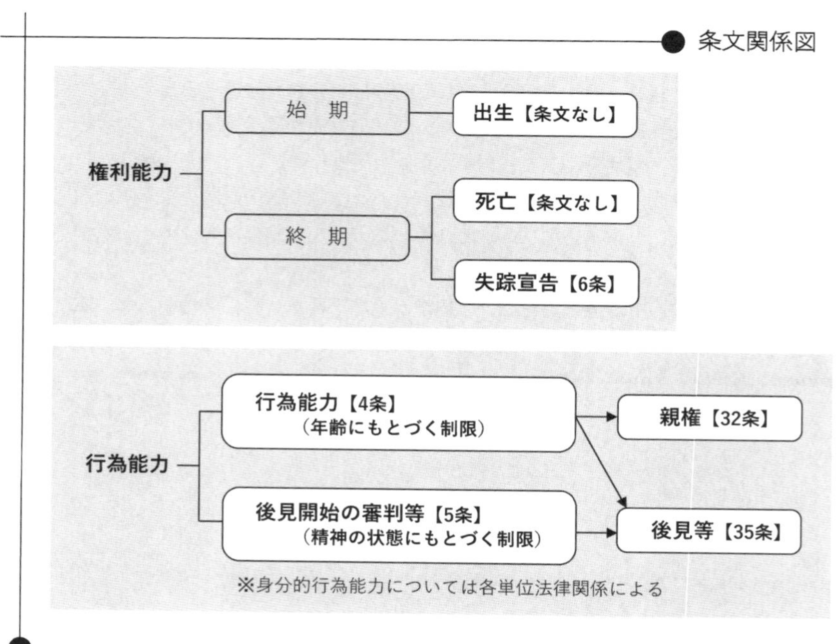

INTRODUCTION

これまでに皆さんは，婚姻や相続などの家族関係，そして契約や不法行為などの財産関係に関する通則法のルールを勉強しました。本章では，これらの行為をする「人」に着目して，「人の能力」の準拠法を考えます。人の能力というと，頭が良いとか足が速いといった個人の才能を思い浮かべるかもしれませんが，ここでは「何かをするために必要な法律上の資格」という意味での能力が対象となります。具体的には，権利を取得し義務を負うことができる資格として**権利能力**が，そして単独で契約などの法律行為をすることができる資格として**行為能力**[1]があります。

権利能力は，生きている人に認められる能力なので，ふつうは出生により取得し，死亡により喪失します。権利能力の喪失に関連して，行方不明の人を死亡したとみなす**失踪宣告**という制度がありますが，通則法は，とくにこれについて6条でルールを定めています。他方で，行為能力は生きている人ならだれにでも認められるわけではなく，年齢や精神の状態を理由に制限されることがあります。通則法は，年齢による制限については行為能力の問題として4条で，そして精神の状態による制限については**後見開始の審判等**の問題として5条で，それぞれルールを定めています。行為能力が制限された人は単独では法律行為を行えないので，能力の補充つまり別の人からのサポートが必要です。未成年者をサポートする制度として親権がありますが，親権者がいないときのサポートや成年者をサポートする制度として**後見等**があり，通則法は，これについて35条でルールを定めています。

本章では，権利能力，行為能力の順に，能力の有無や能力の制限・補充に関する問題を勉強します。

notes

[1] **意思能力と行為能力**　法律行為をするためには，自分がしている行為の効果を理解できる判断力が必要です。これを「意思能力」といいます。意思能力の有無は個別に判断されますが，取引のたびにいちいち確認するのは大変です。そこで，「意思能力があり，単独で法律行為ができる資格」として，「行為能力」という制度が作られました。

1 権利能力

CASE 10-1

日本に住むメロン国人男Aと日本人女Bは夫婦であり，2人の間には日本人の子Cがいて，Aの両親は健在である。メロン国法によれば子どもは法定相続人とされているが，次の各場合において，CはAの相続人になるか。

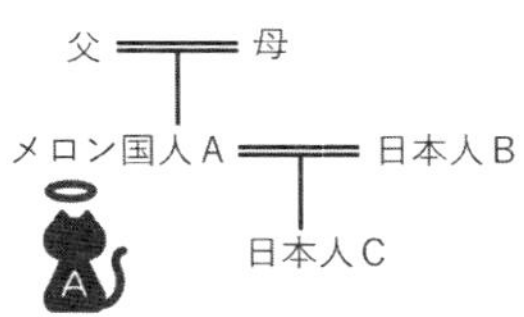

(1) BがCを妊娠中に，Aが交通事故で死亡した場合。なお，日本法は相続権について胎児に権利能力を認めているが[2]，メロン国法はこれを認めていない。

(2) AとC（4歳）が一緒に乗っていた飛行機の墜落事故で死亡し，死亡の順序がわからない場合。なお，親子のように相手の財産を相続できる立場にある人が同一の事故で死亡した場合，日本法は同時に死亡したと推定するが[3]，メロン国法は年長者が先に死亡したと推定する。

1 権利能力とは

知識 10-① 民事死

権利能力を喪失する原因として，死亡や失踪宣告のほかにも重犯罪者を民事上死亡したものとして扱う「民事死」という制度も考えられます。日本には存在したことのない制度ですが，かつてイギリス，フランス，ドイツなどにありました。

権利能力は，生きている人であればふつうはだれにでも認められます。ある人の権利能力は，出生により始まり，死亡により終了するのが原則です。しかしたとえば，胎児に相続権や不法行為にもとづく損害賠償請求権があるのか（胎児から権利能力が開始するのか）が問題になったり，夫婦や親子のように互いに相手の財産を相

notes

[2] **胎児と権利能力**　日本の民法では，①不法行為にもとづく損害賠償請求権（721条），②相続権（886条），③遺贈（965条）に関しては，胎児を生まれたものとみなしてその権利能力が認められています。したがって，たとえば妻の妊娠中に夫が交通事故で死亡した場合には，後日生まれた子にも加害者に対する損害賠償請求権や亡くなった父の財産の相続権が認められます。

[3] **同時死亡の推定**　日本の民法では，事故や災害などで複数の人が死亡し，死亡の先後が不明の場合，同時に死亡したと推定されます（32条の2）。

続できる立場にある人が同一事故で死亡した場合などの死亡の順序（一方が先に死亡したとみて他方の財産を相続するのか，それとも同時に死亡したとみて互いに財産を相続しないのか）が問題になったりするときは，権利能力の始期・終期を決める準拠法を考える必要があります。そのほかにも，長期間の行方不明や災害などで生死不明の人（不在者）については，「失踪宣告」という制度が問題になります。

> **メモ 知識 10-② 外国人と権利能力**
>
> 日本の民法は，「私権の享有は，出生に始まる」（3 条 1 項）としていますが，外国人については，「外国人は，法令又は条約の規定により禁止される場合を除き，私権を享有する」（3 条 2 項）としているので日本人よりも権利が制限される場合があります。

通則法には，権利能力そのもの，つまりその有無に関するルールはありませんが，失踪宣告については6条にルールがあります。

2 準 拠 法

通則法には，「権利能力」を単位法律関係とする条文はありませんが，あとでみる行為能力（4条）と同じように，その人の本国法によると解されています。といっても，どの国の法も生きている人に権利能力を認めているので，通常は，本国法をみて権利能力の有無をわざわざ確認するまでもないでしょう[4]。権利能力の準拠法を決める必要があるのは，CASE 10-1 のように，相続などの個別の法律関係と関連して権利能力の始期や終期が問題になるときです。多数説によると，このように特定の法律関係との関連で権利能力の有無が問われる場合は，その法律関係の準拠法を適用して判断します。

CASE 10-1 において，死亡したＡの財産の相続人がだれなのかは「相続」の問題と法性決定されるので，相続の準拠法（36条）（⇒第**6**章85頁以下）によって決まります。相続の準拠法は被相続人Ａの本国法であるメロン国法であり，同法によると子どもは法定相続人とされているので，子ＣがＡの死亡時

notes

[4] **人と権利能力**　現在では，生きている人に対する権利能力を否定する奴隷制のような法律をもつ国は想定しにくいですが，かりに外国人の本国法にこのような制度があっても，このような法を適用することは 42 条の公序に反するとして排除されるので，結局のところ権利能力が認められるでしょう。

に権利能力を有していればＣはＡの相続人になります。CASE 10-1(1)では，Ａの死亡時にＣは胎児なのでＣが権利能力を有するか（権利能力の始期）が問題になります。これも相続の準拠法であるメロン国法によると考えるならば，胎児には権利能力が認められず，ＣはＡの相続人になれません。CASE 10-1(2)では，ＡとＣは同一の事故で死亡しており，Ａの死亡時にＣが権利能力を有していたか（権利能力の終期）が問題になります。これも相続の準拠法であるメロン国法によると考えるならば，年長者であるＡが先に死亡した，つまりＡが先に権利能力を喪失したものと推定されます。そうすると，Ａの死亡時にＣは権利能力を有していたことになるので，ＣはＡの相続人になれます[5]。

教えて！サビニャー先生　相続と権利能力の準拠法

CASE 10-1 のように，相続との関連で権利能力の始期や終期が問題になるとき，多数説は相続の問題の一環として相続の準拠法によると考えるけど，この場合も権利能力の有無が問われている本人の本国法で判断すべきという見解もあるのよ。この見解によると，CASE 10-1 においてＣに権利能力があるかどうかは，本人Ｃの本国法である日本法で判断されることになるわ。そうすると，日本法によれば相続に関しては胎児にも権利能力が認められるから，(1)ではＣはＡの相続人になれます（民法 886 条）。また，日本法によれば同時死亡が推定されるから（民法 32 条の 2），(2)ではＡの死亡時にＣは権利能力を有していなかったことになるので，ＣはＡの相続人になれません。

2 失踪宣告（6 条）

CASE 10-2

レモン国人Ａはオレンジ国へ出張中に行方不明になり，現地の警察が捜査したものの，10 年経過した現在も何の手がかりもない。Ａの生存をあきらめたＡの子Ｂは，日本国内にあるＡの所有する土地を処分し，またＡを被保険者とする生命保険

notes

[5] **Ｃの財産の行方？**　ＣがＡの財産を相続するといっても，Ｃは死亡しているので今度はＣが相続した財産の相続が問題になります。相続の準拠法は，被相続人Ｃの本国法である日本法となり，日本法によれば配偶者も子どももいないときは親が全財産を相続するため，ＣがＡから相続した財産はすべて母Ｂが相続することになります。

（準拠法は日本法）の死亡保険金を受け取りたいと考えて，日本の裁判所にAの失踪宣告を申し立てた。次の各場合において，日本の裁判所は日本法にもとづいて失踪宣告をすることができるか。

(1) Aが行方不明の直前まで日本に住所を有していた場合。

(2) Aが行方不明の直前までレモン国に住所を有していた場合。

1 失踪宣告とは

知識 10-③ 日本の民法と失踪宣告

日本の裁判所は，失踪宣告に関してはつねに日本法を適用するので，通常は，不在者が7年間生死不明ならば利害関係人の請求により失踪宣告をすることができます（普通失踪，民法30条1項)。

権利能力は死亡により終了しますが，長期間の行方不明（失踪）や災害などで生死不明の人（不在者）の権利能力はいつ終了するのでしょうか。実際に死亡が確認されるまで終了しないとすると，関係者は不在者の財産を処分できず，配偶者も再婚できないなどいつまでたっても宙ぶらりんの状態になって困ってしまいます。そこでこのような状況に対処するために，日本には**失踪宣告**という制度があります。日本の裁判所は，「不在者が○年間生死不明」などの一定の要件をみたす場合に，利害関係人の申立てを受けて失踪宣告を行い，これにより不在者は法律上死亡したものとみなされます。

通則法6条は，「失踪宣告」を単位法律関係としていて，日本の裁判所で失踪宣告ができる場合（**国際裁判管轄⇒第14章**）を決めたうえで，日本で裁判するときはつねに日本法を適用するとしています。

ワンチーニくん，これまでに勉強した通則法のルールは本国とか行為地などの連結点に従って準拠法を決めるものだったけど，6条は日本の裁判所で失踪宣告の裁判ができるかどうかという国際裁判管轄も決めているのよ。

準拠法は決めていないのですか？

そうではないの。6条は他の条文のように連結点を定めて準拠法を決めるという内容ではないけど，「日本の裁判所で裁判するときは，日本法を適用する」としているから，「準拠法はつねに日本法」という形で準拠法を決めています。

日本で裁判できるかどうかという国際裁判管轄は，離婚や契約など他の場面でも問題になりそうですが……。

そのとおりよ。通則法は，6条の失踪宣告とあとで勉強する5条の後見開始の審判等については国際裁判管轄も定めているけど，これは例外なの。国際裁判管轄に関するルールの多くは，民事訴訟法や人事訴訟法など別の法律のなかにあります。くわしくは，第**14**章で勉強しましょう。

2 日本の裁判所の国際裁判管轄と準拠法

▶6条

単位法律関係		管轄と準拠法
失踪宣告	1項	不在者の最後の住所・国籍が日本にあるとき 日本に管轄あり⇒準拠法は日本法 （失踪宣告の効力は **包括的**）
	2項	不在者の最後の住所・国籍が日本にないとき **日本国内の財産**　**日本にかかわる法律関係** についてだけ 日本に管轄あり⇒準拠法は日本法 （失踪宣告の効力は **限定的**）

6条1項によれば，不在者が生きていたと認められる最後の時点で，不在者が日本に住所を有していたとき，または日本国籍を有していたときは，日本の裁判所に国際裁判管轄が認められます。準拠法はつねに日本法なので，裁判所は民法の要件をみたしていれば失踪宣告をすることができます。1項に該当しない場合，つまり不在者が日本に住所を有しておらず，日本国籍も有していなかった場合には，不在者と日本との関連性が弱いので，日本では失踪宣告をしないのが原則です（このような不在者をどう扱うかは，不在者と関連性が強い別の国

6条1項と2項の違い

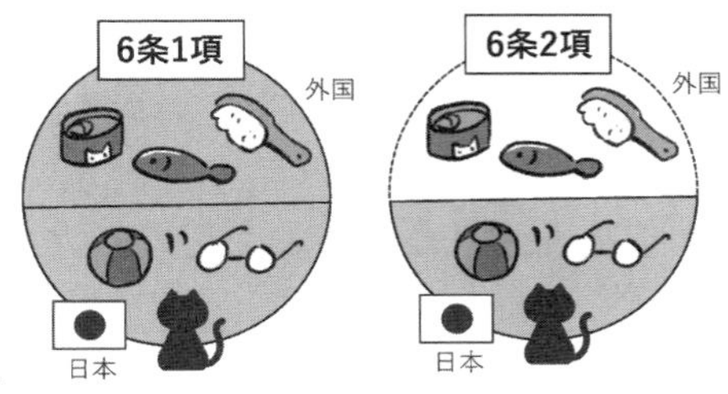

が判断すべきでしょう)。しかし，この場合でも2項は，①不在者の財産が日本国内にあるとき，②不在者に関する法律関係が日本に関係があるときは，例外的に日本に関連する問題に限定して日本の裁判所に国際裁判管轄を認めています。②の「不在者に関する法律関係が日本に関係があるとき」とは，法律関係の準拠法が日本法の場合や，その法律関係の性質，当事者の住所または国籍その他の事情に照らして日本に関係がある場合とされています。2項にもとづく国際裁判管轄はあくまでも限定的なので，失踪宣告ができるとしてもその効力は1項とは異なります。すなわち，1項による失踪宣告の効力は，不在者のすべての財産・法律関係に及ぶ包括的なものであるのに対して，2項による失踪宣告の効力は，日本国内の財産や日本に関係する法律関係にしか及ばない限定的なものです。

CASE 10-2(1)では，不在者Aの最後の住所が日本なので，6条1項により日本に国際裁判管轄があります。日本法の要件をみたせば裁判所は失踪宣告をすることができ，その効力はAのすべての財産・法律関係に及びます。これに対して，CASE 10-2(2)では，Aの最後の住所はレモン国にあり，またAは日本国籍を有していなかったので1項には該当しません。もっとも，Aは日本国内に土地を所有し，また，Aを被保険者とする生命保険契約の準拠法は日本法なので，2項により，日本に関係があるこれらの問題にかぎり日本に国際裁判管轄があります。日本法の要件をみたせば裁判所は失踪宣告をすることができますが，その効力は日本国内の土地や生命保険契約にしか及びません[6]。

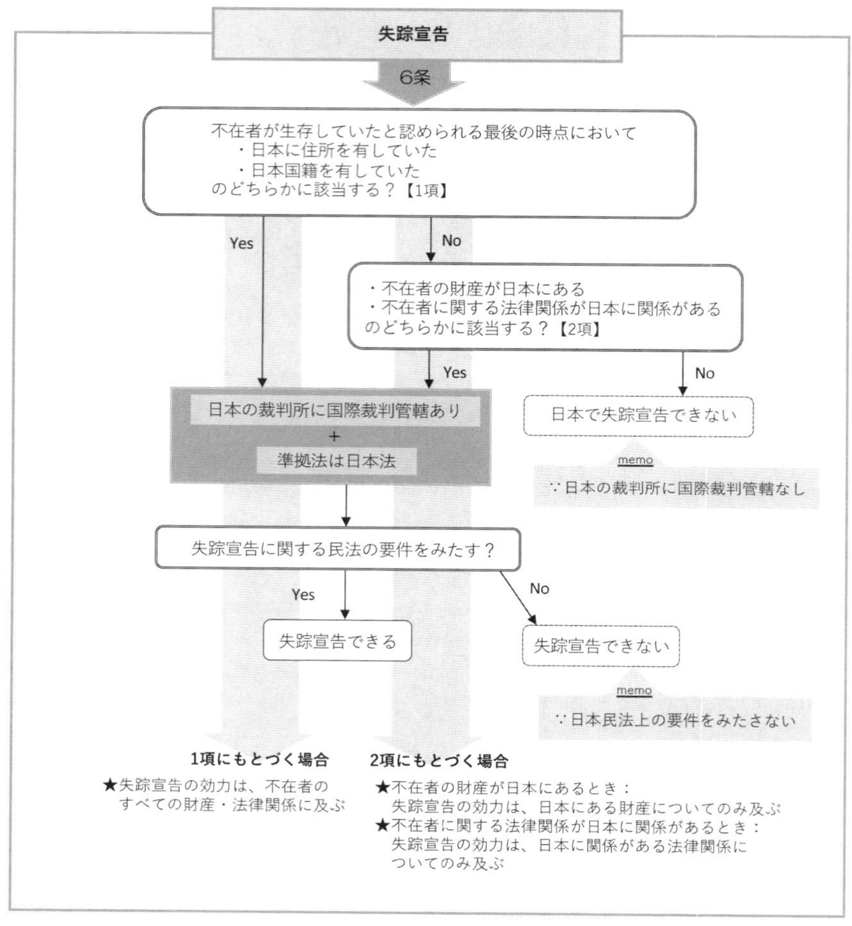

notes

⑥ **日本国内の土地にのみ効力が及ぶ失踪宣告とは？**　CASE 10-2(2)において，失踪宣告の効力は日本国内の土地にしか及ばないというのは，失踪宣告によって相続が開始しても，日本国内にある土地だけが相続の対象になるということです。

3 行為能力（4条）

CASE 10-3

17歳の日本人Aは，オレンジ国の宝飾店Bから100万円の宝石を購入し，代金を支払った。しかし，しばらくしてAは，「私は未成年なので，親の同意なしにした売買契約を取り消したい」として，代金の返還を求めた。次の場合に，Aの主張は認められるか。なお，オレンジ国の成年年齢は17歳であり，日本法もオレンジ国法も，未成年者が契約したときは，これを取り消すことができるとしている。

(1) Aがオレンジ国にあるBの店頭で宝石を購入した場合。

(2) 日本にいるAがBの運営するインターネット上の店舗からオンラインで宝石を購入した場合。

1 行為能力とは

権利能力とは異なり，**行為能力**は生きている人ならだれにでも認められるというわけではありません。たとえば，どんなにお金持ちでも，5歳の子どもが自分だけの判断で100万円の商品を買うことはできませんよね。一定の年齢に達しない人は**未成年者**として行為能力が制限され，単独では契約を結ぶことができず，親権者など法定代理人の同意が必要とされているからです。未成年者にとっては不便かもしれませんが，一般に未成年者は判断能力が不十分と考えられるので，ひとりで判断して損害を被ることのないよう，行為能力を制限して未成年者を保護しているのです[7]。通則法4条は，「行為能力」を単位法律関係としていて，主として契約の場面で問題になる年齢による行為能力の制限を対象としています。「行為能力」には，何歳にな

契約の準拠法と行為能力の準拠法

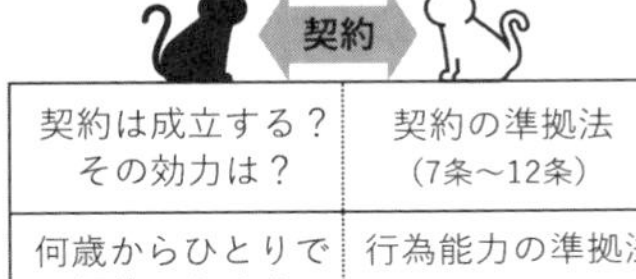

契約は成立する？その効力は？	契約の準拠法（7条～12条）
何歳からひとりで契約できる？	行為能力の準拠法（4条）

notes

[7] **未成年者と契約の取消し**　日本法では，法定代理人の同意を得ずにした契約は，未成年者本人または法定代理人が取り消すことができるとされています（民法5条，120条1項）。

れば成年か（成年年齢），未成年の場合には親権者の同意などが必要か，未成年者がした契約は取り消すことができるか，未成年者が婚姻すると成年者とみなされるか（成年擬制）などの問題が含まれます[8]。契約の成立や効力は第**7**章で学んだ契約の準拠法（7条～12条）によって決まりますが，契約しようとする当事者に行為能力があるかどうかは，契約の準拠法とは切り離して4条によって決定されることに注意しましょう。

教えて！サビニャー先生　行為能力いろいろ

4条は行為能力を単位法律関係としているけど，その対象となるのは契約などの財産的法律行為をするための能力なの。婚姻，認知，養子縁組，遺言などの身分的法律行為をするための能力は，各法律行為の準拠法によって判断されます。たとえば，何歳から婚姻できるかは婚姻の成立の準拠法（24条1項），何歳から認知できるかは認知の準拠法（29条）によるといった具合にね。能力といえば，そのほかに「不法行為能力」もあるけど，これは不法行為の準拠法（17条以下）によって判断されるのよ。

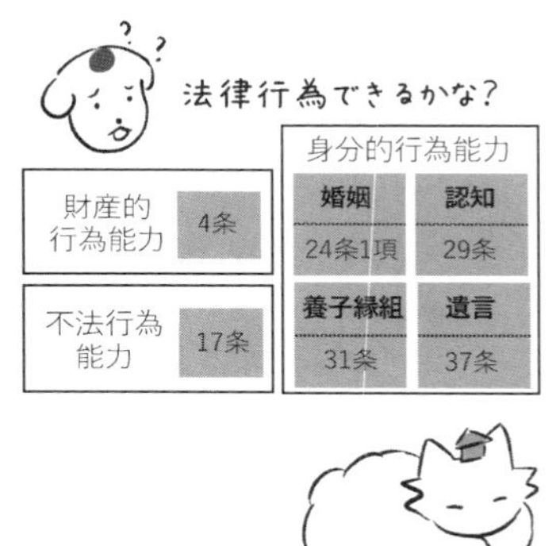

2 準拠法

▶4条

単位法律関係	連結点
人の行為能力	本国

同一法域取引の例外
（行為地法の適用）

notes

[8] **婚姻による成年擬制と行為能力**　未成年者が婚姻すると成年者として扱われる「成年擬制」は，25条「婚姻の効力」の問題（⇒第**3**章43頁以下）と考えることもできそうです。しかし，25条は夫婦の同一本国法など夫婦に共通する要素を基準にしているため，成年擬制という個人の行為能力を決定する基準として適切ではないなどの理由で，多数説はこれを4条の行為能力の問題としています。

1項：未成年者の保護

4条1項は，「人の行為能力は，その本国法によって定める」としています。たとえば，本国法が日本法の人は，18歳未満であれば日本法に従い未成年を理由に契約を取り消すことができます[9]。1項は，本人のよく知る本国法上未成年ならばその人がどこの国で取引をしても未成年として扱うことで，未成年者を保護しているということができます。CASE 10-3 では，17歳のAの本国法は日本法なので，1項によれば，Aは未成年を理由に契約を取り消すことができそうです。しかし，(1)のように，オレンジ国の宝飾店Bの店頭で商品を購入し，現地オレンジ国の法によればAは未成年ではない場合，取引相手であるB（宝飾店）としては，オレンジ国法の適用を前提として契約したのに，じつはAがその本国法上は未成年であったために思わぬ損害をこうむるおそれがあります。これでは安心して取引できないので，2項は未成年者と取引する相手方を保護するルールを定めています。CASE 10-3 の答えを知るためには，この2項もみる必要があります。

2項：未成年者の相手方の保護（取引保護）

2項によると，本国法上は行為能力が制限される者（未成年者）であっても，取引（法律行為）をした地の法によれば行為能力者（成年者）とされ，かつ取引のときにすべての当事者がその地（法を同じくする地）にいるとき，この人は行為能力者（成年者）とみなされます。たとえば，本国法によれば未成年のPが，レモン国でQと契約を結んだとしましょう。1項によれば，Pは未成年者として保護されます。しかし，取引の相手方であるQからすると，いちいちPの本国法を確認するのは大変です。そこ

(1) 当事者双方が取引地にいるとき
→相手方の保護

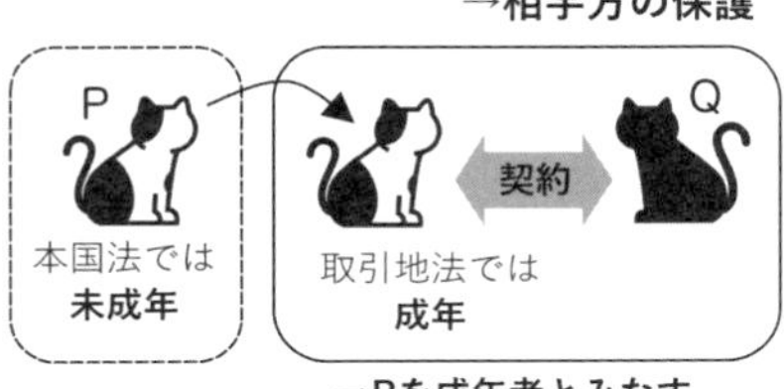

→Pを成年者とみなす

(2) 当事者双方が取引地にいないとき
→未成年者の保護

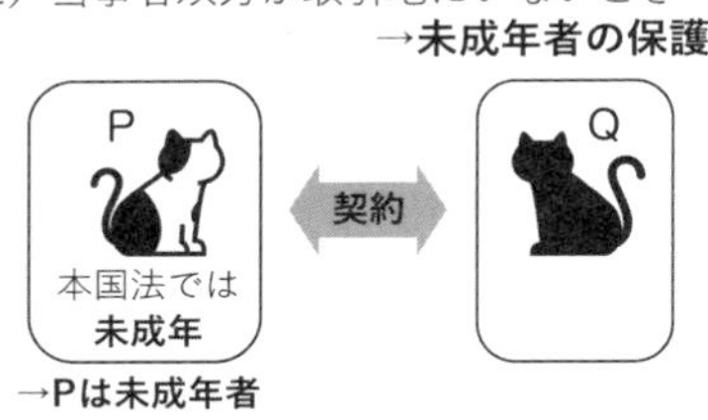

→Pは未成年者

で２項は，取引の時にＰもＱも法を同じくする地[10]にいるときは，双方にとってアクセスしやすい取引をした地，ここではレモン国の法を優先し，レモン国法上Ｐが成年に達していれば，Ｐを成年者として扱うことで取引の相手方であるＱを保護しています[11]。

CASE **10-3**(1)では，Ａは本国法（日本法）上は未成年ですが，ＡとＢはどちらも契約時にオレンジ国（法を同じくする地）にいて，オレンジ国の法によればＡは成年者つまり行為能力者なので，２項によればＡは行為能力者とみなされます。したがって，Ａは未成年を理由に契約を取り消すことはできません。これに対して，CASE **10-3**(2)では，契約時にＡは日本，そしてＢはオレンジ国にそれぞれいます。２項はこのような国境を越える取引には適用されません。したがって，１項により，本国法（日本法）上未成年であるＡは，未成年を理由に契約を取り消すことができます。

４条１項と２項の適用の流れをまとめると，次のフローチャートのようになります。

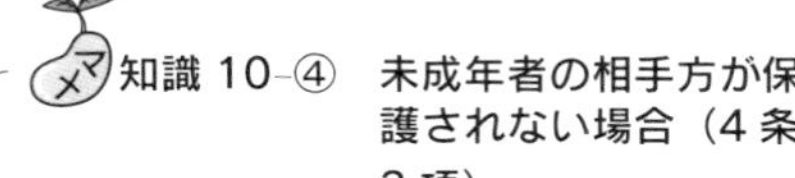

知識 10-④　未成年者の相手方が保護されない場合（４条３項）

４条３項は，２項に定める未成年者の相手方の保護が適用されない場合として，①親族法または相続法の規定によるべき法律行為，②行為地とは法の異なる地に所在する不動産に関する法律行為をあげています。４条はもともと財産的法律行為のみを対象としているので，①は念のために定められたものです。②によれば，たとえば CASE **10-3**(1)において，取引の対象が宝石ではなくメロン国に所在する不動産のときは，ＡとＢがともにオレンジ国にいて契約を結んだとしても２項は適用されないことになります。

notes

[9] **日本の成年年齢**　かつては，日本民法では成年年齢は 20 歳でしたが，2022 年４月からは成年年齢は 18 歳に引き下げられました。

[10] **「法を同じくする地」**　４条２項が法を同じくする「国」ではなく「地」としているのは，アメリカのように１つの国の中で州ごとに法が異なる国もあるからです（地域的不統一法国⇒第 **2** 章 20 頁以下）。アメリカの場合，同じ州内にすべての当事者がいるときに２項が適用されることになります。

[11] **２項の取引保護と主観的要件**　２項は，すべての当事者が法を同じくする地にいた場合に未成年者の相手方を保護するとしており，未成年者であることを相手方が実際に知っていたかどうか（故意・過失）を問題にしていません。

未成年者の保護（1項）とその相手方の保護（2項）

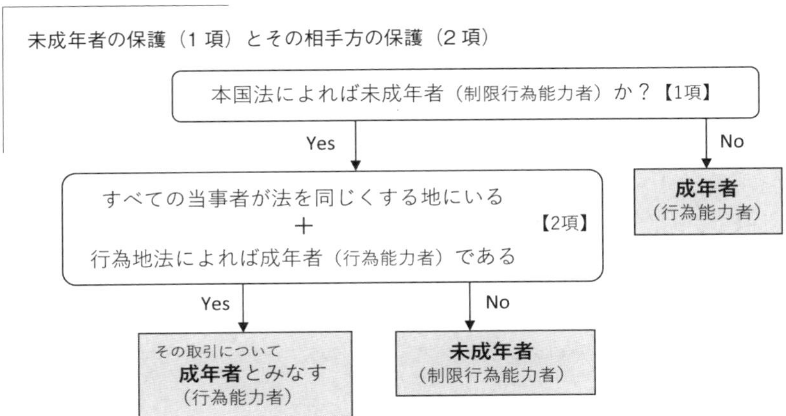

4 後見開始の審判等（5条）

CASE 10-4

日本人男Aは，定年退職後にメロン国に移住したが，認知症となり，現在はメロン国の介護施設で療養中である。Aには妻子がおらず，日本に住む甥BがAの面倒をみている。Bは，Aの療養費を支払うために，Aが日本に所有する土地を売却したいと考え，日本の裁判所に後見開始の審判を申し立てた。日本の裁判所は日本法にもとづいてAの後見開始の審判をすることができるか。

1 後見開始の審判等とは

成年年齢に達した人は，行為能力の制限をうけずに自分だけの判断で契約を有効に結ぶことができます。しかし，成年者でも精神上の障害などが原因で判断能力が不十分な人もいます。こうした人にとって，契約の内容を正しく理解し，自分に必要な契約かどうかを判断するのは困難です。それにもかかわらず，他の人と同様に単独で契約できるとすると，悪い人にだまされてタダ同然のガラクタを高額で買ってしまう，なんてことにもなりかねません。そこで，判断能力が不十分な人については，あらかじめ行為能力を制限して単独では契約できないようにしたうえで，適切なサポートをつけるなどしてこの人を保護する必要があります。また，判断能力が不十分な人と契約を結ぶと，その有効性が後日問題になるおそれもあるので，周りの人にとっても，このような人にはあらかじめサポートがついていたほうが安心して取引できるでしょう。日本の民法は，行為能力を制限する措置として，①後見開始の審判，②保佐開始の審判，③補助開始の審判という3つの措置を定めています（**後見開始の審判等**）。本人の判断能力のレベルに応じていずれの審判を受けるかが決まりますが，判断能力が低いとして行為能力を最も大きく制限するのが①で，ついで②，③の順になります[12]。いずれの場合も，本人や関係者からの申立てにより，家庭裁判所が審判を行います[13]。

通則法5条は，「後見開始の審判等」を単位法律関係としていて，6条（失踪宣告）と同じように，日本の裁判所で後見開始の審判等ができる場合（国際裁判管轄）を決めたうえで，日本で裁判するときはつねに日本法を適用するとしています。

2 日本の裁判所の国際裁判管轄と準拠法

▶5条

単位法律関係	管轄と準拠法
後見開始の審判等	被後見人等が日本に住所・居所を有するとき あるいは日本の国籍を有するとき 日本に管轄あり⇒準拠法は日本法

5条によれば，成年被後見人，被保佐人または被補助人となるべき者，つま

notes

[12] **後見開始，保佐開始，補助開始の審判の対象となる人**　民法によれば，後見開始の審判は精神上の障害により判断能力を欠く常況にある人（7条），保佐開始の審判は精神上の障害により判断能力が著しく不十分な人（11条），そして補助開始の審判は精神上の障害により判断能力が不十分な人（15条1項）が対象になるとされています。

[13] **未成年者と後見開始の審判等**　未成年者も後見開始の審判等の対象となりうるのですが，未成年者はもともと行為能力が制限されているので，後見開始の審判等の対象となるのは成年者の場合がほとんどです。

り行為能力の制限をうけようとする人（**被後見人等**）が日本に住所・居所を有するとき，または日本国籍を有するとき，日本の裁判所に国際裁判管轄が認められます。準拠法はつねに日本法なので，裁判所は，民法の要件をみたす場合に後見開始の審判等をすることができます。後見開始の審判等の結果，能力がどのように制限されるか，たとえば単独ではできない行為の範囲（日常的な行為以外のすべての行為か，重要な財産行為に限られるかなど）や必要なサポートの種類（代理なのか同意なのか）なども日本法で決まります。CASE **10-4** では，行為能力の制限をうけようとするＡが日本国籍を有するので，日本に国際裁判管轄があります。したがって，日本法の要件をみたすかぎり，裁判所は後見開始の審判をすることができます。

5条により日本の裁判所で後見開始の審判等ができるかについては，171頁のフローチャートの上半分を参照してください。

5 後見等（35条）

CASE 10-5

(1) CASE **10-4** において，だれがＡの後見人になるか，また後見人にはどのような権限があるかについて，準拠法はどの国の法になるか。

(2) 日本に住むオレンジ国人Ｂは，日本の裁判所で後見開始の審判をうけた。だれがＢの後見人になるか，また後見人にはどのような権限があるかについて，準拠法はどの国の法になるか。

1 後見等とは

年齢を理由に行為能力が制限される未成年者のうち親権者がいない人や，行為能力を制限する措置（後見開始の審判等）をうけた人など単独では契約等をすることができない人には，サポートが必要です。このサポートを**後見等**といい，35条は「後見，保佐又は補助」（後見等）を単位法律関係としています。35条により決まる準拠法は，後見等の開始原因，後見人等の権限，後見人等の選任・解任などの問題に適用されます[14]。

2 準 拠 法

▶35 条

単位法律関係	連結点
後見等	本国

外国人が被後見人等であって後見等の審判を日本でする場合の例外（日本法の適用）

原則：被後見人等の本国法

35 条 1 項は，「後見等……は，……被後見人等……の本国法による」としています。被後見人等が日本人のときは，1 項の適用のみが問題になるため，つねにその本国法である日本法が準拠法になります。CASE 10-5(1)では，被後見人である A は日本人なので，1 項により日本法が準拠法になります。これに対して，被後見人等が外国人のときは，1 項によればその本国法である外国法が準拠法になりますが，2 項が適用されると例外的に日本法が準拠法になるので注意が必要です。2 項によると，外国人の被後見人等が日本の裁判所で後見人等の選任の審判その他の後見等に関する審判をうける場合であって，①この外国人の本国法によれば，後見等が開始するにもかかわらず，日本国内に後見等の事務を行う者がいないとき（1 号），または②この外国人について日本の裁判所が後見開始の審判等を行ったとき（2 号），

知識 10-⑤　後見開始の審判等と後見等

つねに日本法が準拠法になる 5 条の「後見開始の審判等」は，日本の民法上の「後見開始の審判等」と一致します。これに対して，日本法だけではなく外国法も準拠法になる可能性がある 35 条の「後見等」は，日本の民法上の「後見等」（後見・保佐・補助）はもちろん，外国法上の後見やそれに類似する制度も含む広い概念です。

notes

⑭　**35 条と 5 条の射程**　「後見等」（35 条）は「後見開始の審判等」（5 条）で能力を制限された人のサポートを対象としていますが，能力の制限とサポートは表裏一体の関係なので，どちらの問題なのか法性決定がわかりにくいものもあります。たとえば「後見人等が取り消すことのできる契約の範囲」は，後見人等の権限の問題として，「後見等」の問題と法性決定できそうです。しかし，これは「被後見人等の能力が制限される範囲」によって決まるものなので，能力の制限，つまり 5 条の「後見開始の審判等」の問題と法性決定されると考えられています。

後見人等の選任の審判その他の後見等に関する審判については日本法が準拠法になります。裏を返せば，外国人について原則どおり1項により本国法（外国法）が準拠法になるのは，日本の裁判所で後見等に関する審判をうけない場合か[15]，またはこれをうけるけれども2項1号・2号のいずれにも該当しない場合であるといえます。

35条による準拠法決定については，171頁のフローチャートの下半分を参照してください。

日本法が準拠法になる例外　その1

2項1号は，被後見人等が外国人であっても，この外国人が後見等に関する審判をうける場合であって，日本における後見等の事務を行う者がいないときは，この審判等については日本法によるとしています。1号に該当する例として，未成年である外国人の本国法によれば未成年後見が開始するものの，日本国内に未成年後見人[16]がいないため，日本の裁判所がこれを選任するケースが考えられます。そのほかには，外国人の成年者に関して，その本国法によれば後見等が開始する場合（一定の事由があれば審判等がなくても行為能力が制限され後見等が開始するなど）や外国で行為能力を制限する措置（日本の後見開始の審判等のようなもの）をうけた場合において，日本国内に後見人等がいないため，日本の裁判所がこれを選任するケースなども考えられます。

日本法が準拠法になる例外　その2

2項2号は，被後見人である外国人について日本の裁判所が後見開始の審判等を行ったときは，後見等に関する審判についても日本法によるとしていて，

notes

[15] **日本の裁判所で後見等に関する審判をうけない場合**　日本の裁判所が関与しなくても，外国人の本国法により後見人等が決まるような状況として，たとえば遺言により未成年後見人が指定されているとか，外国人の本国法によって後見人が当然に定まるような場合が考えられます。

[16] **未成年後見人**　未成年者の場合，通常は親権者がサポートしますが，未成年後見人がサポートする場合もあります。未成年後見の開始原因としては，親権を行使する者がいないときや，親権を行使する者がいても未成年者の財産管理など特定の事項について親権者の権限が及ばないとされるときなどが考えられます。日本法によれば，最後に親権を行う者が遺言で未成年後見人を指定できますが（民法839条1項），指定がないときは，未成年者や親族などの請求によって家庭裁判所がこれを選任します（民法840条1項）。

これは５条とあわせて理解する必要があります。５条によれば，外国人であっても日本に住所・居所を有していれば，日本の裁判所は日本法により後見開始の審判等をすることができます。このとき裁判所は，行為能力が制限されても本人が困らないように，能力の制限とともに本人へのサポートとしての後見等（後見人の選任等）も決めます。日本の民法は，行為能力の制限と後見等をワンセットで定めているので，制限の内容（単独ではできない行為の範囲や制限の程度など）に応じて，必要なサポート（後見人等の権限の範囲，代理や同意）も決まります。そのため，行為能力の制限は日本法，サポートは外国法で決めるとなると，制限にみあった適切なサポートを与えられないおそれがあります。そこで２号は，外国人について５条により日本法で後見開始の審判等を行ったときは，後見等に関する審判についても日本法が準拠法になるようにしています。CASE 10-5(2)では，オレンジ国人Ｂは，日本で後見開始の審判をうけた外国人なので，後見人の選任や権限という後見等に関する審判についても，35条２項２号により日本法が準拠法となります。

この章で学んだ人の能力の制限とサポートに関する条文について，「5条・35条（主として成年者）」および「4条・32条・35条（未成年者）」のつながりを整理すると，それぞれ171頁，172頁のフローチャートのようになります。

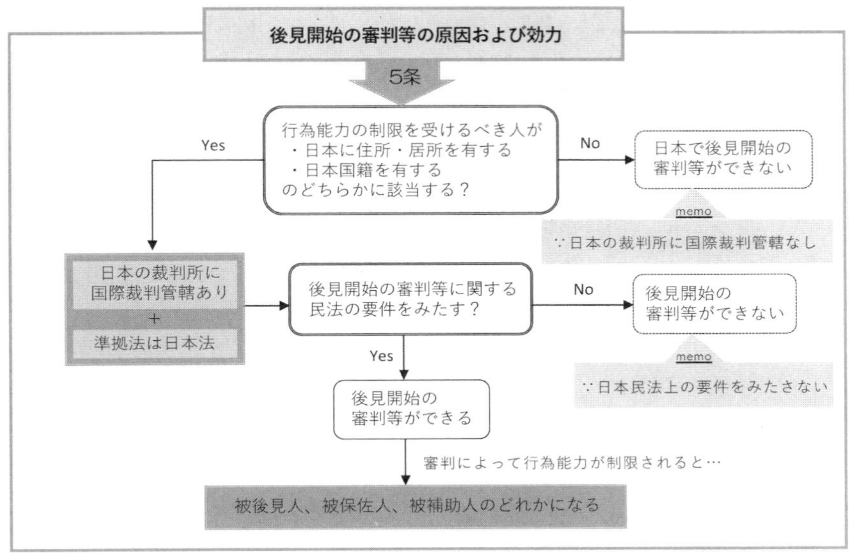
後見開始の審判等の原因および効力
5条
行為能力の制限を受けるべき人が
・日本に住所・居所を有する
・日本国籍を有する
のどちらかに該当する？
Yes
No
日本で後見開始の
審判等ができない
memo
∵日本の裁判所に国際裁判管轄なし
日本の裁判所に
国際裁判管轄あり
＋
準拠法は日本法
後見開始の審判等に関する
民法の要件をみたす？
No
後見開始の
審判等ができない
memo
∵日本民法上の要件をみたさない
Yes
後見開始の
審判等ができる
審判によって行為能力が制限されると…
被後見人、被保佐人、被補助人のどれかになる

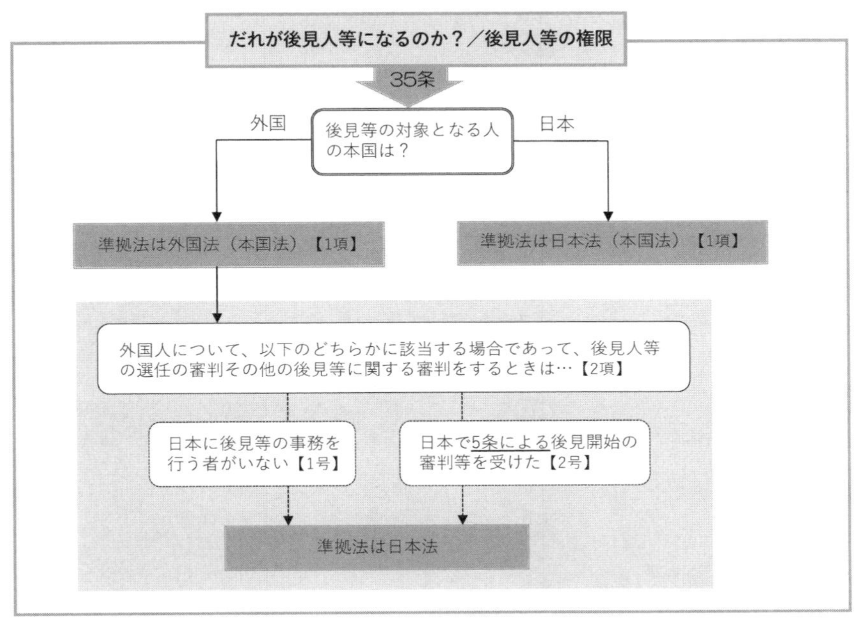
だれが後見人等になるのか？／後見人等の権限
35条
外国
後見等の対象となる人
の本国は？
日本
準拠法は外国法（本国法）【1項】
準拠法は日本法（本国法）【1項】
外国人について、以下のどちらかに該当する場合であって、後見人等
の選任の審判その他の後見等に関する審判をするときは…【2項】
日本に後見等の事務を
行う者がいない【1号】
日本で5条による後見開始の
審判等を受けた【2号】
準拠法は日本法

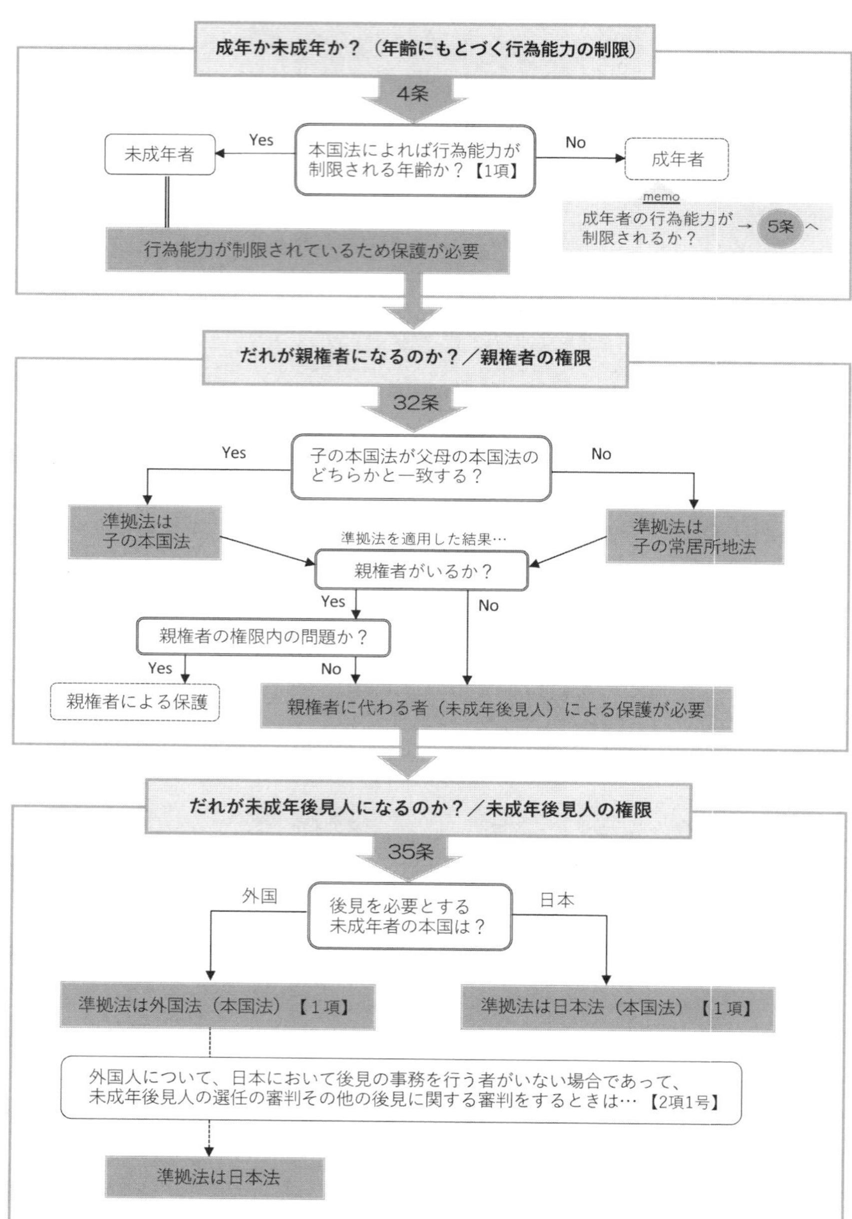
成年か未成年か？（年齢にもとづく行為能力の制限）
4条
本国法によれば行為能力が
制限される年齢か？【1項】
Yes
未成年者
No
成年者
memo
成年者の行為能力が
制限されるか？ → 5条へ
行為能力が制限されているため保護が必要
だれが親権者になるのか？／親権者の権限
32条
子の本国法が父母の本国法の
どちらかと一致する？
Yes
No
準拠法は
子の本国法
準拠法は
子の常居所地法
準拠法を適用した結果…
親権者がいるか？
Yes
No
親権者の権限内の問題か？
Yes
No
親権者による保護
親権者に代わる者（未成年後見人）による保護が必要
だれが未成年後見人になるのか？／未成年後見人の権限
35条
後見を必要とする
未成年者の本国は？
外国
日本
準拠法は外国法（本国法）【１項】
準拠法は日本法（本国法）【１項】
外国人について、日本において後見の事務を行う者がいない場合であって、
未成年後見人の選任の審判その他の後見に関する審判をするときは…【2項1号】
準拠法は日本法

CHAPTER

第11章

法　人

条文関係図

法人の従属法【条文なし】　※設立準拠法主義

外国法人に対する規制 ── **外国法人の認許【民法35条】**
外国会社【会社法第6編】
など

INTRODUCTION

これまでに勉強した法律関係のうち，婚姻や親子など家族関係の当事者になれるのは人（＝人間[1]）だけなのに対して，契約をはじめとする財産関係では**法人**[2]とよばれる団体が当事者になることもあります。法人とは，権利をもつことができる「法人格」という資格（権利能力）のある団体のことで[3]，会社が代表的ですが，そのほかにも学校法人，宗教法人，弁護士会，健康保険組合などさまざまな種類があります。ある団体が法人になると，その構成員ではなく団体そのものが契約などの当事者になることができます。皆さんも，たとえば航空券を買うときは航空会社（株式会社），大学の入学手続をするときは大学（学校法人），病院で診察を受けるときは病院（医療法人）……というように，日常生活のなかで法人と契約を結ぶことがありますよね。

法人は，文字どおり「法」によって作られる存在なので，その設立や解散など存立に関わる問題はもちろん，内部組織・内部関係など法人の中身にかかわる問題も法によって決まります。そのため，法人に関する問題を解決するためには，この法人に対してどの国の法が適用されるかを決める必要があります。通則法には明文の規定はありませんが，個々の法人には**従属法**とよばれる準拠法があって，法人に関する問題はこの従属法によって解決されると考えられています。以下では，まず従属法の決め方をみたのち，従属法が外国法の法人（**外国法人**）について，日本国内での活動を規制する実質法上のルールを学びます。

notes

[1] **自然人**　法人に対して，人は「自然人」ともよばれます。人の権利能力と行為能力については，第**10**章を参照。

[2] **法人**　法人は人の集団である社団法人と財産の集団である財団法人に大別されます。社団法人には，株式会社，学校法人，医療法人，社会福祉法人，宗教法人，NPO 法人などがあります。

[3] **権利能力なき社団または財団**　団体のなかには，法人格こそないものの，社団法人や財団法人と同じ実態をもつ団体があります。このような団体は「権利能力なき社団または財団」といい，社団法人または財団法人に準じた特別な取扱いをうけます。権利能力なき社団または財団として認められるかどうかは，その設立準拠法によって決まると解されています。

1 法人の従属法

CASE 11-1

メロン国法にもとづいて設立されメロン国に本店があるA社のCEO（最高経営責任者）であるBは，来日し，日本のC銀行から2000万円の融資をうける契約を結んだ。この契約の準拠法はオレンジ国法である。

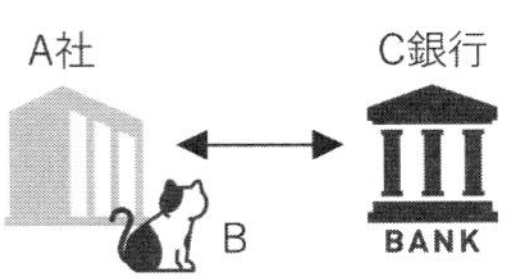

(1) BがAのCEOとしてどのような権限を有しているかは，どの国の法で判断されるか。

(2) メロン国法とオレンジ国法によれば，日本円換算で1000万円以上の融資をうけるときは取締役会での承認が必要とされているが，日本法によればAの規模からすると承認は不要とされている。Bが承認を得ていないとき，BがCと結んだ融資契約の効果はAに帰属するか。

設立準拠法主義

知識 11-① 外資系企業

外国に関連する会社を「外資系企業」とよぶことがありますが，外資系企業とは，外国人や外国法人が株式の一部を取得していて，外国資本の占める割合が高い企業を指します。外資系であっても日本で設立された会社であれば，「外国会社」ではなく日本法人（従属法は日本法）です。

法人は，法にもとづいて設立される存在ですが，人と同じように契約したり財産を所有したりすることができます。各国は法人に関するルール（民法や会社法）を定めていて，日本法にもとづき設立されれば日本法人，オレンジ国法にもとづき設立されればオレンジ国法人……というように，国ごとに法人が存在します。とはいえ，法人は人のようにその姿形が目に見えるわけではないので，「法にもとづき設立される存在」と言われてもピンとこないかもしれません。そこで，イメージしやすいように法人をロボットにたとえて考えてみましょう。法人がロボット

オレンジ国ロボット

日本ロボット

だとすると，法人に関するルールはその設計図に当たります。設計図は国ごとに異なるため，日本の設計図で作られたロボット，オレンジ国の設計図で作られたロボット……というように国ごとに仕様の異なるロボットが存在することになります。

いまここで，どこの国の設計図を使うかは製作者が自由に選べるわけではなく，現地つまりこれからロボットを作ろうとしている国の設計図に従わなければならないとしましょう。この場合，日本国内でロボットを作る人は日本の設計図で作る必要があります。実は法人についても，設立者は現地，つまりこれから法人を設立しようとしている国の法に従わなければならないと考えられているため，たとえば日本国内で法人を設立する人は日本法にもとづき設立する必要があります[4]。

法人が設立されると，設立された法人がどのような機関によって構成されるのか，各機関の権利と義務，機関相互の関係，法人と社員の関係など法人の内部組織・内部関係をどの国の法で決めるかも問題になります。法人に関する一国内のルールは相互に関連しているので，1つの法人に対して異なる国のルールをつぎはぎにして適用すると法人がうまく機能しないおそれがあります。そのような事態を避けるために，1つの国の法を統一的に法人に適用することが望ましいと考えられていて，法人に適用されるこのような法は**従属法**とよばれています。従属法は，①法人の成立・消滅に関する問題や，②法人の内部組

知識 11-②　多国籍企業

複数の国に生産・販売の拠点をもつ大企業は，「多国籍企業」とよばれることがあります。「多国籍」といっても，1つの会社の国籍が複数になるわけではありません。多国籍企業であっても，日本で設立された会社であれば日本法人（従属法は日本法）です。複数の国に関連会社をもつ企業グループを多国籍企業とよぶこともありますが，この場合はグループ内に従属法の異なる複数の会社が所属していることになります。

notes

[4] **法人の設立**　法人は一定の手続を経て設立されます。法人を設立しようとする人は，まず「定款」という法人の目的，組織，活動等に関する根本規則を作成します。日本法は，株式会社，社団法人など法人の種類に応じて，定款に必ず記載すべき事項（絶対的記載事項）を定めています。たとえば，株式会社では，①会社の目的，②商号，③本店の所在地，④設立に際して出資される財産の価額又はその最低額，⑤発起人の氏名又は名称および住所，⑥発行可能株式総数が絶対的記載事項とされています（会社法 27 条 1 号～5 号・37 条）。株式会社の場合には，その後に株主の確定と出資の履行，機関の選任，設立の登記をすることによって会社が成立します。

織・内部関係に関する問題に適用されます。

法人の成立・消滅	法人の内部組織・内部関係
・法人の設立 ・組織変更 ・解散事由など	・法人を構成する機関とその選任 ・機関の権利と義務 ・機関相互の関係 ・法人と社員の関係

通則法は，従属法を決める基準を明文で定めていませんが，**設立準拠法**つまり法人を設立するために使った法がこの法人の従属法になると考えられています（設立準拠法主義）。CASE 11-1(1)では，CEO（最高経営責任者）であるBの権限の内容が問題になっており，これはA社という法人を構成する機関つまり内部組織にかかわるので，従属法で決まります。A社の従属法は設立準拠法であるメロン国法となるため，Bの権限はメロン国法によって判断されます。

ワンチーニくん，従属法の決定基準として，法人の「本拠地」を基準とする「本拠地法主義」という考え方もあるのよ。業務の中心地とか統括地のことを本拠地といって，本店所在地が典型的ね。

本拠地法主義だと設立準拠法は関係ないんですね！

いいえ，そんなことはないの。本拠地法主義は，「法人はその本拠地で設立しなければならない」，つまり本拠地法と設立準拠法が一致することを前提としています。見方をかえると，本拠地法と一致するという条件付きで設立準拠法を基準にする考え方ともいえるわ。

ということは，逆に設立準拠法主義だと本拠地法と設立準拠法がバラバラでも構わないということですね。でも，どうして本拠地法主義はあまり支持されないのですか？

本拠地法主義に対する批判として，「本拠地」の定義が曖昧で本拠地がどこかわかりにくいケースもあるといわれているわ。それに，法人を本拠地で設立した後に本拠地が別の国に移動すると，「本拠地法≠設立準拠法」になって法人格が否定されかねないの。法人格が否定されるとすると，本拠地が移動するたびに新たな本拠地で法人を設立し直さなければならないから，法人の国際的活動の妨げになる……という指摘もあります。

取引相手の保護

ロボットを動かすためには操縦者が必要なように，法人が取引などを行うためには法人を代表してこれを行う機関（役員など）が必要です。代表権を有する機関が法人の名で契約を結ぶと，その効果は法人に帰属する，つまり法人が契約の当事者となります。どの機関が代表権を有するのか，またその代表権の範囲など代表権にかかわる問題は「法人の行為能力」とよばれ，従属法によって決まるのが原則です。しかし，従属法によればある機関に代表権が認められないけれども，行為地法（契約締結地法）によればこれが認められるときは，法人と取引した相手方を保護するために，通則法4条2項（⇒第**10**章163-165頁）を類推適用して行為地法を優先し，例外的に代表権を認めることで，機関の行為の効果を法人に帰属させるべきだとする見解が有力です。なぜ4条2項の類推適用なのでしょうか。4条のルールを思い出してみましょう。人の行為能力に関して，4条は，1項で本国法が原則として適用されるとしながら，2項で未成年者の相手方を保護しています。すなわち，本国法によれば未成年であっても行為地法によれば成年とされる者については，取引時に当事者が法を同じくする地にあった場合にかぎり，行為地法を優先して成年者とみなすとされています。人でいうところの本国法が法人にとっての従属法，そして行為能力が制限された未成年者は代表権のない機関に相当すると考えると，人の行為能力と法人の機関の代表権の関係は次の図のように整理できます。

	原則	取引の相手方保護
人の行為能力	本国法 （4条1項）	本国法によれば未成年 行為地法によれば成年 →成年として扱う（4条2項）
法人の機関の代表権	従属法	従属法によれば代表権なし 行為地法によれば代表権あり →代表権ありとして扱う（4条2項類推適用）

いずれも取引を行う権限を有しないという点で未成年者と代表権のない機関は共通するため，未成年者の相手方を保護する4条2項を類推適用することで，同様の状況にある法人の相手方も保護すべきだと考えるのです。

CASE 11-1(2)では，従属法であるメロン国法によれば，BがA社を代表して融資契約を結ぶためには取締役会での承認が必要です。この承認を得ていないBには代表権がないので，Bが結んだ契約の効果はA社に帰属しません。4条2項の類推を不要と考えるなら，ここで話は終わりです。他方で，BとC銀行は日本で契約を結んでいて，行為地法である日本法によれば承認は不要とされているため，Bには代表権が認められます。4条2項を類推適用する説をとるならば，行為地法である日本法を優先してBの代表権が肯定されるので，Bの結んだ契約の効果はA社に帰属します。

サビニャー先生，CASE 11-1では，融資契約の準拠法はオレンジ国法ですよね。そうすると，Bが結んだ契約の効果がA社に帰属するかどうかもオレンジ国法で判断されるのでは……？？

契約が有効に成立するための要件，たとえば意思表示に瑕疵がないことや契約が内容的に有効であることなどは契約の準拠法で判断されるけど，当事者に契約を結ぶ能力があるかどうかは，別の問題として法性決定されるの。

そうか！　人が当事者のときは4条の行為能力の問題として準拠法を決定しましたよね。

そうそう。法人が当事者のときは，「契約を結んだ機関に代表権があるかどうか」が問題になります。人が当事者のときと同じように，これも契約とは別の問題として法性決定されるということね。

外国法人に対する規制

CASE 11-2

(1) A が代表取締役をつとめる B 社（オレンジ国法にもとづき設立）は日本でも事業を行いたいと考えている。B 社は日本でも法人として活動できるか。それとも，A はあらためて日本で会社を設立しなければならないか。

(2) C は，日本よりも会社設立の手続が簡単で費用も安いレモン国において D 社を設立した。D 社の事実上の本店は日本にあり，事業ももっぱら日本で行われていて，会社を設立したという以外に D 社とレモン国との間に関連性はない。D 社が日本国内で取引をするうえで，何か問題はないか。

外国法人の認許

日本法にもとづき設立された法人（日本法人）は，日本が法人と認めているので当然に日本国内で法人として活動できます。では，外国法にもとづき設立された法人（外国法人）も，同じように日本国内で法人として活動できるのでしょうか。

ふたたび法人をロボットにたとえると，外国製のロボットを日本にもちこんでそのまま使用できるのか，それとも日本の設計図に従って作り直すなど何らかの手を加えなければならないのか，という問題です。外国製のロボットであっても日本製と比較してその性能に大きな違いがなければ，日本国内での使用を認めたうえで必要に応じて規制したほうが，手間もかからずスムーズに日本と外国を行き来して使用できて便利ですよね。外国法人についても，一定の要件

をみたせばその法人格を日本で承認する，つまり日本国内でも法人として活動することを認める認許（にんきょ）という制度があります。民法35条1項によると，外国法人のなかでも，とくに①国，②国の行政区画，③**外国会社**については，その成立が認許されます（すべての外国法人が認許されるわけではありません）。CASE **11-2**(1)では，オレンジ国で設立されたB社は，③の外国会社なので民法35条1項によりその成立が認許されます。そうすると，B社はそのまま日本国内でも法人として活動することができるので，Aはあらためて日本で会社を設立する必要はありません[5]。

知識 11-③ 民法35条

1項は，「外国法人は，国，国の行政区画及び外国会社を除き，その成立を認許しない」と規定しています（ただし，認許されない外国法人も法律または条約により認許されることがあります）。認許されない外国法人は，日本では法人として活動することが認められず，権利能力なき社団または財団として扱われます。また，2項によると，認許された外国法人は同種の日本法人と同一の範囲の権利能力しか有しないとされているので，設立準拠法である従属法では認められる権利であっても，日本法によれば否定されるときは，この権利は否定されます。

会社法上の規制

CASE **11-2**(1)でみたように，外国会社は認許され日本でも法人として活動できますが，従属法は外国法なので，会社の成立・消滅や内部組織・内部関係などの問題には外国法が適用されます。とはいえ，日本法がまったく適用されないというわけではありません。日本法のなかには，従属法が外国法であっても，それとは無関係に適用されるルールがあるからです。

代表的なものとして，外国会社を対象とした会社法上の規定があります[6]。

notes

[5] CASE **11-1** と外国法人の認許　CASE **11-1** では，メロン国で設立されたA社のCEOであるBがA社の代表として日本にやってきてC銀行との間で融資契約を結んでおり，A社は日本で法人として活動しています。これは，外国会社であるA社が民法35条1項により認許されることを前提としています。

[6] 会社法中の「外国会社」　会社法は，外国法に準拠して設立された団体（当該外国法上法人格を有するか否かは問わない）を「外国会社」として（2条2号），外国会社に関するルールを定めています。代表的なものは，第6編「外国会社」中の規定（817条〜823条），外国会社の登記に関する規定（933条〜936条）などです。

たとえば，外国会社が日本で取引を継続してしようとするときは，日本における代表者を定め（817条），外国会社の登記をしなければならないとされています（818条・933条以下）[7]。ただし，代表者の定めや登記等の必要な手続さえ行えば，どんな外国会社も自由に日本国内で取引できるというわけではありません。821条は，この会社が**擬似外国会社**である場合には，日本国内で取引を継続してすることができないとしています[8]。擬似外国会社とは，「日本に本店を置き，又は日本において事業を行うことを主たる目的とする外国会社」をいいます（821条1項）。CASE 11-2(2)では，D社はレモン国において設立された外国会社ですが，D社の事実上の本店は日本にあるうえに，日本で事業を行うことを主たる目的としているので，擬似外国会社と判断される可能性がありそうです。もし擬似外国会社とされると，D社は日本で取引を継続してすることができません。

教えて！サビニャー先生　外人法とは

外国人や外国法人が日本国内で権利を享有し活動を行うことを規制・監督する実質法（民法や会社法）中のルールは，「外人法」とよばれています。外人法の対象となる外国法人は，「外国法を従属法とする法人」（設立準拠法が外国法）を指すことが多いけど，個々のルールの目的に応じて対象となる外国法人が決まるので，ルールごとに確認する必要があるわ。たとえば，外国人土地法は，設立準拠法だけではなく，法人の構成員，議決権，資本の帰属についても考慮して，外国法人か否かを判断しています。日本の外人法は，従属法が外国法でもそれとは無関係に適用されるので，国際的強行規定（⇒第**7**章122頁）とみることができるのよ。民法35条（外国法人の認許）や会社法上の外国会社に対する規制も外人法の一種ね。

notes

[7] **外国会社に対する日本法の適用**　会社法823条によると，外国会社は，他の法律の適用については，日本における同種の会社または最も類似する会社とみなされます。

[8] **擬似外国会社と継続取引した場合**　会社法821条2項によれば，取引をした者は，外国会社と連帯して，当該取引によって生じた債務を弁済する責任を負うとされています。

サビニャー先生，会社法 821 条は「日本に本店を置き，又は日本において事業を行うことを主たる目的とする」外国会社を擬似外国会社としていますが，こういう会社ならふつうは日本で設立するのでは？　どうしてわざわざ外国で設立するのですか？

設立準拠法主義だと，本店所在地や活動の中心地がどこであろうと設立した地の法が従属法になるわね。そうすると，日本と比較して会社を設立しやすいとか，会社の活動に対する規制が少ないとか，税金が安いなどの理由で，とりあえず設立だけは外国で行って，あとは必要な登記等をすませて日本で事業活動をしようと考える人が現れるのよ[9]。

それも一種の経営戦略だから自由にさせてよいのでは……？

確かにそうだけど，従属法が外国法だと日本法が定める株主や取引相手を保護するための規制も基本的には適用されないから，外国で会社を設立する人が増えると，せっかくの日本の規制が骨抜きになりかねないわ。そうならないように，会社法は日本の会社と同じように日本を中心に活動する会社を「擬似」，つまりみせかけだけの外国会社として扱って日本での活動を制限しています。こうすることで，外国での会社設立に一定の歯止めをかけようとしているのよ。

外国での会社の設立は自由だけど，「擬似外国会社になりそうなものはちゃんと日本で設立しましょう！」ということなんですね。

notes

[9] **オフショア，タックスヘイブン**　パナマ，バミューダ，ケイマン諸島，英領ヴァージン諸島などは会社の設立地として有名な法域です。これらの法域では，会社を設立しようとする人にとって魅力的なルールを設けています。たとえば，法人税がゼロ（またはきわめて低い税率），債権者よりも会社の創業者や投資家の保護に厚い，法人の活動について規制が少ない（たとえば取締役会，株主総会，決算報告が不要など），登記内容について高い機密性を保てる（会社資産や活動状況などを秘密にできる）などです。各国もさまざまな対策をとっていますが，節税や法人名義でビジネスを行うなどの目的で多数の法人がこうした地で設立されています。

Column ❽ 代　　理

法人が契約をはじめとする法律行為をするときは，実際には取締役などの機関が法人の代わりにこれを行います。「法人に代わって代表者が法律行為を行い，その効果が法人に帰属する」という部分に着目すると，これは「本人に代わって代理人が法律行為を行い，その効果が本人に帰属する」ことを認める「代理」と同じ構造であることがわかります。法人と同様，代理についても通則法には明文規定はありません。代理には本人，代理人，相手方という三者がかかわるので（三面関係），①代理人と相手方，②本人と代理人，③本人と相手方の３つにわけてそれぞれ準拠法を考える必要があります。①代理人と相手方との間で行われる契約などの法律行為は「代理行為」とよばれていて，代理行為には当該法律行為の準拠法（契約ならば契約の準拠法）が適用されます。②本人と代理人との間では，代理権の存否や範囲などが問題になりますが，これは授権行為の準拠法（委任や雇用など代理権の発生原因となった法律行為の準拠法）によります。最後に，③本人と相手方との間では，代理行為の効果が本人に帰属するかが問題になりますが，その準拠法をめぐっては学説上争いがあり，授権行為の準拠法が基本的には適用されるとする見解や代理行為地法が適用されるとする見解があります。

教えて！サビニャー先生　　法定代理と任意代理

代理といってもじつは２種類あって，ここでとりあげている代理は「自分でもできるけどあえて別の人に代わりにしてもらう」もので，「任意代理」ともいうわ。これに対して，未成年者や被後見人のように，行為能力が制限されているために別の人が代わりに取引しなければならない場合は，「法定代理」というのよ。未成年者なら親権者，被後見人なら後見人が法定代理人になるということは，第**4**章や第**10**章で勉強したわね。法定代理の場合の代理人の選任やその権利義務の内容などに適用される準拠法は，親権者なら32条，後見人なら35条によって決まります。

CHAPTER

第12章

債権・債務に関する発展問題

条文関係図

債権譲渡
- 譲渡人・譲受人間の関係【条文なし】
- 債務者その他の第三者に対する効力【23条】

相殺【条文なし】

債権質【条文なし】

債権の法定移転【条文なし】

債権者代位【条文なし】

INTRODUCTION

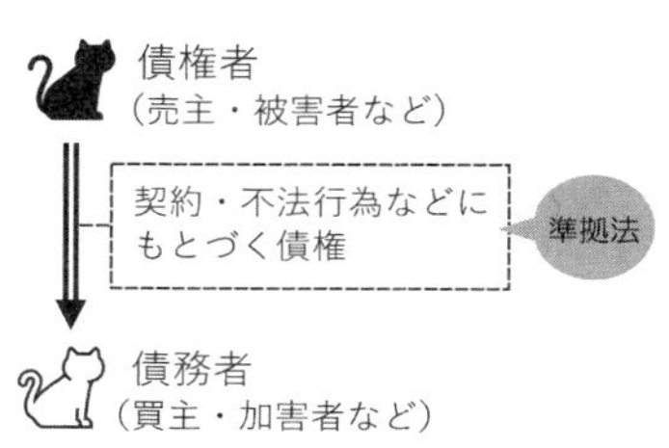

第**7**章や第**8**章では，国際的な売買契約や不法行為で発生する代金支払いや損害賠償などに関する債権・債務の準拠法を学びました[1]。そこでは，売主と買主や被害者と加害者といった，契約や不法行為などの当事者の間での準拠法決定が検討の対象でした。

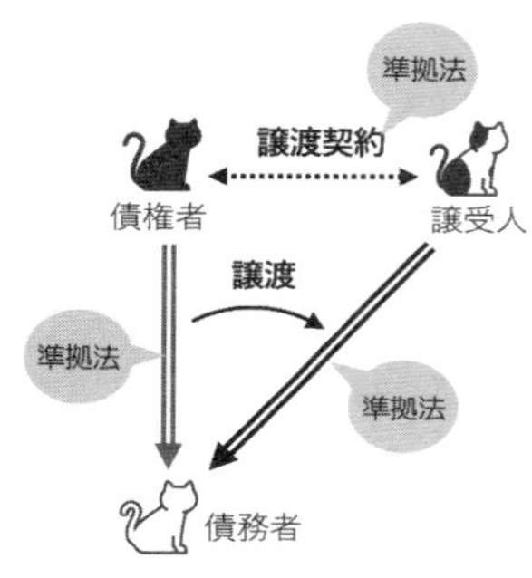

しかし，このような債権・債務の関係は，発展的な取引が加わって複雑になることがあります。たとえば，売買代金請求債権が「物」と同じように譲り渡されることがあります。これを**債権譲渡**といいます。また，売主から代金支払いを請求された買主が，売主に以前，貸していた金銭の返還請求債権を持ち出して債権・債務をお互いに消滅させることがあります。これは**相殺**(そうさい)とよばれます。

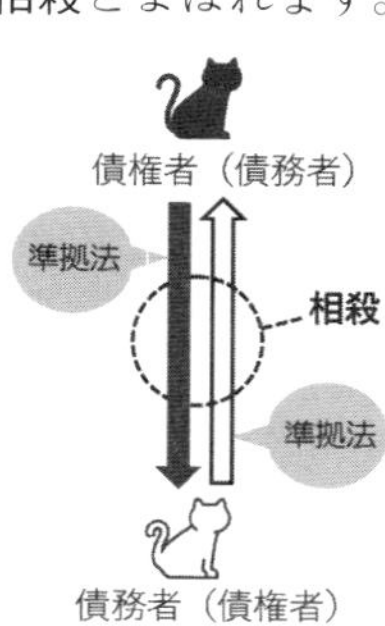

債権譲渡や相殺などの取引が外国の企業などとの間で国際的にされると，多数の当事者や契約が関係し，さらには債権・債務のそれぞれの準拠法が登場します。このため，これらの取引の準拠法を決定するときには，考慮すべき利益の調整が複雑になり，発展的な思考が必要になります。この章では，債権・債務の国際的な取引の準拠法という発展的な問題を，とくに債権譲渡と相殺，そして債権質と債権の法定移転について学びます[2]。

notes

[1] **債権・債務を発生させる原因**　たとえば金銭の債権・債務は，①契約（7条〜12条）と②不法行為（17条〜22条）のほか，③事務管理・不当利得（14条〜16条）や，家族法関係で④扶養（扶養義務の準拠法に関する法律）などからも発生します（これらの準拠法については，それぞれ第**7**章，第**8**章，第**4**章 Column ❸などを参照）。

[2] **債権・債務取引**　債権譲渡，相殺，債権質，債権の法定移転のほか，債権者代位（⇒Column❾）や債権者取消権などがあります。

1 債権譲渡

CASE 12-1

日本人Aは，オレンジ国会社Bに対して100万円の金銭債権ⓟ（準拠法は日本法）を有している。Aはこれを，メロン国人Cに80万円で譲渡する契約（準拠法はメロン国法）を締結した。次の問題の準拠法はどの国の法になるか。

(1) AとCの間で債権譲渡が成立するために，AC間の合意のほかに何が必要か。

(2) Cが債権ⓟの代金80万円を支払わないとき，Aは債権譲渡契約を解除できるか。

(3) AがBに雇われている労働者であって債権ⓟが賃金債権であるとき，債権ⓟは他人に譲渡できる性質のものか。

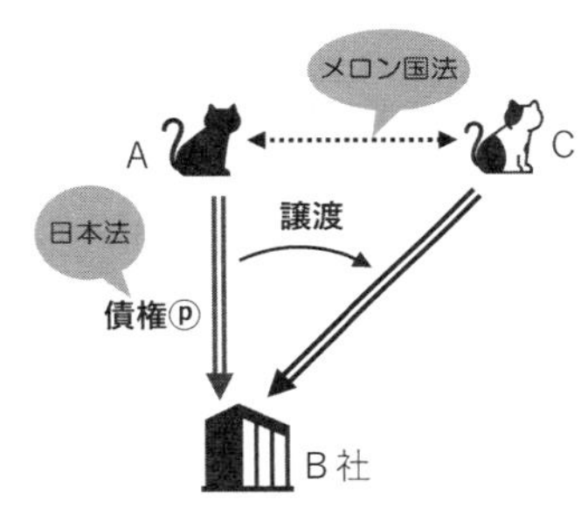

1 債権譲渡とは

CASE 12-1のように，債権者Aが，債務者であるBに対して有する債権ⓟを，Cとの間の合意によってCに譲り渡すことを**債権譲渡**といいます[3]。債権譲渡の当事者は，譲渡人（債権者）Aと譲受人Cです[4]。しかし，全体をみると，譲渡の対象である債権ⓟの債務者Bが存在します。また，債権が二重に譲渡されると（CASE 12-2参照），二重譲受人も登場します。よって，債権譲渡では，その当事者（AとC）以外に，債務者Bなど他の関係者の利益も考えて，準拠法を決定することが重要です。

notes

[3] **債権譲渡**　債権譲渡の対象になる債権は，たとえば，売買代金債権や貸金返還請求債権，不法行為にもとづく損害賠償請求債権など，債権者が特定されています。このような債権の譲渡について，日本では，民法466条以下に規定があります。

[4] **100万円の債権は100万円では売れない？！**　債権は普通，満額では売れません。利息を考慮する必要や，債務者が支払いを拒んだり倒産したりして集金できないリスクがあるからです。債権者としては，すぐに現金が欲しいときなどは100万円が80万円になっても債権を譲渡することがあります。譲受人としては，債務者から満額の100万円の支払いを受けることに成功すれば，差額の20万円が利益になります。

債権譲渡の準拠法は，①譲渡の当事者AC間の関係と，②債務者Bやその他の第三者に対する債権譲渡の効力に分けて考えられます。通則法では，①について直接定める条文はありませんが，②については23条が定めています。

2 債権譲渡の当事者間の関係

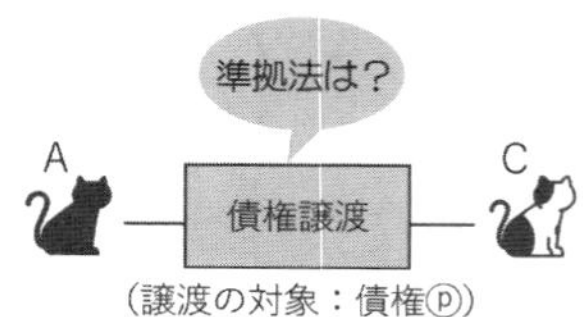

まず債権譲渡の当事者，つまり譲渡人Aと譲受人Cの間における債権譲渡の成立・効力については，準拠法を直接定める条文が見当たらないため，見解が対立しています。

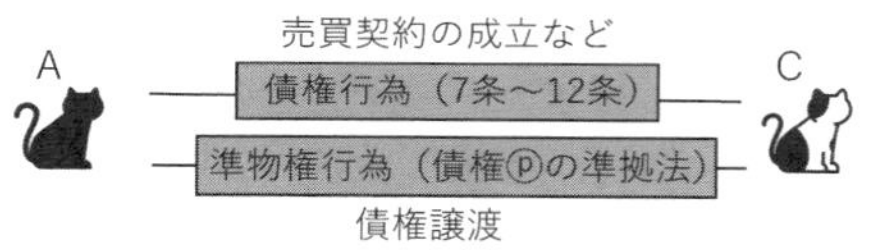

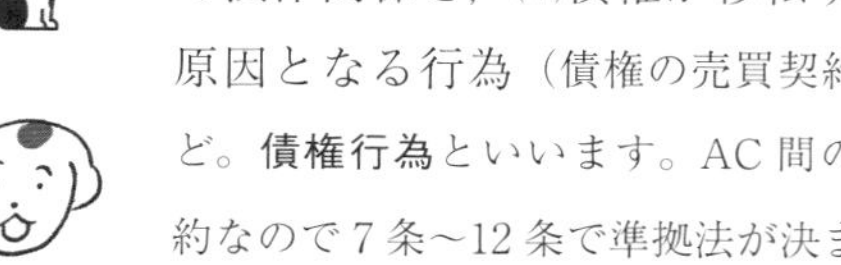

多数説は左図のように，AC間の法律関係を，(イ)債権が移転する原因となる行為（債権の売買契約など。**債権行為**といいます。AC間の契約なので7条〜12条で準拠法が決まります）と，(ロ)債権行為にもとづく債権ⓟの移転という**準物権行為**[5]の2つに分解し，このうち(ロ)を債権譲渡ととらえます。(イ)の行為は契約なので，7条以下で準拠法が決まります。(ロ)の債権譲渡の準拠法は，譲渡の対象となる債権ⓟ（AB間の債権）の準拠法（7条〜12条や14条〜22条などで決まります）であると考えます。その理由は，債権譲渡は債権自体の帰属の問題（その債権の債権者がだれになるか）であるので，その債権自体の準拠法によって決められるべきだからというものです。

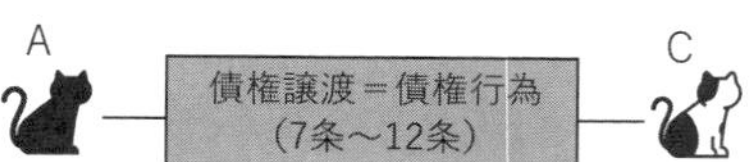

これに対して有力説は右図のように，(イ)(ロ)の行為を区別せず，AC間の行為全体をまとめて債権譲渡ととらえて，契約に関する7条以下によって準拠法を決めます。その理由は，①そのほうが債権譲渡を行いやすくなるし，また，②(イ)

notes

[5] **準物権行為**　契約などの行為を債権行為とよぶのに対して，物の所有権の移転などの物権的な効果を発生させる行為を物権行為といいます（この2つの区別については，第7章94頁，第9章149頁を参照）。債権譲渡は，物の所有権でなく，債権の移転について物権的な効果を発生させるので，準物権行為とよばれます。

と(ロ)を区別する考え方は多くの国ではとられていないから，というものです。

ところで，AとCが債権譲渡をしようと思ったとき，債権ⓟが譲渡できる性質のものかどうかが問題になることがあります。これはその債権の効力の問題として，債権譲渡自体の成立・効力とは別に，債権ⓟの準拠法によります。

以上に照らすと，CASE 12-1 は次のとおりです。(1)は，多数説によれば，債権譲渡（準物権行為）の成立の問題であるので，準拠法は対象債権ⓟの準拠法である日本法になります。有力説では，これは債権行為の準拠法であるメロン国法によることになります。(2)は，債権譲渡契約の債務不履行（解除）の問題なので，準拠法はこの契約の準拠法であるメロン国法です。(3)は，債権ⓟの譲渡可能性の問題なので，準拠法は，ⓟの準拠法である日本法です[6]。

3 債務者その他の第三者に対する効力（23条）

CASE 12-2

CASE 12-1 を前提にして，次の問題の準拠法はどの国の法になるか。

(1) CがAに代わる新しい債権者としてBに債権ⓟの支払いを求めるためには，何をしておく必要があるか。

(2) AがDに債権ⓟを二重譲渡した場合，CとDのどちらが優先するか。

債権譲渡では，譲渡の当事者であるAとCだけでなく，**第三者**のことも考える必要があります。第三者とは，譲渡された債権ⓟの債務者Bや，ⓟが二重譲渡された場合における第2譲受人Dなどのことです。AC間での債権譲渡が，第三者であるBやDに対してどのような影響を与えるかについては，23条が定めています。

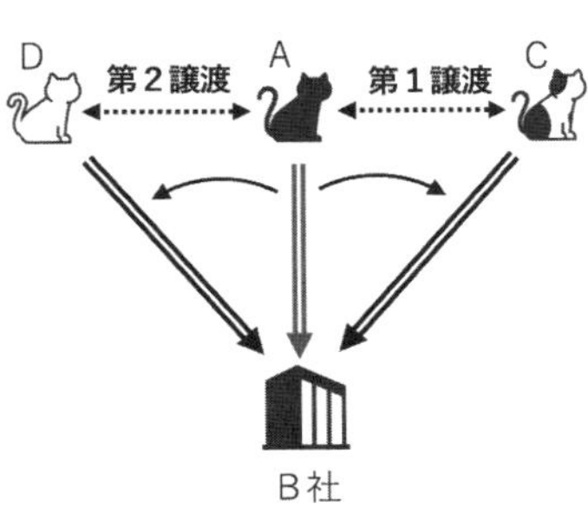

notes

[6] **債権譲渡の方式**　債権譲渡の方式（形式的成立要件）の準拠法の決定には，10条（⇒第7章100頁）の適用があります。

▶23 条

単位法律関係	連結点
債権譲渡の債務者その他の第三者に対する効力	譲渡対象債権の準拠法の所属地

23 条によれば,「譲渡に係る債権について適用すべき法」, つまり譲渡の対象になっている債権ⓟの準拠法が, 債務者その他の第三者に対する効力の準拠法になります[7]。たとえば CASE 12-2 では, (1) C が B に支払いを求めるために, 何をしなければならないか(債務者への対抗要件。たとえば, 譲渡についての B への通知・B の承諾), (2) C と D のどちらが新債権者として優先するか(第三者への対抗要件[8]。たとえば, 譲渡の通知・承諾に確定日付があるか, 譲渡の登記があるか) などの問題は, ⓟの準拠法である日本法によって判断されます。23 条は, ⓟの準拠法であれば債務者 B も知っているし, また, 債権の帰属者は債権自体の準拠法で決められるべきことなどを根拠にします。

教えて!サビニャー先生　集合債権譲渡と対抗要件の多様化

債権譲渡の対象になる債権は 1 つとは限らなくて, 一度に複数の債権をまとめて譲渡することがあります。これを**集合債権譲渡**というの。たとえば, 多数の債務者 B_1, B_2, B_3, B_4……に対して少額の債権(ⓟ$_1$, ⓟ$_2$, ⓟ$_3$, ⓟ$_4$……)をもっている A が, これらの債権をまとめて C に譲渡するとしましょう。こうすれば A は, 債権の合計代金として C からまとまった額のお金を入手できるわね。

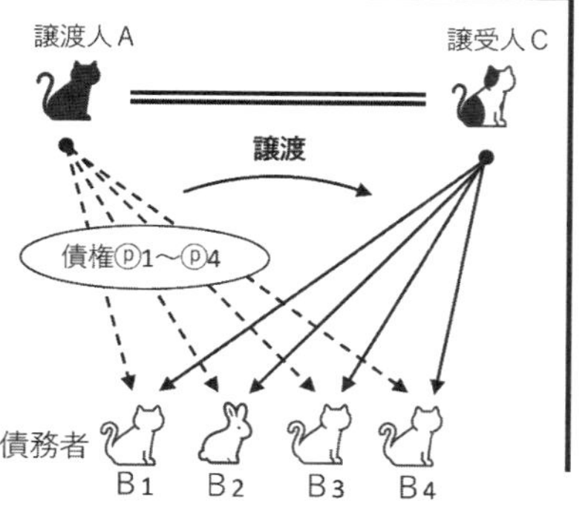

notes

[7] **23 条の連結点**　23 条の「債権について適用すべき法」は, 契約や不法行為などの準拠法のことです。これらの準拠法を制定した国＝準拠法が所属している地の法が 23 条の準拠法になると考えて, その連結点は譲渡対象債権の準拠法の所属地ということができます。

[8] **債権譲渡の対抗要件**　債権譲渡の対抗要件に関して, 日本法では, 民法 467 条や「動産及び債権の譲渡の対抗要件に関する民法の特例等に関する法律」4 条などが定めています。

では，この場合に準拠法はどうなるかしら？ 23条によって，集合債権譲渡の債務者やその他の第三者に対する効力を対象債権ⓟ$_1$，ⓟ$_2$，ⓟ$_3$，ⓟ$_4$……の準拠法でそれぞれ解決しようとすると，準拠法がバラバラだったり定まっていなかったりする場合には，一括した譲渡なのに統一的な処理ができなくなってしまいます。これでは大変なので，集合債権譲渡については，譲渡人Aの常居所地法を準拠法とする見解も有力です。

債権ごとに異なる準拠法が適用されたら大変よね。ぜんぶまとめて1つの準拠法で処理できたらいいのだけど。

2 相　　殺

CASE 12-3

日本会社Aは，メロン国会社Bに対して有する100万円の売買代金債権ⓟ（売買契約の準拠法は日本法）の支払いをBに請求した。これに対して，Bは，Aには以前，80万円を貸していたので，この貸金債権ⓠ（貸金契約の準拠法はメロン国法）と債権ⓟを相殺し，20万円だけ支払うと主張した。この相殺が成立するかどうかの準拠法は，どの国の法になるか。

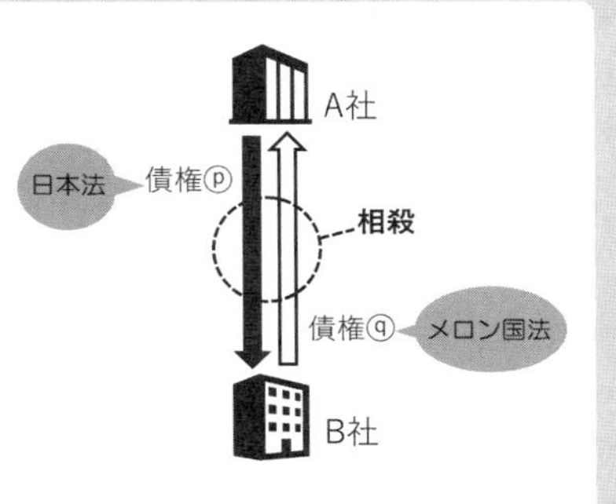

1 相殺とは

相殺とは，当事者の間でお互いに持ち合っている債権・債務を同じ額について消滅させる制度です。相殺が成立するためには，たとえば債務の支払期日がきていること，相殺が禁止された債務でないことなどの要件があります。これらについて，どの国の法を適用して相殺の成立を判断すればよいでしょうか。相殺では，関係する債権がそれぞれ準拠法をもっているので，複数の法を適用しなければならないのかどうかが問題になります。

2 準 拠 法

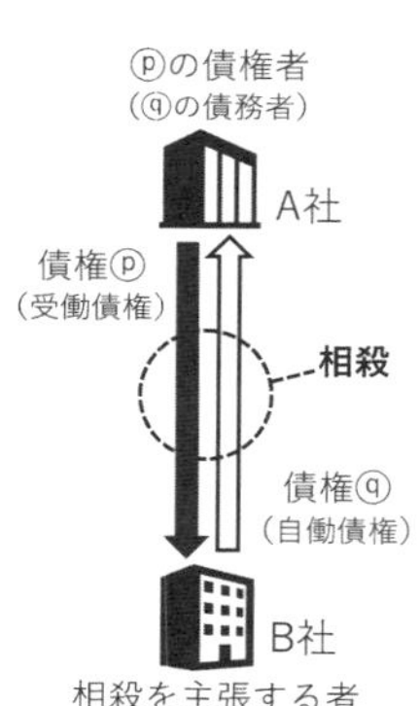

相殺について，通則法に直接の明文規定はありません。これまでは，**受働債権**ⓟの準拠法と**自働債権**[9]ⓠの準拠法の両方が認める範囲で相殺を認める累積的適用の考え方が通説でした。これは，相殺が2つの債権の消滅の問題であることがおもな理由です。しかし最近は，受働債権ⓟの準拠法のみによる，とする考え方が多数説です。その理由は，受働債権ⓟ（100万円）の一部が消滅してAが受け取れるのは20万円だけになるかどうか，という意味で受働債権ⓟに問題の重心があるからなどです。

CASE 12-3 は最近の多数説によると，受働債権ⓟの準拠法である日本法が準拠法になります。つまり，相殺の成立は日本法だけで判断されます。

3 債 権 質

1 債権質とは

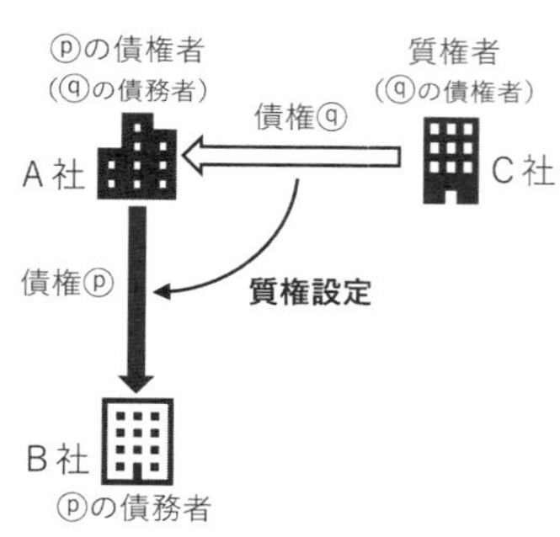

質権[10]は，債権に設定されることもあります（日本では民法362条以下）。たとえば，メロン国会社Bに対して100万円の金銭債権ⓟ（準拠法はメロン国法）を持っている日本会社Aが，オレンジ国会社Cから100万円を借りるときに（このCの100万円の金銭債権を債権ⓠとします），Cのために債権ⓟに質権を設定するような場合です。これを**債権質**とよびます。

notes

[9] **受働債権と自働債権**　相殺を主張する者であるBからみて，債権ⓟは自分が受けていることになるので受働債権，自分が相殺に使う債権ⓠは自働債権とよばれます。

2 準 拠 法

物権については13条が準拠法を決めますが（⇒第9章145頁），13条が定める連結点は「目的物の所在地」であり，これは形のある有体物を対象にしていると考えられます。ところが債権は有体物でないので所在地を考えることができず，債権質の準拠法決定について13条を適用することは適切とはいえません。そこで，債権質が物権として支配している債権に注目して，債権質の成立および効力の準拠法は，**質権の客体である債権の準拠法**（先の例では債権ⓟの準拠法であるメロン国法）になると考えるのが通説・判例（最判昭和53年4月20日民集32巻3号616頁）です[11]。

4 債権の法定移転

1 債権の法定移転とは

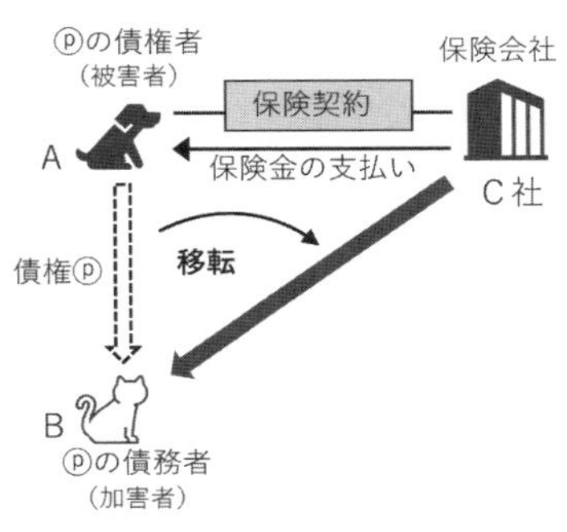

たとえば，オレンジ国の保険会社Cと保険契約（準拠法はオレンジ国法）を結んでいるメロン国人Aがアンズ国人Bに日本で車ではねられてけがをして（AのBに対する損害賠償請求権を債権ⓟ，そして，ⓟの準拠法は日本法であるとします），CがAに保険金を支払った，というケースを考えましょう。このとき債権ⓟがAからCに移転し，CがBに損害賠償を請求できるようになることがあります。債権ⓟのAからCへの移転

notes

[10] **質権**　質権は担保物権（⇒第9章147頁）の一種で，金銭を貸す時に債権者が債務者から指輪や時計などを受け取って，金銭が返済されるまで預かるタイプのものです（返済されない場合，債権者は預かっている物をそのまま自分のものにして，返済を受けたのと同じ状態にすることができます）。質権が設定される目的物（質権の客体）は，動産であることが多いです。

[11] **債権質の方式**　債権質の方式（形式的成立要件）の準拠法の決定には，10条5項（⇒第7章103頁）の適用があるといわれています。

は，法律の定めにより自動的に起きるので（当事者の意思にもとづかない点で，債権譲渡と異なります），**債権の法定移転**とよばれます（例に出した保険金の支払いにもとづく損害賠償請求債権の法定移転は，とくに**保険代位**とよばれます）。

2 準 拠 法

債権の法定移転の準拠法について明文規定はないため，解釈によることになります。例として出した債権ⓟの移転は，「保険契約に基づいてCが保険金をAに支払った」という事実の効果として起きています。つまり，債権ⓟの移転を引き起こした原因は保険契約です。このため，債権の法定移転の成立および効力の準拠法は，**移転の原因である法律関係の準拠法**（先の保険代位の例ではオレンジ国法）になるというのが通説です。

Column ⑨ 債権者代位

債権債務関係の準拠法が問題になる例にはほかに，債権者代位もあります。

債権者代位とは，たとえばCがAに対して有する100万円の債権ⓠを払ってもらうために，AがBに対して有する100万円の債権ⓟを，Aに代わってCが行使することを認める制度です。債権者代位の準拠法については，債権者代位は債権ⓠの効力であるとともに，代位される債権ⓟの問題でもあるので，債権ⓟと債権ⓠの準拠法を累積的に適用する（つまり，両方の準拠法で債権者代位が認められる必要がある）というのが通説といわれています。これに対して，債権ⓟの準拠法だけで判断すればよいという説や，逆に債権ⓠの準拠法だけで判断すればよいという説も，最近では有力です。

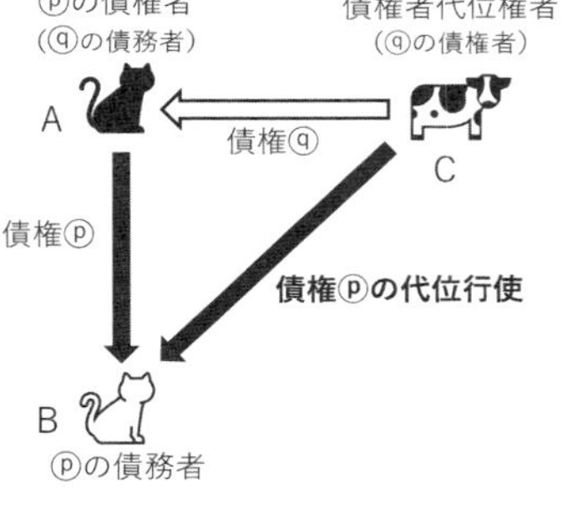

CHAPTER

第13章

知的財産権

条文関係図

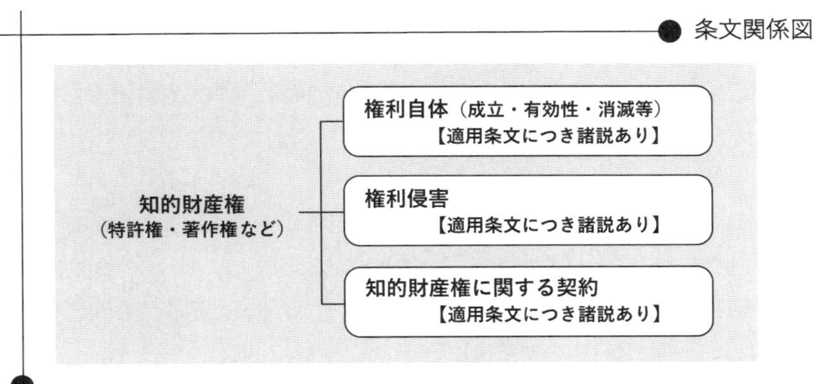

INTRODUCTION

インターネット上に無許可でアップロードされた音楽ファイルをダウンロードしたり，テレビや映画の映像，漫画や雑誌の記事などをアップロードしたり，写真やイラストなどを勝手にコピーして使ったり売ったりすると法に触れることがある，と聞いたことがありますよね。CDや雑誌を盗んだというわけでもないのに，なぜいけないのでしょうか。それは，音楽や写真は，たとえ形がなくとも，法によって守られているからです。**知的財産権**とは，こういった人の知的活動や創作活動によって生まれる形のない財産＝知的財産を保護する権利の総称です。知的財産権をもっているということは，保護の対象となっている知的財産を自分だけが利用できる，ということを意味します。この意味で知的財産権は，他人に勝手に利用されないようにするための権利といいかえてもよいでしょう。上であげたような，音楽・写真・文章・絵などを対象とする**著作権**と，高度な技術・薬の製法などの，産業上利用可能な発明を対象とする**特許権**がその代表です。

知的財産は，それ自体は物理的な形がありません。デジタルデータの形で存在していることも多く，コピーをしたり，盗んだりすることが非常に簡単です。最近では，インターネット上の情報のやりとりが多いこともあって，知的財産権をめぐる国際的なトラブルが急増しています。こういった国際的な問題の解決のためには，知的財産権の準拠法について考えなければなりません。

知的財産権はさまざまな場面で問題になります。①そもそも何をしたら権利が発生するのでしょうか。②権利が侵害されるとはどういうことでしょうか。また，権利が侵害されたら，何ができるでしょうか。③権利を売買したり，代金を支払って使わせてもらったりするには，どうすればよいでしょうか。準拠法も，問題になる場面に応じて，分けて考える必要があります。

本章では，技術的な発明に関係する特許権と，写真や音楽などに関係する著作権を中心に，知的財産権が関係する上記①②③の問題の準拠法について学習します。知的財産権に関する新しい知識を学ぶと同時に，今まで勉強してきたことを思い出しながら，応用問題を解くつもりで考えてみましょう。

1 特　許　権

1　特許権自体（成立・有効性・消滅等）の準拠法

CASE 13-1

日本会社 A はある病気の特効薬を発明し，この薬に関する特許権を日本とオレンジ国で取得したが，ライバルのオレンジ国会社 B がどちらの権利も無効だと主張している。日本の特許権とオレンジ国の特許権の有効性は，それぞれどの国の法で判断されるだろうか。

特許って、国ごとに出願するんだって。どこかの国で取ったら世界中で使えるってわけじゃないんだねー。

特許権は，CASE 13-1 における特効薬のような，産業上利用可能な発明を保護の対象としています。しかし，せっかく画期的な発明をしても，それについての特許権は，所定の機関（日本では特許庁）での出願・審査などの手続を経て登録されなければ認められません（登録型権利[1]）。また，特許権は，権利成立の要件や権利の期限，無効などに関するルールが各国で異なっていて，出願や登録は国ごとに行わなければなりません。このため，同じ発明に関する特許権であっても，日本の特許権・オレンジ国の特許権……というように，国ごとに別々の権利が発生します。

では，CASE 13-1 の特許権の有効・無効を判断する準拠法については，どのように考えたらよいでしょうか。通則法のなかに，これに関する明文の規定はありませんが，権利の成立・有効性・消滅などの権利自体の問題については，

notes

[1] **登録型権利**　特許権に代表される産業上利用可能な登録型の権利は，工業所有権または産業財産権とよばれており，特許権のほかに，商標権，意匠権，実用新案権があります。準拠法について本文で書かれていることは，特許権以外の工業所有権についても当てはまると考えてよいでしょう。

特許権が登録された国の法（**登録国法**）が準拠法になると考えられています。ただし，その根拠についてはさまざまな見解があって，いまだに議論がまとまっていません。**属地主義**を根拠とする意見のほかに，知的財産権の保護に関する国際条約上の暗黙の了解だと考える意見や，国際条約の特定の条文（とりわけ「独立の原則」とよばれるルールに関する条文）を根拠とする見解などがあります。ただ，どのように考えるにしても，権利自体の問題については結論として登録国法が準拠法となることについては一致しています。したがって，CASE 13-1 で，日本の特許権が無効になるかについては日本法で，オレンジ国の特許権が無効になるかについてはオレンジ国法で判断されることになります。

知識 13-① 独立の原則

1つの発明に関して複数の国で特許権が取得されている場合，ある国の特許権が無効となっても，別の国の特許権までが自動的に無効になるということはありません。権利の発生と同様に，権利の無効についても，国ごとの判断になります。これは「独立の原則」とよばれる，国際条約によって定められたルールです（工業所有権の保護に関するパリ条約4条の2）。

サビニャー先生，属地主義って，別のところでも聞いたことがあるような気がします。どういうものでしたっけ？

属地主義ということばは，法律の世界ではいろいろな意味で使われているのよ。特許権の属地主義は，明文の定めはないけれど「ある」と考えられていて，最高裁が「各国の特許権が，その成立，移転，効力等につき当該国の法律によって定められ，特許権の効力が当該国の領域内においてのみ認められること」と定義しています（最判平成9年7月1日民集51巻6号2299頁）。

なるほど。そういう内容の属地主義があるから，登録国法が準拠法になると考えられるということなんですね。それなら，通則法の条文とは無関係のところで，準拠法は決まるということですか？

いいところに目をつけたわね。そう思うのも無理はないけれど，最高裁は別の判決で，属地主義の原則があることで国際私法による準拠法決定が不要になるわけではないともいっているの（最判平成14年9月26日民集56巻7号1551頁）。

ええ―――っ。なんだか，混乱してきました……。

結局，属地主義と，通則法の関係はまだきちんと整理されていないのよ。困ったものね……。

2 特許権侵害の準拠法

CASE 13-2

日本会社Aは，無線通信に関するある発明の特許権をメロン国で取得した。Aがメロン国内でその発明を用いた製品を販売していたところ，同じくメロン国内で販売されているメロン国会社Bの製品にも，自分の発明した技術が勝手に使われていることがわかった。AがBに対して特許権侵害にもとづく損害賠償とB製品の販売の差止めを求めるとき，準拠法はどの国の法になるか。

特許権を取得すると，権利者は，特許権の対象となった発明を独占的に使う（実施する）ことができるようになります。そのため，権利者以外の人が権利者に無断で使うことは，原則として特許権の侵害となります。特許権の侵害に対する救済としては，日本を含む多くの国で，①金銭による損害賠償と，②侵害行為の差止めが認められています。

権利の侵害が問題になっているので，①も②も不法行為の問題のようにみえますが，最高裁は①と②を区別して，別々に準拠法を決定しました（最判平成14年9月26日民集56巻7号1551頁）。すなわち，①の損害賠償については，特許権侵害も不法行為の一種であるという理解から，不法行為の問題と法性決定して準拠法を決定し，②の差止めについては，明文規定のない特許権の効力の問題と法性決定して，条理により特許権の登録国法を準拠法としたのです。この考え方によると，CASE 13-2 の場合，①不法行為の結果発生地はメロン国(17条)，②特許権の登録国もメロン国ですから，損害賠償請求についても差止請求についてもメロン国法が準拠法となる可能性が高いでしょう。

損害賠償が不法行為の問題なら，17 条のあとに，20 条や 21 条も適用して準拠法を決める必要がありますよね。ぼく，ちゃんと覚えてますよ！

そのとおりよ，ワンチーニくん。不法行為の問題と法性決定するなら，17 条だけではなくて，20 条や 21 条の適用についても考えることになります。

あれ？　でも不法行為の問題になるのは，損害賠償請求だけですよね。たとえば CASE 13-2 で，A と B が相談して，損害賠償請求の準拠法だけ 21 条で日本法に変更するなんてことをしてもいいんですか？　差止めの準拠法はメロン国法なのに……。

よく気がついたわね！　じつは平成 14 年の最高裁判決は，通則法ができる前のもので，当時は 17 条に相当する規定（法例 11 条）しかなかったの。だから，特許権侵害にもとづく損害賠償請求に，20 条や 21 条を適用して本当に問題がないか，差止めの準拠法と違っていてもよいのかという点については最高裁は何もいってません。通則法ではどう対応すればいいのか，もう少し考える必要がありそうね。

3　特許権に関する契約の準拠法

CASE 13-3

日本人 A は，画像処理に関する画期的な技術を発明し，日本とレモン国で特許権を取得している。レモン国でカメラを販売しているレモン国会社 B は，自社の新製品にぜひこの技術を使いたいと考え，A に対してレモン国特許権の買い取り（譲渡）をもちかけた。この譲渡の準拠法はどの国の法になるか。

すでに述べたように，特許権を取得すると，権利の対象となった発明を使うことができるのは権利者だけとなり，権利者に無断で使った場合には原則として特許権の侵害となります。では，他の人が合法的にその発明を使いたい場合はどうすればよいでしょうか。方法は２つあります。権利者と契約をして，①CASE 13-3のように，その権利を自分に譲ってもらう方法（特許権の譲渡契約を結ぶ）と，②お金などと引き替えに使用の許可をもらう方法（ライセンス契約・実施許諾契約を結ぶ）です。

どちらの方法も契約によりますから，7条以下に従って契約の準拠法を決定します。したがって，当事者は，契約の準拠法を選択することができ（7条），法選択のない場合は契約の最密接関係地法が準拠法となります（8条）。しかし，物の売買契約の場合と同じで，この契約準拠法が適用されるのは，当事者間の契約上の権利義務にかかわる部分だけです（⇒第**9**章150頁）。

①については，物の売買契約の場合に，所有権移転の要件や時期，効果などについて13条で定まる物権の準拠法が適用されるのと同じで，特許権の譲渡契約の場合にも，特許権がそもそも他人に譲渡できるかどうかや（譲渡可能性），何をすれば譲渡したことになるかといった問題については，**1**で説明した権利自体の準拠法，つまりは権利の登録国法が適用されると考えられています。したがって，CASE 13-3で，契約準拠法はＡとＢの合意で選択できますが，Ｂが譲渡を希望しているのはレモン国の特許権のため，譲渡可能性等の問題については，レモン国法によることになります。

②の場合も，基本的な考え方は同じです。契約準拠法については当事者が選択できますが，どのような内容のライセンス（実施権ともいいます）を与えてもらえるかや，ライセンスを与えてもらうにはどうすればよいかといった問題は，権利自体の準拠法によることになります。

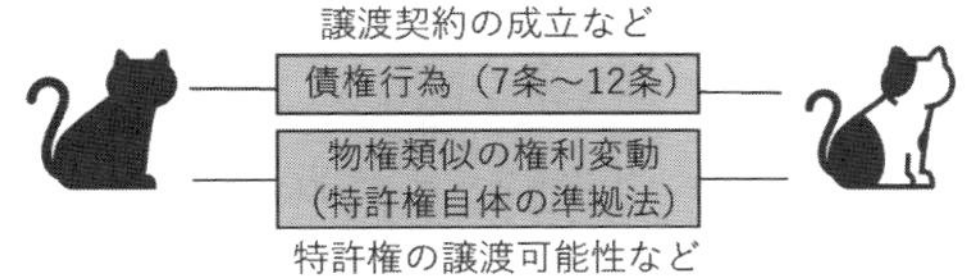

🐾教えて！サビニャー先生　職務発明をめぐる問題

会社の従業員が仕事でした発明のことを職務発明といいます。職務発明については，研究開発のために会社がお金や設備を用意したという理由で，個人的にした発明とは違う扱いにしている国が多いの。日本でも，職務発明に関する権利を会社と従業員のどちらのものにするかや，会社が権利を取得した場合の補償などについて，特許法 35 条が定めているわ。

この 35 条，日本の特許法の規定だから，「日本の特許権が問題になるときにだけ適用されるのでは？」と考える人が多いのだけど，日本でした発明について外国でも特許を取ることはよくあるの。そうすると，外国の特許の分についてはどうなるかという疑問が出てきます。特許を取る国ごとにそれぞれの国の法を適用するという考え方もあるけど，最高裁は，職務発明に関する権利を譲渡した場合に，その対価を請求できるかや，その対価の額がいくらになるかという問題は，契約準拠法によって定められると述べて，外国の権利分についても日本の特許法を適用しています（最判平成 18 年 10 月 17 日民集 60 巻 8 号 2853 頁）。ただ，これも通則法制定前の判例だから，通則法のもとでどうなるかについては改めて考える必要があるわね。労働者がした発明についての問題だから労働契約の準拠法（12 条）によるという考え方が有力だけど，まだ意見はまとまっていないのよ。

著　作　権

CASE 13-4

世界的に有名な写真家であるオレンジ国人 A が，来日して富士山を撮影した。

(1) この写真について著作権が発生するかどうかは，どの国の法によって判断されるか。

(2) この写真の著作権がいつまで保護されるかは，どの国の法によって判断されるか。

1　著作権自体（成立・有効性・消滅等）の準拠法

産業上利用可能な発明を保護する特許権とは異なり，**著作権**[2]が保護しているのは，絵や文章，音楽，写真などの知的創作物（著作物）です。また，著作権については，特許権のときのような権利発生のための特別の手続（登録など）は必要ありません。創作と同時に，つまりは，絵を描いたり作曲したり写真を撮ったりした瞬間に，自動的に発生します（**無方式主義**）。

ところで，国ごとの権利発生という点では，著作権も特許権と同じです。つまり，日本では日本法にもとづいた著作権が発生し，レモン国ではレモン国法にもとづいた著作権が発生します。しかし，日本で描いた絵や日本で撮った写真だから日本法上の著作権だけが発生するというわけでもありません。じつは，著作権については，国際条約である**文学的及び美術的著作物の保護に関するベルヌ条約**（以下，ベルヌ条約といいます）の定めがあり，このベルヌ条約の同盟国のあいだでは，創作を行った国だけでなく，他の同盟国でも権利が発生します。はじめに説明した無方式主義はこのベルヌ条約で定められたルールですので（同条約5条2項），結局のところ，創作と同時に同盟国の数だけ，それぞれの国の法にもとづいた著作権が発生するというわけです。

このように，権利が発生する仕組みの大枠については条約が定めているわけですが，具体的にどのようなものについて著作権が発生するかや，権利の保護期間[3]など，細部については各国法で異なっています。そ

メモ 知識 13-② 内国民待遇

日本で著作権を得るかどうかに日本人であるか外国人であるかは関係ありません。ベルヌ条約で，権利の保護に当たって自国民と他の同盟国の国民を差別してはならないという重要な原則（内国民待遇の原則）が定められているからです（5条1項）。

notes

[2] **著作権**　「著作権」は，広い意味で使うときは，著作者に与えられるさまざまな権利を含んでいます。著作物を利用して利益を得る権利の総称である著作財産権（狭い意味で著作権ということばを使うときは，これを指します），内容を改変されない権利などが含まれる著作者人格権，演奏家などに与えられる著作隣接権がその中身です。この本で使用しているのは狭い意味での「著作権」，つまり著作財産権のことです。

うすると，国際的な状況でこれらの事柄が問題になった場合には，準拠法をどのように決めるかを考えなければなりません。しかし，特許権の問題と同じく，通則法のなかには著作権に関する準拠法を決めるための明文の規定がありません。

ところで，ベルヌ条約には，ところどころに「○○は，保護が要求される同盟国の法令の定めるところによる」というフレーズが出てきます（たとえば，保護期間に関する7条8項）。じつは，このように定める部分は，条約が定める準拠法決定ルールだと考える有力な学説があります。この考え方によれば，通則法の規定を参照するまでもなく，ベルヌ条約によって準拠法は決まることになります。「保護が要求される同盟国の法令」（**保護国法**ともよばれます）とは，裁判をしている国の法ではなくて，その利用行為や侵害行為が問題になる国の法を指すと解されています。たとえば，日本での利用行為が問題になるなら日本法，レモン国での利用行為が問題になるならレモン国法となります。ただ，インターネットが関係するケースなど，どの国での利用行為なのかがはっきりしない場合もありますし，そもそもこのベルヌ条約の規定は準拠法決定ルールではない（したがって，各国の国際私法に従って準拠法を決めてよい）とする考え方もあります。とはいえ，この考え方であっても同じように，問題となる国ごとに，それぞれの国の法によるとする見解が有力です。

CASE **13-4** は，条約によって準拠法が決まると考えるとしても日本の国際私法によって準拠法が決まると考えるとしても，(1)(2)どちらも，日本の著作権については日本法が，オレンジ国の著作権についてはオレンジ国法が適用されることになります。

notes

3 **著作権の保護期間**　ベルヌ条約では，保護期間を「著作者の生存の間及びその死後 50 年」と定めています（7条1項）。しかしこれは最低限の保護期間であって，条約の同盟国は，国内法でそれより長い保護期間を定めることができます。日本法では以前は条約と同じ 50 年でしたが，2018 年から 70 年に延長されました。

🐾教えて！サビニャー先生　©マークの意味

イラストの端っこや本の巻末に，作者の名前や公表年月日と一緒に©マークが表示されているのを見たことがある人は多いのではないかしら？　著作権で保護されるためにこのマークが必要だと思っている人もいるみたいだけど，じつは，日本も含め，ベルヌ条約に加盟して無方式主義を採用した国の間では，©のあるなしは著作権の発生には関係ないの。著作権の発生のために登録などの一定の方式を備えることを求める（方式主義の）国でも，作者の氏名と最初の発行年といっしょに©をつけておけば保護される，つまり権利が発生する，というのがもともとの意味なんだけど，今では方式主義の国は少ないから，法律的な意味はほとんどなくなっています。まぁ，作者の名前や公表年月日がわかりやすく表示されるという意味では，つけておいて損はないわ。この本にも©マークがついているので，探してみて。

2　著作権侵害の準拠法

CASE 13-5

日本人のAは，オレンジ国を旅行中に参加した音楽イベントで聞いたオレンジ国人Bの曲をとても気に入ったので，Bに無断で，東京都内にある結婚式場で流すために制作した宣伝用ビデオのBGMとして使用していた。BがAに対して，著作権侵害にもとづく曲の無断使用の差止めと損害賠償を求める場合，準拠法はどの国の法になるか。

他人の著作物を無断で利用することは，原則として著作権の侵害になります。CASE 13-5のような，無断コピーや演奏が典型的な例です。こういった無断利用に関しては，特許権侵害の場合と同じく，多くの国で，損害賠償と差止めという2種類の救済方法が認められています。

著作権侵害の準拠法についても，**1**の著作権自体の準拠法と同じ問題があります。無方式主義のところで紹介したベルヌ条約5条2項は，第3文で，「保護の範囲及び著作者の権利を保全するため著作者に保障される救済の方法」は，「保護が要求される同盟国の法令」によると定めています。これは，著作権侵害の差止めの準拠法について定めたルールであるとする見解があります。これに対して，ベルヌ条約5条2項は差止めの準拠法について定めたルールではないと考える場合には，特許権と同じように，著作権の効力の問題として，侵害が問題となっている著作権がどこの国の著作権かをみて，準拠法を決めるという考え方が有力です。また，損害賠償については，特許権侵害の場合と同じように，通則法の不法行為のルール（17条以下）に従って準拠法を決めるとする考え方が有力です。

CASE **13-5** では，Aは東京都内（日本）でBの楽曲を使用しています。差止めに関しては，日本国内での利用が問題になっているということで，ベルヌ条約5条2項の保護国は日本と解されます。したがって差止めについては日本法が準拠法となります。著作権の効力の問題と考える場合も，日本国内での行為が問題となるのであれば，日本の著作権の侵害が問題になっているということで，結論としては同じく，日本法が準拠法となります。損害賠償請求に関しては，17条の結果発生地は日本と解されるので，20条・21条による準拠法変更がないかぎりは，日本法が準拠法となります（⇒200頁）。

🐾教えて！サビニャー先生　インターネット上の著作権侵害

最近，インターネット上の著作権侵害が話題になることが多いわよね。画像や動画，音楽ファイルなどは，コピーはもちろん，アップロードやダウンロードも簡単だし，経験がある人も多いのではないかしら。インターネット上で公開されているものは自由に使っていいと思っている人もいるようだけど，じつはそうとも限りません。公開されているかどうかにかかわらず，無断利用は著作権侵害になる可能性があるのよ。

ところでこういったインターネット上の著作権侵害が問題になった場合にも，そもそも侵害になるのかどうかや，損害賠償・差止めの請求ができるかどうかの準拠法が問題になります。国境のないインターネットの世界では，通則法17条の結果発生地や，ベルヌ条約の保護国をどうやって決めたらいいのかしら？　アップロードされたら世界中どこでも閲覧できるので，アクセスできる国すべてが結果発生地や保護国に当たると考えて，国ごとに準拠法を適用するという考え方がいまのところは有力よ。これだとものすごくたくさんの準拠法を適用することになるから大変だけど，アナログな時代に作られたルールを前提にするなら，そう考えざるをえないの。インターネット上の著作権侵害については，きっと新しい考え方が必要ね。

3 著作権に関する契約の準拠法

CASE 13-6

オレンジ国人Aが執筆しオレンジ国で最初に出版されたファンタジー小説は，世界中でベストセラーになっている。日本会社Bは，この小説の日本語版を出版したいと考え，日本語への翻訳と日本での出版の許諾をAに求め，交渉の末にAと契約を結ぶことに成功した。このAとBの間の契約の準拠法はどの国の法になるか。

著作権も財産権の一種ですから，取引の対象として売買（譲渡）することができます。また，自分は著作権者ではないものの，翻訳や出版などをしたいと思った場合には，著作物を利用できるように許可（利用許諾・ライセンス）をしてもらうことができます。金銭などと引き替えに譲渡や利用許諾（ライセンス）をしてもらう場合，著作権者との間に契約を結んで行います。

著作権の譲渡契約・利用許諾（ライセンス）契約も，特許権に関する契約と基本的な考え方は同じです。つまり，①契約上の権利義務に関する部分と，②譲渡や利用許諾の部分（そもそも譲渡できるかやどうすれば譲渡できるのかなどの問題）とを区別して，準拠法を決めています。①は契約の問題ですので，通則法7条以下により準拠法が決まりますが，②の問題は，**1**の権利自体の準拠法によるというのが通説の立場です（⇒201頁）。

②の権利自体の準拠法については，**1**で述べたように，ベルヌ条約を根拠として保護国法を準拠法とする立場や，日本の国際私法によって準拠法を決める立場がありますが，どちらの立場によるとしても，結局のところ，譲渡やライセンスの対象となる権利ごとに，それぞれの国の法を適用するということになります。

したがって，CASE 13-6では，①のAB間の契約の成立や，契約が守られなかった場合にどうなるかといった問題は，通則法7条以下で定まる契約準拠法によりますが，②の翻訳や出版の許諾ができるのかや，許諾を受けるにはどうすればよいかといった問題は，日本法によることになります。

サビニャー先生，CASE 13-6 では，A が著作権をもっている前提ですけど，そもそもだれが著作権をもっているのかって，すんなり決まるのでしょうか？　A に共著者がいた場合には，どうなるんですか？

そういう，著作権はそもそもだれのものかという問題（著作権の原始的帰属）も，著作権自体の問題と考えて，保護国法によると考えるのが多数説よ。

そうなんですか。でもそれだと，同じ著作物なのに国ごとに最初の権利者がだれになるかを考えることになるから，国が変われば権利者が変わるかもしれないということですよね。ややこしいなぁ。

そうなの，ややこしいのよ。だから，「全部まとめて 1 つの国の法で決める方がよい」という考え方も最近では有力です。ただ，そのように考えることがベルヌ条約との関係で可能なのかについては議論があるわ。

CHAPTER

第14章

国際裁判管轄／外国判決の承認・執行

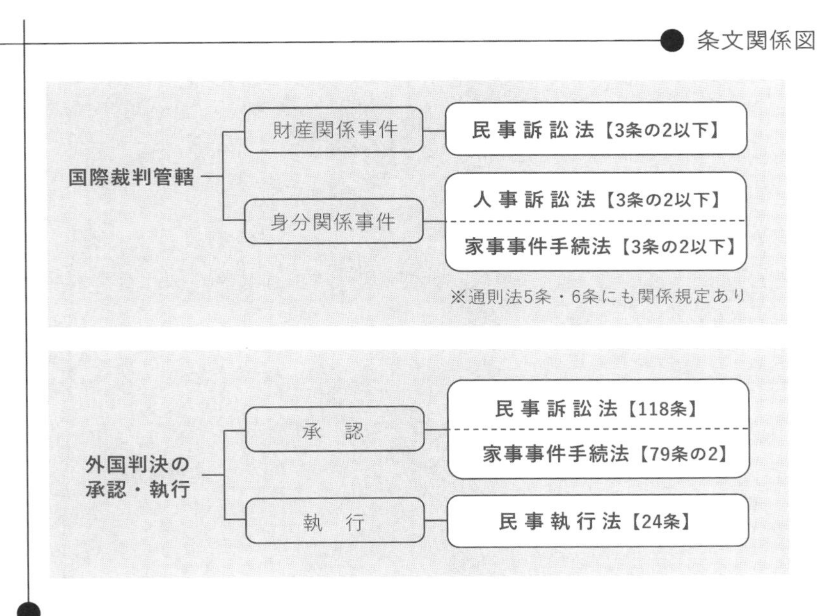

INTRODUCTION

第**0**章でみたように，ありとあらゆる事件について，日本で裁判ができるわけではありません。皆さんは先に準拠法について学んだので，準拠法が日本法だったら日本で裁判できるだろうと思う人もいるかもしれませんが，そういうわけでもないのです。順番としては，はじめに日本で裁判できるかが問題になり，裁判できるとなったら，通則法にしたがって準拠法が何になるかを考える，という流れになります。準拠法を決めるルールと，裁判できるかどうかを判断するルールは同じではなく，通則法とは別の法律をみる必要があります。どのような場合に日本で裁判できるかは，**国際裁判管轄**（権）の問題とよばれます。

他方で，裁判所がした判決の効力は国境を越えるかという問題もあります。日本で効力がある判決は日本の裁判所のものだけと思っている人もいるかもしれませんが，実はそうではありません。どのような場合に外国裁判所の判決の効力が日本で認められ，またどうしたらその内容を実現できるのでしょうか。これらは，**外国判決の承認・執行**の問題とよばれます。

この章では，①国際裁判管轄と，②外国判決の承認・執行について学びます。これらの問題については，民事訴訟法や人事訴訟法などの，通則法とは別の法律がルールを定めています。参照すべき法律（条文）をまちがえないよう，注意しながら読みすすめていきましょう。

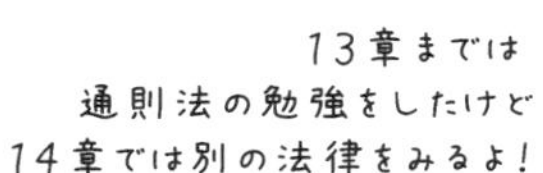

1 国際裁判管轄

1 国際裁判管轄とは

国際裁判管轄権（以下では，「国際裁判管轄」または「管轄」といいます）とは，国際的私法関係が問題となる事件について，裁判をすることができる国家の権限です。管轄があると日本で裁判ができることになりますが，管轄がないと日本で裁判はできません（訴えは却下されます[1]）。これは国際的な問題ですが，世界中の国が参加する条約でこれについて定めたものはなく，日本に管轄があるかは日本の国内法にしたがって判断することになります。契約や不法行為などの財産関係事件の管轄については**民事訴訟法**（民訴法）が定めていますが，離婚や親子などの身分関係事件の管轄については**人事訴訟法**（人訴法）と**家事事件手続法**（家事法）が定めています。

準拠法は連結点によって決定されますが，管轄の有無は**管轄原因**によって決定されます。管轄原因が日本にあれば，原則として管轄が認められますが，管轄を認めるべきでない「**特別の事情**」（民訴法3条の9，人訴法3条の5，家事法3条の12）がある場合には，訴えは却下されます。

どのような場合に「特別の事情」があるとされるかは，事案の性質・応訴による被告の負担の程度・証拠の所在地などの事情（身分関係事件については，未成年の子の利益も重要な考慮要素として挙げられています）を総合的に考慮して，個

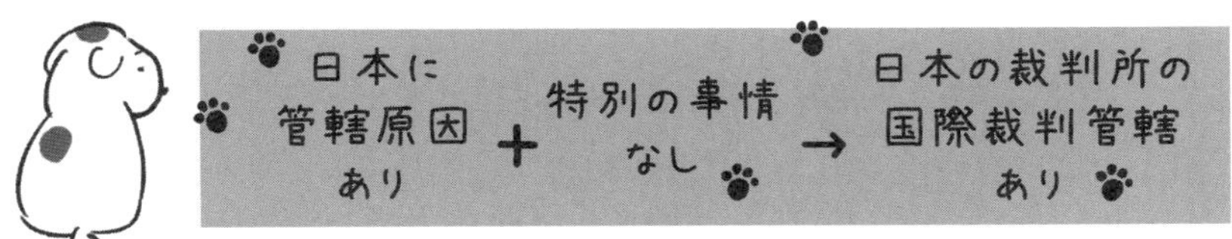

notes

[1] **訴えの「却下」**　裁判手続に必要な条件（訴訟要件）をクリアしていないために，裁判所で本案（損害賠償が認められるかや，離婚できるかなどの訴えの内容）について判決をしないという判断を「却下」といいます。これに対して「棄却」は，本案について審理したうえで請求を認めないという判断（損害賠償は認められない，離婚できないなど）のことをいいます。

別事案ごとに判断します（ただし，「特別の事情」があるかどうかの判断をしない場合もあります〔⇒220 頁注[7]〕）。

知識 14-① 外国裁判所の管轄

管轄の有無は，各国がそれぞれ自国法にもとづいて判断します。同じ事件について，日本の裁判所だけでなく外国の裁判所も自国に管轄があると判断することもあれば，どの国の裁判所も管轄がないと判断することもあります。

2 財産関係事件の国際裁判管轄

CASE 14-1

レモン国に住所を有するレモン国人Ａは世界的なピアニストである。日本会社Ｂは日本国内でイベントの企画等を業とする会社で，Ａを日本に呼んで東京で３回コンサートを開催することとして，Ａとの間でコンサート出演契約を締結した。ところが，来日直前にＡから「気が変わったので行きたくない」と一方的にキャンセルされてしまった。Ｂはすでに販売したチケットの返金やコンサートホールの費用などで多額の損害を受けたので，日本の裁判所でＡに対して損害賠償を求める訴えを提起した。この訴えについて，日本の国際裁判管轄は認められるか。

財産関係事件の国際裁判管轄ルールの構造

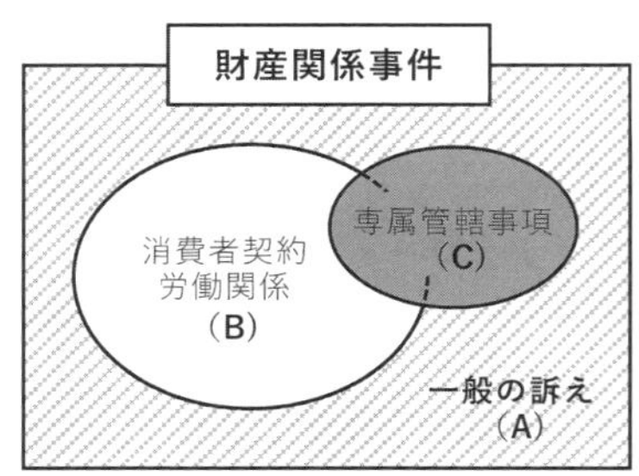

財産関係事件に関する国際裁判管轄のルールは，民訴法３条の２以下に定められています。このうち，直接，国際裁判管轄に関するルールを定めているのは，３条の 10 までです。これらのルールをここでは３つのグループに分けて説明していきます。１つめは，一般的な事件のグループ（A），２つめは消費者や労働者が当事者になる事件のグループ（B），３つめは，日本でしか裁判できないとされている事件（＝**専属管轄**）のグループ（C）です。

実際の事件の大多数はＡかＢに分類されます。ただ，検討の順序としては，まず事件がＣの専属管轄事項[2]（３条の５）に該当するかを先にみて，該当しない場合に，AかBに進むことになります。同条の専属管轄事項に該当する場合は，ほかの規定の適用はほとんど排除されてしまうからです（3条の10）。

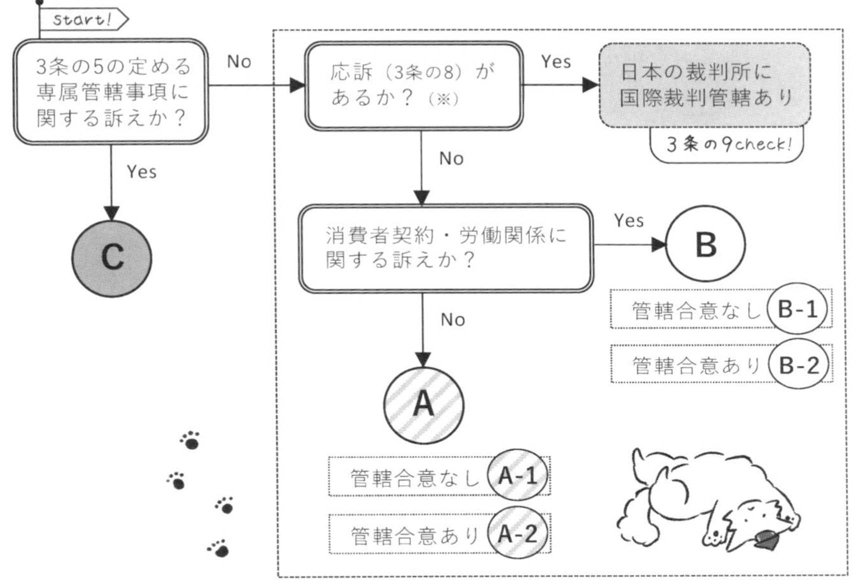

（※）被告が管轄のことに触れないまま、訴えの内容（本案）について弁論することを「応訴」と言います。応訴をすると、日本で裁判することに異論はないという扱いになるため、管轄原因があることになります。

一般事件：管轄合意がない場合（A-1）

まず，一般的な事件に関する国際裁判管轄のルールについて説明します。ここで中心になる条文は民訴法3条の2と3条の3です。それぞれの条文見出しをみると，3条の2は「被告の住所等による管轄権」，3条の3は「契約上の債務に関する訴え等の管轄権」となっていますね。ここから，3条の2は被告の住所に注目しており，3条の3は訴えの種類（内容）に注目していることが分かります。この2つの条文のどちらかが優先して適用されるというわけではな

notes

[2] **専属管轄**　3条の5が定める3種類の訴え（日本法にもとづき日本で設立された会社の組織等に関する訴え（1項），登記・登録に関する訴え（2項），特許権等の登録型の知的財産権の存否・効力に関する訴え（3項））に該当する場合は，日本の裁判所でしか裁判ができません（3条の10。特別の事情のチェックも必要ありません）。

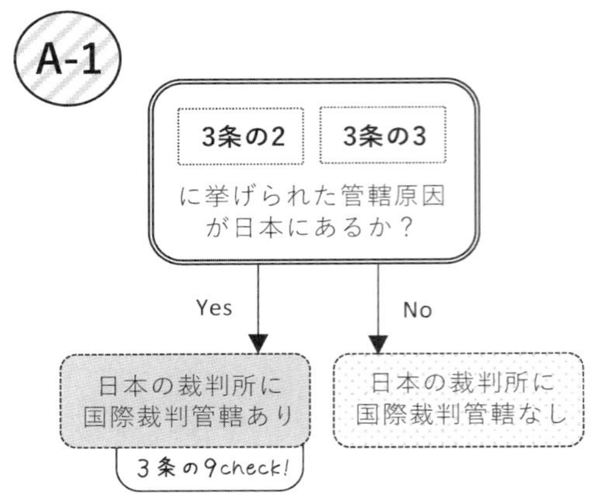

く，これらの条文に列挙されている地（管轄原因）が1つでも日本にあれば，原則として日本の管轄が認められることになります。なお，1つの事件に関して複数の管轄原因が日本にあることも少なくありませんが，それらをすべて列挙する必要はありません。

具体的には，3条の2では，被告の住所（自然人の場合。第1項）または主たる事務所・営業所（法人の場合。第3項）が日本にあるか，を確認します。3条の2が定める被告の住所や主たる事務所・営業所などの管轄原因が日本にある場合には，どのような種類（内容）の訴えでも日本の管轄が認められます。CASE 14-1 では，被告となるAは日本に住所がないので，3条の2にもとづく管轄は認められません。

3条の3では，同条各号に掲げられている訴えの種類のどれかに当てはまり，そこに定められている管轄原因が日本にあれば原則として日本で裁判ができることになります。CASE 14-1 では，①Bの訴えは，AによるAB間の契約上の債務（コンサートへの出演）の不履行から発生した損害賠償請求なので，3条の3第1号の「契約上の債務の不履行による損害賠償の請求……を目的とする訴え」に当てはまります。つぎに，②履行地の基準になる「当該債務」は不履行になっているAのコンサート出演債務です。さいごに，③「契約において定められた当該債務の履行地」は日本であることから，3条の3第1号の契約債務履行地の管轄が日本に認められます。

3条の3では，1号から13号までに，訴えの種類とそれに対応する管轄原因が定められています。主なものは次のとおりです。

> **メモ 知識 14-② 併合請求における管轄権**
>
> 3条の6は，ある1つの訴えについて日本の国際裁判管轄が認められる場合に，それと関連するものの単独では管轄が認められない別の訴えについて，日本でまとめて訴える（併合する）ことを認める規定です。

訴えの種類	管轄原因
契約上の債務について，その履行やその不履行による損害賠償などを求める訴え（1号）	契約債務履行地 （契約上合意されている地，または合意された契約準拠法で定まる地）
財産権上の訴え（3号）	財産所在地 ①物などの引渡請求について，目的物所在地 ②金銭の支払請求について，差押え可能な被告の財産の所在地（価額が低すぎないもの）
事務所・営業所を有する被告に対する訴え（4号）	事務所・営業所の所在地 （その事務所・営業所の業務に関する訴えに限る）
事業を行う被告に対する訴え（5号）	事業活動地（日本における業務に関する訴えに限る）
不法行為に関する訴え（8号） （※226頁注⑯も参照）	不法行為地 ・加害行為地，または ・結果発生地（通常予見可能性の要件あり）

教えて！サビニャー先生　ビジネス活動にもとづく管轄原因

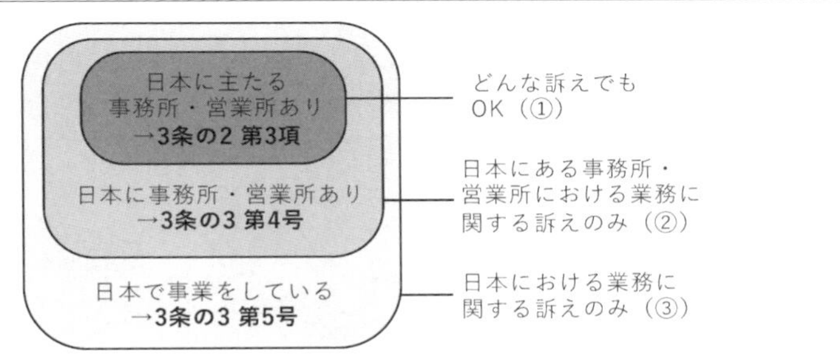

ビジネスをしている法人などを訴えるときに使える3条の2第3項，それから3条の3第4号と第5号って，違いがわかりにくいわよね。図にまとめてみると上のようになるわ。

それぞれ，ビジネスと日本との関わり合いの強さ（濃淡）に応じた要件が設定されているのよ。日本との関わり合いが濃ければ（①）どんな訴えでもよいけれど，関わり合いが薄ければ（②・③），それに応じた範囲の訴えに対象が限定されているの。

一般事件：管轄合意がある場合（A-2）

CASE 14-1 で，AとBが契約の中で，「この契約から生じる一切の紛争については，レモン国の裁判所にのみ訴えを提起することができる」と合意していた場合はどうなるでしょうか。3条の7第1項によれば，当事者は，合意によりどこの国の裁判所に訴えを提起することができるかを定めることができるとされていて，これは**国際裁判管轄の合意**（管轄合意）と呼ばれています。この合意は，①一定の法律関係にもとづく訴えに関する合意であること（第2項），②書面（電子メールなどの電磁的記録を含む）で行われていること（第2項，第3項）などの要件[3]を満たせば有効です。

国際裁判管轄の合意には，被告の住所地などの通常の管轄原因のほかに，合意した裁判所でも裁判をすることができるとする付加的合意と，通常の管轄原因を排除して，合意した裁判所でしか裁判できないとする専属的合意があります。上にあげたA・Bの合意は，「レモン国の裁判所にのみ」とあるので，専属的合意です。合意されているのは外国（レモン国）の裁判所ですから，合意が有効であれば，日本の管轄は（通常の管轄原因があっても）認められません[4]。一方，日本の裁判所を指定する有効な専属的合意の場合には，3条の9のかっこ書により「特別の事情」のチェックはされないので，必ず日本の管轄が認められることになります。

「レモン国の裁判所でも裁判できる」というような，外国裁判所の付加的合意の場合には，通常の管轄原因が日本にあれば，日本の管轄が認められます（A-1パターンとして扱われます）。

notes

[3] **管轄合意のその他の有効要件**　3条の7には明示的に定められていませんが，裁判管轄の合意も法律行為の一種なので，意思表示に錯誤や詐欺などの問題がないことや公序に反する内容でないこと（最判昭和50年11月28日民集29巻10号1554頁）も要件とされています。

[4] **裁判権を行うことができないとき**　3条の7第4項によれば，専属的合意については，「その裁判所が法律上又は事実上裁判権を行うことができないとき」は，当事者はそれを援用することができません。たとえば，合意した国の法律上，その管轄合意が有効と認められない場合や，戦争などで事実上，その国の裁判所が機能していないような場合がこれに該当します。このような場合には，合意はないものとして扱われます。

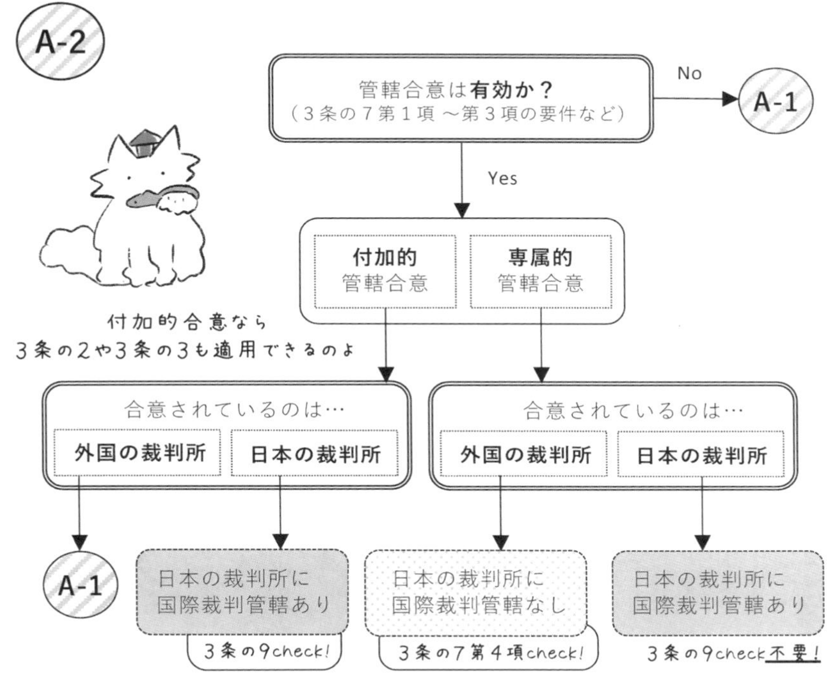

消費者契約および労働関係に関する訴え：管轄合意がない場合（B-1）

契約準拠法の決定において，消費者と労働者は特別な保護の対象でしたが（⇒第7章），国際裁判管轄の有無の判断にあたっても，消費者と労働者は保護されています（3条の4）。3条の4のねらいは，消費者や労働者が国際訴訟に対応するのは大変なので，なるべく負担にならない地で裁判できるようにする，というものです。消費者契約に関する訴えと個別労働関係に関する訴えが対象で，第7章で学んだ CASE 7-5（⇒104頁）や CASE 7-7（⇒115頁）のようなトラブルが典型的です。

当事者が管轄合意をしていない場合，消費者・労働者が原告であるときには，3条の2と3条の3が定める管轄原因に加えて，3条の4第1項（消費者契約に関する訴えについて，訴え提起時または契約締結時における消費者の住所地）・第2項（労働関係に関する訴えについて，労務提供地）が定める管轄原因のどれかが日本にあれば，管轄が認められます。これに対して，事業者（消費者契約）・事業主（労働関係）が原告であるとき[5]には，3条の4第3項が，前条（=3条の3）の規定は適用しないとしているため，被告=消費者・労働者の住所地（3条の2第1項）でしか訴えることができません。

管轄ルールと準拠法ルールの組み合わせで

日本の裁判所で日本法を適用してもらえることになるんだねー。

B-1

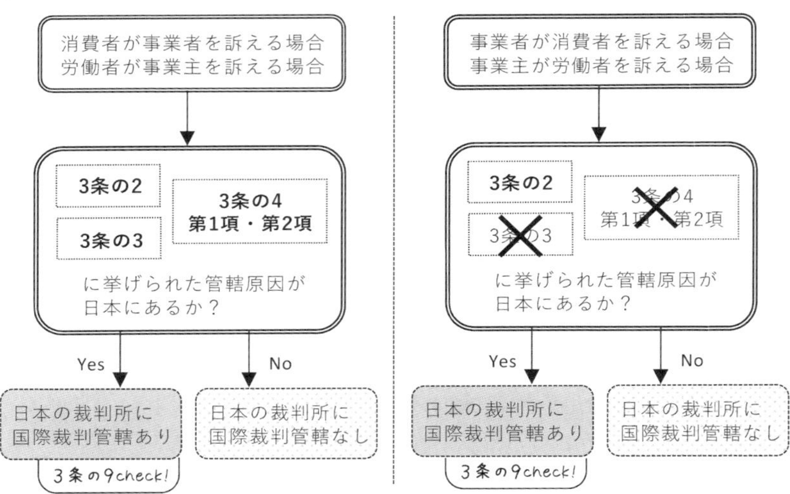

消費者契約および労働関係に関する訴え：管轄合意がある場合（B-2）

消費者契約・労働関係に関する訴えについて管轄の合意を当事者の自由に任せると，立場の弱い消費者・労働者に不利益が生じかねません。そのため，消費者・労働者の保護のために，管轄合意の効力を制限する特別ルールが定めら

notes

[5] **事業者・事業主が原告になる場合**　たとえば，事業者が消費者に代金の支払いを求めるとか，事業主が，退職時の合意に反して企業秘密をライバル会社に売ったことにより生じた損害の賠償を元従業員に求めるなどの場合が典型的です。

れています（3条の7第5項・第6項）。紛争発生後にした合意は通常の管轄合意として扱われますが[6]，紛争発生前の管轄合意は，1号と2号のどちらかに定める要件を満たす必要があります。1号によれば，①消費者契約の場合は消費者契約締結時の消費者の住所地，②労働関係事件の場合は，労働契約終了時の合意であって，契約終了時の労務提供地を指定する管轄合意であることが要件です。これに対して2号は，消費者・労働者が管轄合意を使いたいと言った（援用した）場合には，消費者・労働者の意思を尊重して，通常の管轄合意と同じように扱うこととしています。

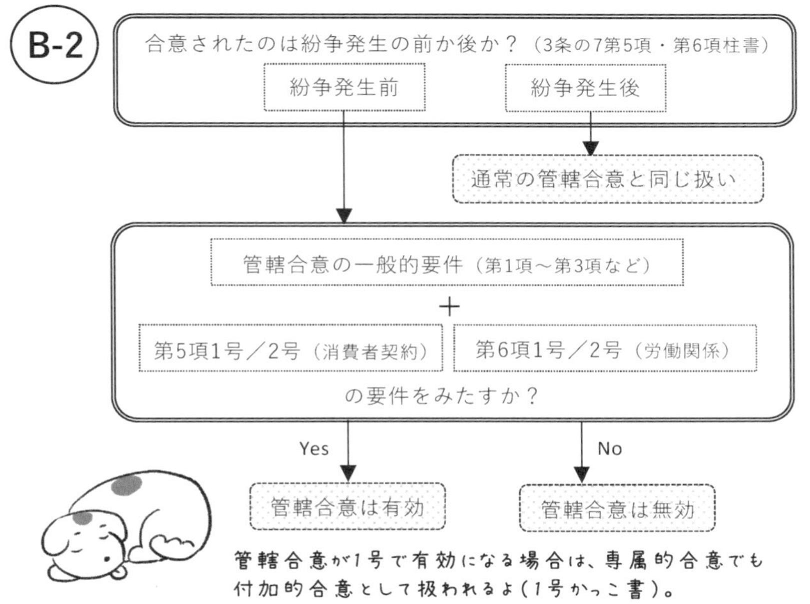

notes

[6] **紛争発生の前と後の違い**　紛争発生前は，消費者や労働者がそもそも管轄や準拠法のことを知らなかったり，契約内容をきちんと検討せずに同意していたりで，問題に無自覚のまま管轄合意していることも少なくないため，特別な保護が与えられています。これに対して，紛争発生後は，どこで裁判することになるかを慎重に考えたうえで合意するはずなので，特別な保護は不要とされています。

財産関係事件の国際裁判管轄まとめ

3条の2以下の定める管轄原因のどれかが日本にあったとしても，それだけで日本で裁判できるという結論にはならないことに注意しましょう。はじめに説明したように，管轄原因が日本にあっても，3条の9が定める「**特別の事情**」がないか最後に確認する必要があります（ただし，例外的にこの確認が不要な場合もあります[7]）。「特別の事情」がないとなってはじめて，その訴えについて日本で裁判できることになります。

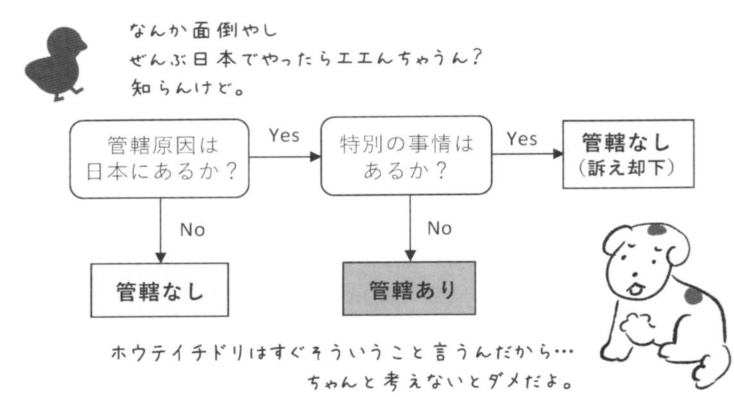

3 身分関係事件の国際裁判管轄

身分関係事件の国際裁判管轄ルール

身分関係事件の国際裁判管轄ルールは，離婚や認知・嫡出否認などの人事に関する訴えについては人事訴訟法（人訴法）3条の2以下に，養子縁組の許可・成立などの家事事件[8]については家事事件手続法（家事法）3条の2以下に定

notes

[7] **特別の事情の判断が不要な場合**　「日本の裁判所にのみ訴えを提起することができる旨の合意」（専属的管轄合意〔⇒216頁〕。3条の9かっこ書）がある場合と，日本の裁判所に専属する訴え（専属管轄〔⇒213頁注[2]〕。3条の5・3条の10）については，特別の事情の有無のチェックは不要です。

められています[9]。身分関係事件も，財産関係事件と同じく（⇒211頁），管轄原因と特別の事情（人訴法3条の5，家事法3条の12）で判断されます。身分関係事件の「特別の事情」の有無の判断においては，211頁でも述べたように，未成年の子の利益も重視されます。

以下では，離婚訴訟を例に，人訴法が定める国際裁判管轄ルールについて説明します。

離婚訴訟の国際裁判管轄

CASE 14-2

メロン国人男Aとオレンジ国人女Bは日本で結婚し，長年日本で暮らしていたが，次第に仲が悪くなった。AはBに対して日本の家庭裁判所に離婚調停を申し立てたが[10]，その途中でBが子Cを連れてオレンジ国に帰国してしまい，調停は不調に終わった。AはBに対して日本で離婚を求める訴えを提起しようと考えている。この訴えについて，日本の国際裁判管轄は認められるか。

夫婦のうちの一人が相手に対して離婚を求める訴えは，人事に関する訴え（人訴法2条1号）なので，人訴法3条の2以下が適用されます。被告の住所が管轄原因となる（3条の2第1号）のは財産関係事件と同じですが，身分関係事件では，当事者の国籍や原告の住所も，いくつか組み合わさることによって管轄原因となります。

離婚訴訟は夫婦の一方が他方を訴えるものなので[11]，日本の管轄が認められるためには，被告の住所が日本にある（3条の2第1号），夫婦がともに日本

notes

[8] **人事訴訟と家事事件**　身分関係事件にはいろいろな種類があり，主に当事者の主張や利害が対立して争いになる性質のものかどうかで，人事訴訟と家事事件に分かれます。たとえば，離婚をしたい夫（妻）と，したくない妻（夫）が対立して争う離婚事件は，人事訴訟として裁判所が白黒をつける判決をして解決されます。これに対して，たとえば養子縁組の許可事件であれば，養親となる者と養子となる者は養子縁組をするかしないかを争っているわけではないので，訴訟にはならず，家事事件として，この縁組に法律上問題がないことを裁判所が後見的な立場から判断をして解決されます。

[9] **通則法中の国際裁判管轄ルール**　後見開始や失踪宣告の審判も家事事件ですが，これらの国際裁判管轄については，通則法5条・6条に定められています（⇒第**10**章）。

[10] **調停前置**　家事法257条では，人事訴訟事件などについていきなり訴えを提起することはできず，まず調停の申立てをしなければならないと定められています。これを調停前置といいます。

国籍である（5号），原告の住所と夫婦の最後の共通住所が日本にある（6号），原告の住所が日本にあって，かつ，管轄を肯定すべき特別の事情がある（7号）のどれかに該当している必要があります[12]。7号の「特別の事情」は，たとえば被告が行方不明の場合など，原告の救済のために日本の裁判所の管轄を特別に認めるべき事情のことであって，3条の5の「（管轄を否定すべき）特別の事情」とは役割が異なることに注意しましょう。

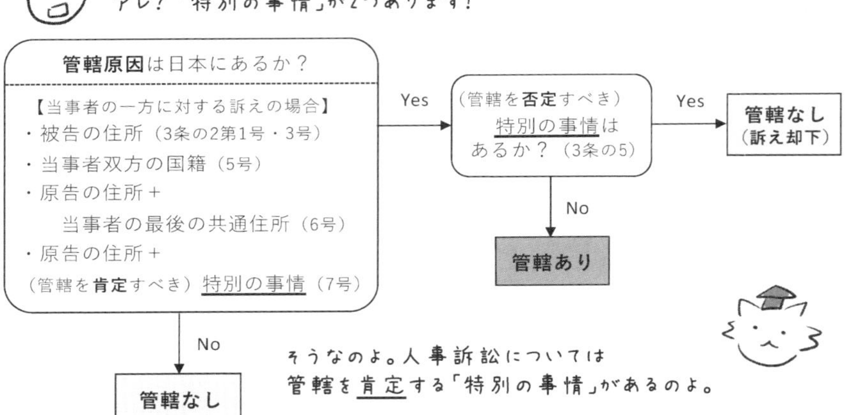

CASE 14-2 では，被告Bの現在の住所は日本にありません。しかし，原告Aの住所が日本にあり，またBがオレンジ国に帰国する前はAとBはともに日本で暮らしていたことから，夫婦の最後の共通住所も日本にあるので（3条の2第6号），管轄を否定すべき特別の事情（3条の5）がなければ，日本に管轄が認められます。

notes

[11] **一方に対する訴えと双方に対する訴え**　人訴法3条の2は，身分関係の双方に対する訴えの国際裁判管轄についても規定しています。具体的には，第三者が婚姻の無効を夫婦に対して申し立てる場合などです。

[12] **離婚の関連請求**　離婚訴訟では，離婚そのものだけでなく，離婚の際の慰藉料や，子どもの親権者指定，財産分与なども問題になることがあります。このような離婚の関連請求の管轄については，人訴法3条の3と3条の4が定めています。

外国判決の承認・執行

外国判決の承認・執行とは

外国判決の「**承認**」とは，外国の裁判所がした判決の効力を日本国内で認めることです。すべての外国判決が当然に承認されるわけではなく，一定の要件を満たす外国判決のみが承認されます。承認の要件については民訴法118条が定めており，これは財産関係事件の判決はもちろんのこと，離婚判決などの身分関係事件の判決にも適用されます[13]。

外国判決の内容が金銭の支払いを命じるようなものである場合，日本国内における判決内容の実現（＝**強制執行**[14]）が問題になります。これが外国判決の「**執行**」です。外国判決にもとづいて日本で強制執行するためには，承認要件（民訴法118条）をみたしているだけでなく，日本の裁判所で「**執行判決**」という特別な判決を得る必要があります（民事執行法22条6号・24条）。

サビニャー先生，執行判決っていつでも必要なんですか？

そんなことないのよ。日本の裁判所の判決にはそもそも執行判決は必要ないし，外国判決についても，執行が問題になるのは「給付判決」といって，被告に何か一定の行為をさせる，させないことを命じるタイプの判決だけなの。

そうじゃない判決もあるんですか？　判決って，100万円を支払えとか，いつも何かを命じているイメージですけど…。

notes

[13] **外国家事事件裁判の承認**　養子縁組の許可などの家事事件に該当する外国裁判の承認については，家事法79条の2が「その性質に反しない限り」民訴法118条を準用すると定めています。

[14] **強制執行**　たとえば，お金を貸したけれど返してもらえない人（債権者）が判決などにもとづいて裁判所に申立てをすると，裁判所が，お金を返さない人（債務者）の財産を差し押さえてお金に換え，債権者に分配して，債務者に強制的に債務を履行させます。これを強制執行といいます。

たとえば離婚判決のように，一定の身分関係などを発生させたり解消させたりする「形成判決」もあれば，借金がないことを確認してもらうような「確認判決」もあるわ。

形成判決と確認判決については執行は問題にならなくて，承認のことだけ考えればいいってことですね。わかりました！

承認要件

CASE 14-3

日本に住所のある日本人 A は，メロン国を旅行中にレンタカーを運転していたところ，メロン国に住所を有するメロン国人 B をはねて重傷を負わせてしまった。A は B とろくな話し合いもしないまま日本に帰国してしまったため，B は A をメロン国裁判所で訴え，A に損害賠償の支払いを命じる判決が下された。このメロン国判決が日本で承認されるために必要な，民訴法 118 条 1 号の要件は満たされるだろうか。

外国判決が日本で承認されるためには，民訴法 118 条が定める次の 5 つの要件をすべて満たしている必要があります。

①	確定した外国判決であること（柱書） 判決国で通常の不服申立て（上訴）ができなくなった状態にあるかどうか。
②	判決国の国際裁判管轄（間接管轄）が認められること（1 号） 日本法の基準に照らして判決国裁判所に国際裁判管轄があったかどうか。
③	敗訴の被告に訴訟開始を知らせる呼出しなどが送達されていたこと（2 号） 敗訴の被告が外国裁判に出席する機会が確保されていたかどうか。
④	判決の内容と訴訟手続が日本の公序に反しないこと（3 号） その外国判決を承認すると，日本の社会ないし法秩序における基本的な考え方が損なわれるかどうか（⇒226 頁「教えて！サビニャー先生」）。
⑤	日本と判決国との間に相互の保証があること（4 号） 日本の裁判所の同種の判決が判決国でも承認される可能性があるかどうか。

これらの要件をすべて満たしていれば，外国判決は日本で承認されます。執行とは異なり，承認のための特別の手続は必要なく（自動承認制度），裁判所で必ず承認要件の審査がされるわけではありません。

CASE **14-3** でも，メロン国の判決が承認されるためにはこれらの5つの要件をクリアしている必要がありますが，ここではとくに「民訴法118条1号の要件」，すなわち②の要件（これを間接管轄と呼びます）が問われています。間接管轄を判断するためには，日本法の基準に照らして判決国裁判所に国際裁判管轄があったかどうかを考えます。しかし，日本の民事訴訟法や人事訴訟法は日本裁判所の国際裁判管轄（これを直接管轄と呼びます）について定めているだけで，外国裁判所の管轄については何も定めていません。そのため，間接管轄の判断にあたっては，「○○（被告の住所などの管轄原因）が日本にあれば日本の裁判所の管轄（直接管轄）が認められる」という形で書かれている条文を，「○○が判決国にあれば判決国の裁判所の管轄（間接管轄）が認められる」と読み替えて考えることになります⑮。

CASE **14-3** でAの住所は日本にあってメロン国にはないため，被告の住所（民訴法3条の2第1項）にもとづく間接管轄があったと言うことはできません。しかし，問題になっていたのは交通事故（不法行為）にもとづく損害賠償請求ですから，

知識 14-③ 外国離婚判決の承認

たとえば，外国裁判所で離婚判決を得た日本人は，その判決が承認要件をみたすものであれば，裁判所でわざわざ承認要件を審査してもらわなくても判決の効力が認められるので，日本でも離婚したことになります（自動承認制度）。ただし，その場合であっても離婚の事実を戸籍に反映する必要があるので，届出をしなければなりません（報告的届出。⇒第**3**章41頁注⑥）。

notes

⑮ **間接管轄の基準**　直接管轄の基準と完全に一致するかどうかや，特別の事情の有無も考慮するかどうかなどの点については議論があります。

不法行為の加害行為地か結果発生地[16]が判決国にあれば，不法行為にもとづく管轄（3条の3第8号参照）が認められます。事故が起こったのはメロン国ですから，不法行為の加害行為地（結果発生地でもある）がメロン国にあると認められるため，118条1号の間接管轄の要件をみたしていると言うことができます。なお，このメロン国判決が承認されるためには，他の4つの要件もみたしている必要があります。

教えて！サビニャー先生　　外国判決承認要件としての公序

外国判決の承認でも，準拠法の適用の場面（通則法42条⇒第**2**章29頁）と同じように公序（民訴法118条3号）のチェックが入るのよ。この公序には，外国判決の「内容」に関する公序（実体的公序）と「訴訟手続」に関する公序（手続的公序）の2つがあって，たとえば，懲罰的損害賠償（⇒第**8**章140頁）を命じる外国判決が（実体的）公序に反するとした判例があるわ。ただ，裁判のやり直しになってはいけない（実質的再審査の禁止）ので，日本の社会や法秩序における基本的な考え方が損なわれるかどうかという最低限のチェックにとどめる必要があるのよ。

サビニャー先生，準拠法や管轄，そして外国判決の承認・執行のひとつひとつについてはよくわかったんですが，結局それぞれどういう関係なんですか？　なんだか混乱してきました……。

そうね，ちょっと整理してみましょうか。たとえば，国際的な結婚をしたり契約をしたりするときには，いつも準拠法が問題になります。

あっ，そういえば第**1**章で勉強しました。国際的私法関係には，準拠法決定が必要と書いてありましたよ！

notes

[16]　**不法行為の結果発生地**　民訴法3条の3第8号は，準拠法（通則法17条）と同じく，隔地的不法行為（⇒第**8**章126頁）も想定した規定です。不法行為に関する訴えでは加害行為地と結果発生地のどちらも管轄原因となりますが（どちらか1つが日本にあればよい），結果発生地を管轄原因とする場合には，日本における（間接管轄の場合には，判決国における）結果の発生が「通常予見」できるものであったことが必要です。

そのとおり。そして，国際的な結婚や契約などが日本の裁判所で問題になったら，まずは管轄の有無が検討されて，日本に管轄があれば，つぎに準拠法について考えることになります。

ということは，最初に民事訴訟法や人事訴訟法で管轄をチェックして，そのあとに通則法の出番になるけれど，いつも管轄が問題になるわけではないってことですね。じゃあ，外国判決の承認・執行は……？

国際的な離婚や契約などについて外国判決がすでにあるときに，これを日本でどうするかの問題です。だから，日本で紛争を解決することが前提である管轄や準拠法とはちょっと違う話なのよ。

あっ，たしかにそうでしたね。承認・執行は民事訴訟法 118 条や民事執行法 24 条を使って判断するだけで，日本の裁判所の管轄があるかや，どの国の法が準拠法になるかが問題になるなんて言っていませんでしたよね。

そのとおりよ。この本でしっかり勉強したから，国際私法の全体像がよくわかるようになったわね。さいごまでおつかれさま！

難しかったけど，サビニャー先生のおかげで楽しく学べました。ありがとうございました！

事項索引

【有斐閣ストゥディア】

国際私法〔第2版〕

Private International Law, 2nd ed.

2021年 4月20日　初　版第1刷発行
2024年 3月30日　第2版第1刷発行

著　者　多田望・長田真里・村上愛・申美穂
発行者　江草貞治
発行所　株式会社有斐閣
　　　　〒101-0051 東京都千代田区神田神保町 2-17
　　　　https://www.yuhikaku.co.jp/
装　丁　キタダデザイン
印　刷　大日本法令印刷株式会社
製　本　大口製本印刷株式会社
装丁印刷　株式会社亨有堂印刷所

落丁・乱丁本はお取替えいたします。定価はカバーに表示してあります。

Printed in Japan ISBN 978-4-641-15120-8